Im Dialog

Kurs Religion für die Sekundarstufe II

Herausgegeben von Gebhard Neumüller

Band 2

Jesus
der Nazarener

Erarbeitet von Edith Breit

Kösel

Im Dialog

Kurs Religion für die Sekundarstufe II

Herausgegeben von Gebhard Neumüller

Band 1: Religion
Band 2: Jesus der Nazarener
Band 3: Moral und Gewissen
Band 4: Kirche und Synagoge
Band 5: Gott und Gottesbilder

ISBN 3-466-50187-3

Druck und Bindung: Kösel, Kempten
Umschlag: Elisabeth Petersen, Glonn
Umschlagmotiv: Petri Fischzug (Lk 5,1-11). Holzschnitt
von Karl Schmidt- Rottluff, 1918 (39,7 x 50,0 cm).

1 2 3 4 5 · 00 99 98 97 96 95

Der Kösel-Verlag ist Mitglied
im ›Verlagsring Religionsunterricht‹ (VRU)

Inhaltsverzeichnis

Anhang

Abkürzungen

M Medium / Material-Nr.
ZM Zusatz-Medium

0 Worum es geht

0.1 Einführung

Noch ein Kurs über den historischen Jesus? Haben wir nicht genug davon? Ist nicht theologisch und historisch dazu schon längst alles gesagt?
Es lohnt sich die Suche nach neuen Griffen, um den historischen Jesus aus dem Grab der Gleichgültigkeit herauszuholen. Es sollte möglich sein, etwas von der Faszination der Gestalt des Nazareners aufzuspüren, ohne ihn selbst historisch einfangen und sein Bild in uns zerstören zu müssen. Und muß es nicht so gewesen sein, daß auch von dem noch nicht Erschienenen Ausstrahlung auf das Umfeld fiel? Und daß wir gerade auf diesem Umweg recht nahe an ihn herankommen?
So jung die *Methode des sozialgeschichtlichen Ansatzes* ist, so unterschiedlich die einzelnen Thesen und erkenntnisleitenden Interessen auch sein mögen, es fällt nicht nur Schatten aus dem Umfeld zurück auf den Nazarener, so daß noch die Brechungen eine Gestalt hervortreten lassen, an der auch SchülerInnen von heute nicht ohne weiteres vorbeigehen.
Jedenfalls zeigt sich, daß mit dieser Methode der zweitausendjährige Graben erfrischender zu überbrücken ist als über die Vermittlung geistes- und theologiegeschichtlicher Jesusdeutungen und Christologien. Selbst wenn er nicht selbst aus Fleisch und Blut vor uns (er)steht, wird gerade so befreiende Kraft spürbar. So erhält der Titel »König der Juden« – in der Fragestellung des Themas zunächst ausgeklammert – am Ende doch eine jüdisch-theologische oder christlich-christologische Nuance. So oder so gesehen gewinnt der sozialgeschichtlich interpretierte Nazarener in der Annäherung sowohl an historischer Kontur als auch an königlicher Würde.
Auch wenn Jesus Christus für viele Jugendliche heute kaum eine Rolle zu spielen scheint, vermag der Nazarener als Beispiel geglückten Menschseins in ruhender Geborgenheit und unruhigem Aufbruch manche Jugendliche zu faszinieren. »Der synoptische Jesus zeigt eine Gelassenheit …, die durch Leidensgeschichte und Kreuz gebrochen, durch das Osterzeugnis aber beglaubigt und weltgestaltend wird …« (H.J. Fraas)
Damit nähert sich dieser Kurs doch vorsichtig dem Herzstück des christlichen Glaubens, der Christologie. Aufschlüsse darüber müssen nicht traditionell-christologische oder theologisch-aktuelle Ansätze geben; es bieten sich heute z.B. Ansätze der Kunst in Christus-Bildern, noch dazu in offenem Dialog mit dem Künstler entfaltet, eher an als (geschlossene) altkirchliche oder gegenwärtig-binnentheologische Entwürfe, die es schwer haben, an den Schüler heranzukommen.
Erleichtert wird ihnen der Zugang auch, wenn sie einem sozialgeschichtlich arbeitenden Theologen folgen, der den historischen Jesus leben läßt und einen plausiblen Weg zu einer Theologie der Auferstehung öffnet.

Dieser Kurs versucht, in vier Schwerpunkten Spuren des historischen Jesus aufzudecken und gleichzeitig dem Bedürfnis der SchülerInnen nach Geborgenheit einerseits und aktiver Weltgestaltung andererseits entgegenzukommen:

1. In einer geschichtlichen Wirklichkeit, geprägt von Desintegrationsprozessen, konkreten Ängsten, Bedürfnissen und Hoffnungen, kann Jesus durch das Aufbrechen lebens- und menschenfeindlicher Strukturen im sozialen und wirtschaftlichen Bereich zur Hoffnung für die Armen werden.

2. Menschliche Grunderfahrungen wie Angst, Unsicherheit und Entfremdung können in der Jesusbewegung damals und bei heutigen Jesus-Sympathisanten in unbedingtes Angenommensein von Gott und eine daraus resultierende Neugestaltung des Lebens aufgelöst werden.

3. Jesus der Nazarener und seine Anhänger solidarisieren sich damals wie heute als nicht angepaßte Außenseiter mit AußenseiterInnen einer Gesellschaft, in der Frauen, Kinder und Minderheiten wenig gelten.

4. Möglichkeiten befreiten Menschseins zeigt der Bergprediger Jesus N. auf. Seligpreisungen und Antithesen müssen sich auswirken auf die zunehmende Gewaltbereitschaft, die Stellung der Frau in Kirche und Gesellschaft und den interreligiösen und interkulturellen Dialog.

Ziele	Inhalte / Medien
Kapitel 1: Christusbilder	
1. Verschiedene Christus-Bilder vergleichen und ihre Unterschiede und Aporien aufdecken	• Christusbilder in der modernen Kunst M 1
2. Erkennen, daß die Beantwortung der Frage »Wer ist Jesus?« sowohl von allgemeinen kultur- und geistesgeschichtlichen Tendenzen als auch von der persönlichen Lebensgeschichte und religiösen Erfahrung geprägt ist	• Christusbilder im Film M 2; ZM 1
3. Erkennen, daß die Christus-Bilder Christologien enthalten	
Kapitel 2: Jesus aus Nazareth	
4. Zeit- und sozialgeschichtliche Voraussetzungen zum Verständnis der Person und Botschaft Jesu herausarbeiten	• Das Land, aus dem Jesus kam M 3, M 4
	• Die Stimmung in Palästina zur Zeit Jesu M 5; ZM 2; ZM 3
	• Die sozialgeschichtliche Situation des Judentums zur Zeit Jesu M 6, M 7, M 8; ZM 4, ZM 5, ZM 6
	• Religiöse Gruppen M 9, M 10, M 11
	• Wanderradikalismus als Antwort Jesu auf die Krise der jüdisch- palästinischen Gesellschaft im 1. Jh.n.Chr. M 12; ZM 7, ZM 8, ZM 9
5. An Beispielen die Freiheit, Radikalität und Brisanz der Botschaft und des Verhaltens Jesu aufzeigen	• Die Reich-Gottes-Botschaft in Gleichnissen M 6; ZM 4
	• Radikales Ethos in der Bergpredigt M 13
	• Befreiung der Menschen durch Wunder(erzählungen) M 14
	• Jesus und die Frauen ZM 9
6. Jesus im Rahmen des Judentums seiner Zeit verstehen	• Die Bedeutung des Tempels M 15
	• Jesus und der Tempel M 16-M 19
	• Der Tod Jesu M 20
Kapitel 3: Bedeutung Jesu für das gegenwärtige Lebens- und Weltverständnis	
7. Aus der Vielzahl gegenwärtiger Jesusdeutungen und Christologien Beispiele diskutieren	• Versuche über Auferstehung M 21, M 22
	• Christusbild und Lebensbezug M 23
	• Jesus in jüdischer Sicht heute M 24, M 25

WAS BEDEUTET CHRISTUS FÜR SIE?

Typische Meinungen von SchülerInnen

1 Ich glaube nicht, daß Jesus Christus Gottes Sohn war. Er war jemand, der der Menschheit gezeigt hat, wie sie leben soll. Ein Großteil der Bevölkerung sieht in ihm den Sohn Gottes, weil er so gehandelt hat, wie wir es von Gott erwarten und uns Gott vorstellen.

2 In Situationen, in denen man sich Hilfe erhofft und einen Ausweg sucht, hofft man vielleicht, daß er einem helfen kann, aber richtig daran glauben kann man nicht, da er ja weder »greif- noch sichtbar« ist.

3 Ich habe zwar des öfteren Zweifel, ob Jesus Christus wirklich der Sohn Gottes ist oder bloß ein Mensch war, aber ich möchte es gerne glauben.

4 Nichts! Ich kenne ihn und seine Geschichte, habe jedoch meine Zweifel an dieser. Ich halte wenig von der Dreifaltigkeit. Ich stelle mir Gott als eine Art Zusammenfassung von allen Menschen der Welt vor, nicht so, wie ihn die Kirche mir bietet.

5 Jesus Christus ist für mich die Menschwerdung Gottes. Er hat uns gezeigt, was es heißt, Gottes Botschaft an die Menschen zu überbringen. Er hat uns gezeigt, wie man im Glauben an Gott leben und handeln kann. Er sollte uns als Symbol und Leitfigur dienen, obwohl es manchmal schwer ist, ihn zu verstehen und ihm zu folgen.
Die »Figur« des Jesus müßte modernisiert und in unsere heutige Zeit übertragen werden.

6 Ich bin mir nicht sicher, ob Jesus Christus überhaupt existiert hat und ob die im Neuen Testament beschriebene Person nicht bloß eine Erfindung ist. Manchmal kommen mir die Gleichnisse und Erzählungen Jesus zu phantastisch, an den Haaren herbeigezogen vor, und manchmal habe ich das Gefühl, daß es sich um eine Bauernregel handelt.

7 Ich glaube nicht daran, daß Jesus je existiert hat. Ich gehe nicht in die Kirche und befasse mich auch nicht mit der Bibel. Die ganze Geschichte von Jesus Christus kommt mir wie ein Märchen vor. Ich brauche die Beispiele der Taten von Jesus nicht, um zu wissen, was ich tun soll und was nicht.

8 Jesus Christus ist der Sohn Gottes. Ich weiß nicht genau, was er für mich bedeutet, doch er spielt in meinem Leben zumindest eine Rolle. Ich bringe ihn meist mit Gott in Verbindung. Doch ich kann mit Gott mehr anfangen als mit Jesus. Ich glaube aber daran, daß Jesus existiert hat.

9 Für mich ist Jesus Christus Sohn Gottes, an den ich nicht glaube. Ich glaube an keinen Jesus, der jemand die Hand aufgelegt hat, und dieser war dann geheilt. Wohl glaube ich an Gott; ich bin mir sicher, daß irgendeiner irgendwo ist und das alles regelt.

10 Jesus ist der Gründer einer Weltreligion.

11 Christus ist für mich nicht mehr als eine Legende. Um an ihn zu glauben, fehlen mir die nötigen Beweise. Christus ist lediglich ein Ideal einiger Leute, die Person, die sie gerne wären, die Person, die den Vorstellungen einiger Leute entspricht.

12 Jesus Christus ist für mich der, der für die Menschen gelitten hat, der Auferstandene, der Kundgeber des Christentums, Sohn Gottes, Frucht des Leibes Marias, der Erlöser, der Retter, jemand, zu dem ich beten kann.

13 Sohn Gottes, zu dem ich bete, in gewisser Weise ein Vorbild, weil er Frieden gepredigt hat. Ähnlichen Vorbildcharakter (nicht so starken) haben: Gandhi, Mandela, Biko.

14 Jesus Christus bedeutet mir generell gesagt sehr viel. In Krisensituationen, in ausweglosen Situationen, bei Traurigkeit und Sorgen ist er jemand, dem man sich anvertrauen kann, jemand, der zuhört, ohne dumme Bemerkungen zu machen. In Freude und Überschwenglichkeit ist er jemand, dem man einfach dafür danken kann, jemand, der sich mitfreut, ohne neidisch zu sein. Jesus ist in diesem Sinne auch eine wichtige Bezugsperson.

15 Jesus Christus ist der Sohn Gottes. Mit seiner Person direkt kann ich nicht soviel anfangen. Ich glaube an das, was über Jesus in der Bibel überliefert worden ist. Und ich glaube an die Lehre der Kirche und an Gott und gehe auch regelmäßig in den Gottesdienst. Aber ich glaube allgemein an Gott, mit der Person Jesu verbinde ich keinerlei spezielle Dinge.

16 Da ich an Gott, wenigstens derzeit, glaube, glaube ich auch an Jesus Christus, und daher glaube ich auch, daß er die Menschen durch seinen Tod errettet hat. Aus diesen Gründen bedeutet er für mich einen Grund meines Glaubens.

17 Jesus Christus ist der Sohn Gottes, der die Welt erlöst hat. Er gibt Trost und Hoffnung. Er hat einen Weg gezeigt, sein Leben sinnvoll zu leben. Durch ihn kann man zu Gott gelangen.

18 Jesus ist für mich eine sehr wichtige Person. Er hat den Menschen die Vorstellungen Gottes nahegebracht und so Gutes in eine schlechte Welt gebracht. Jesus ist für mich Bezugsperson, er war Gott in Menschengestalt und gab so den Menschen die Möglichkeit, mit »Gott« zu leben. Ich glaube nicht an die Kirche, sondern an Gott, und Jesus ist in diesem Punkt eine sehr wichtige Gestalt, denn er hat Gott erst glaubwürdig gemacht!

19 Fähiger Mann mit Charisma (vor allem der Fähigkeit zu reden), aber nicht Sohn Gottes. Für mich unvorstellbar, daß er jetzt »zur Rechten Gottes« sitzen soll.

20 Jesus ist für mich eine Person, an die man sich im Gebet wenden kann. Jesus ist der Sohn Gottes. Jesus ist die Hoffnung in der Not. Man könnte ihn als Retter bezeichnen, als Retter in der Not. Er ist eine Vertrauensperson für mich.

21 Jesus stellt für mich einen Helfer in meinem Leben dar, den ich oft in Mitmenschen finde. Ich denke, daß er für mich unverzichtbar und notwendig ist.

22 Jesus hat für mich eine geringe Bedeutung. Ich glaube zwar an ihn, aber der Ansprechpartner im Gebet ist für mich Gott-Vater. Zu Jesus oder der Mutter Gottes u.ä. bete ich nie!

23 Christus ist der Sohn Gottes, der auf die Erde gekommen ist, um den Menschen die frohe Botschaft zu verkünden. Er prägte den Begriff des Reiches Gottes, das nicht mit Haß, Zwietracht, Neid vereinbar ist. Das Reich Gottes besteht schon unvollkommen, wird aber erst im Himmel vollendet. Jeder kann durch Handeln im Sinn Gottes ein Mosaiksteinchen zum Reiche Gottes beitragen. Jesus hat vorgelebt, wie das Leben im Sinne des Reiches Gottes aussieht. Für mich ist das Verhalten Jesu ein Vorbild, Maxime, an der ich mich versuche zu orientieren. In Konfliktsituationen kann mir die frohe Botschaft Jesu einen Rahmen geben, innerhalb dem meine Entscheidung zu liegen hat. Ich glaube an Gott/Jesus Christus, doch bin ich keiner, der jeden Sonntag in die Kirche geht. Der Glaube an Gott hat für mich nicht unbedingt etwas mit der Institution Kirche zu tun.

24 Jesus spielt eine wichtige Rolle in der Kirche für uns. Er ist der Gründer der Kirche, die er durch seine Apostel in viele Teile der Welt bringen ließ. Außerdem hat er uns Menschen durch seinen freiwilligen Tod befreit. Deshalb bedeutet mir Jesus viel. Er ist wie ein Vorbild guten Handelns. Mir gefällt auch seine Art, wie er z.B. mit dem Gesetz umgegangen ist (siehe Bergpredigt), als er »die neue Gerechtigkeit« proklamierte. Jesus ist auch Teil der göttlichen Dreieinigkeit, und somit auch Teil des Göttlichen.

25 Jesus ist für mich persönlich jemand, der mir hilft bei Problemen, mit denen ich mich an ihn wende. Es macht mir Mut, zu wissen, daß es Jesus gibt, und ich glaube, daß er das Beste für mich will und trotz all meiner Sünden mich nicht im Stich lassen wird, wenn ich Hilfe oder Mut brauche. Vielleicht ist er eine Art Zuflucht für mich, wenn ich mit den Problemen der Welt nicht fertig werde.

26 Jesus ist für mich eine Person, die es gibt und doch nicht gibt. Ich habe sie noch nie gesehen, das macht es für mich schwer, an ihn zu glauben (bzw. an seine Fähigkeiten). Gott habe ich zwar auch noch nicht gesehen, aber irgendwie komme ich mit ihm besser zurecht. Von ihm macht man sich eben keine so konkreten Bilder, und ich kann mir ihn selbst vorstellen. Was ich mir nur schwer vorstellen kann, ist, daß er Mensch gewesen sein soll.

0.2 Hinweise zur Situation

Empirisch gesicherte und repräsentative Umfragen, die die *Einstellung der SchülerInnen* zur Jesusfrage erheben, liegen nicht vor. Doch erlauben punktuell durchgeführte Untersuchungen, vor allem aber die Erfahrung mit eigenen Umfragen unter Schülern/Schülerinnen, einige Feststellungen, welche die Situation erhellen.

Viele SchülerInnen beantworten die Fragen nach Jesus, indem sie ihre eigene, meist distanzierte Beziehung zur Kirche artikulieren. Während sie zur Person Jesu nur wenig zu sagen wissen, formulieren sie ihr Unbehagen und ihre Enttäuschung über die Kirche um so deutlicher.

Eine nicht geringe Anzahl von Schülern/Schülerinnen antwortet in einer Skalenbreite, die von schwärmerischer Bewunderung über kirchlich geprägte Gläubigkeit bis zu entschiedener Ablehnung oder zu einseitiger Umdeutung der Gestalt Jesu reicht. Die meisten stimmen darin überein, daß sich ihr Interesse nicht auf eine kirchliche Interpretation, sondern vielmehr auf den Menschen Jesus von Nazaret richtet. Ihm bringen einige Sympathie entgegen, besonders jene, die sich selbst mit einem nicht angepaßten Jesus solidarisieren können. Sie bringen das eigene sozialpolitische Engagement mit ihm in Verbindung oder auch die Weigerung, sich in einer auf Leistung und Gewinn abgestimmten Gesellschaft eine Rolle zuweisen zu lassen.

Die Kenntnisse über die Evangelien sind zum Teil gering, auch wenn vorausgesetzt werden kann, daß in der Sekundarstufe I die Thematik behandelt wurde. So müssen viele SchülerInnen bei Mißverständnissen, verzerrten und entstellten Informationen und Vorurteilen abgeholt werden. Diese Forderung wird noch dadurch verstärkt, daß in den letzten Jahren Publikationen wissenschaftlicher und popularwissenschaftlicher Art erschienen sind, in denen nicht gerade der befreiende Charakter der Botschaft Jesu zur Sprache kommt. Sie treffen den Jugendlichen in der Phase des eigenen religiösen Fragens. Er sucht nach Vorbildern, mit deren Hilfe es ihm gelingen könnte, zu sich selbst und zu einem sinnvollen Leben zu finden.

0.3 Begründung der Thematik

»In der Geschichte der abendländischen Menschheit hat keine Erscheinung solche Macht über die Herzen der Menschen ausgeübt wie dieser Jesus Christus, den man als Menschen kennenlernte und in dessen Gegenwart man übermenschliche, göttliche Wirklichkeit erfuhr« (J. Blank, in: ders., Jesus von Nazaret. Freiburg 1972, S. 11). Einmal hat Jesus für den Gläubigen diese Bedeutung, zum anderen sind von ihm bezeugte und auch von Nichtchristen anerkannte Wertvorstellungen zu Postulaten des abendländischen Ethos geworden. Von daher ist auch für jene Schüler, von denen ein subjektives Anliegen nicht geäußert wird, ein objektives Lernanliegen zu postulieren.

Der Kurs sollte die konkrete Fragesituation des Jugendlichen zum Theologischen hin öffnen. Dabei ist zuzugestehen, daß es nicht Anliegen sein kann, die Christologie in jener Fülle und Tiefe fassen zu wollen, wie es die kirchliche Theologie von Anfang bis heute in der ihr eigenen Sprache und mit der ihr eigenen Begrifflichkeit geleistet hat. Man wird auswählen und Schwerpunkte setzen müssen und in immer neuen Versuchen die zentrale Frage umkreisen »Wer ist Jesus Christus?«. Die Pluralität der Christologien des Neuen Testaments und in der Kirchengeschichte verleiht solchem Vorgehen die Legitimation.

Bei dem Versuch, über die historischen Voraussetzungen des christlichen Glaubens und ihren Kern, die Überlieferungen von Jesus Christus, authentische Auskunft zu erhalten, wird man die historisch-kritische Methode nicht vernachlässigen dürfen. Freilich wird dadurch die Beantwortung der Frage »Wer ist Jesus?« nicht leichter, sondern schwieriger, wenn die Jesusfrage nicht positivistisch auf die Tradition des »historischen Jesus« verkürzt werden soll.

Zugleich soll ja bei der Interpretation der Gestalt Jesu die Zukunft des Menschen und des Glaubens reflektiert werden, so daß die bleibende Bedeutsamkeit Jesu erkennbar wird. Die sozialgeschichtliche Fragerichtung kann dazu eine Brückenfunktion übernehmen.

0.4 Beabsichtigte Qualifikationen

Der Entwurf folgt den Linien einer christologischen Interpretation, welche die religiösen Fragen der Jugendlichen mit der religiösen Tradition so verbindet, daß dadurch einerseits die Tradition lebendig bleibt und andererseits dem Jugendlichen in seiner Lebenssituation und in seinem religiösen Suchen und Fragen ein Identifikationsangebot gemacht wird.

Der Kurs nimmt seinen Ausgang von Wahrnehmungs-, Denk- und Handlungsformen, die in der europäischen Geschichte und Gegenwart mit der Gestalt Jesu in Zusammenhang stehen. Von dieser außerwissenschaftlichen Erfahrung und noch wenig reflektierten Betroffenheit ausgehend, werden

- Fakten, Daten und erforschte Zusammenhänge der Jesusüberlieferung zusammengetragen bzw. erarbeitet,
- Hypothesen über den Zusammenhang zwischen dem

historischen Jesus, Jesus Christus und seiner Wirkungsgeschichte aufgestellt und
- der Versuch unternommen, einer reflektierten Antwort auf die Frage »Wer ist Jesus Christus?« näherzukommen.

Der Entwurf geht also von der existentiellen Frage »Wer ist Jesus?« aus und kehrt zu ihr zurück. Der Unterschied zwischen Ausgangs- und Endpunkt liegt im neugewonnenen Reflexionsstand, der zugleich eine Überprüfung des subjektiven Jesusbildes ermöglicht.

0.5 Ziele

1. Verschiedene Christusbilder vergleichen und ihre Unterschiede und Aporien aufdecken und/oder Meinungen über Jesus und Erfahrungen mit Jesus erörtern.
2. Erkennen, daß die Beantwortung der Frage »Wer ist Jesus?« sowohl von allgemeinen kultur- und geistesgeschichtlichen Tendenzen als auch von der persönlichen Lebensgeschichte und religiösen Erfahrungen geprägt ist.
3. Die zeit- und sozialgeschichtlichen Voraussetzungen zum Verständnis der Person und Botschaft Jesu kennen.
4. Die historisch-kritische Methode ansatzweise anwenden.
5. An Beispielen die Freiheit, Radikalität und Brisanz der Botschaft Jesu aufzeigen und ihre Bedeutsamheit werten.
6. Die Botschaft Jesu auf dem Hintergrund der jüdischen Religionsgeschichte charakterisieren.
7. Aus der Vielzahl der gegenwärtigen Jesusdeutungen und Christologien Beispiele kennen und charakterisieren.
8. Erkennen, daß die Botschaft von der Gottesherrschaft Hoffnung und Liebe entbinden kann, die Bedeutung Jesu für ein sinnvolles Leben erfassen und die Chance erkennen, die Intentionen Jesu in der Gesellschaft zu verwirklichen.

1 Christus-Bilder

1.1 Ziele und Methoden / Didaktische Hinweise

Da von Jesus keine bildlichen Darstellungen überliefert sind, war man auf Legenden und Erzählungen über das Äußere Jesu angewiesen, auf die die ostkirchliche Ikonographie für ihre Darstellungen zurückgriff.
Das Fehlen eines realen Jesusbildes führt zu einer ambivalenten Situation: Einerseits ist uns dadurch ein möglicher, einfacher Zugang zum historischen Jesus versperrt, andererseits wird durch diese Leerstelle erst die Möglichkeit eröffnet, die individuellen Vorstellungen, Sehnsüchte, Ängste und Hoffnungen in ein eigenes Jesusbild zu projizieren. Denn die zu konstatierende Pluralität der Jesusbilder rührt aus der Tatsache, daß der Mensch (der jeweilige Künstler) seine individuelle Beziehung oder auch zeitgeschichtliche Probleme im Jesusbild aufgreift und bewertet – und somit vor allem auch eine Aussage über sich selbst macht. Dabei kann die bildliche Interpretation Jesu entweder Ausdruck eines Zeitgefühls oder Protest- bzw. Kontrastbild zur bestehenden Wirklichkeit sein.
Mittels dieser Christus-Bilder (M 1) werden dem Schüler implizit auch Christologien vorgestellt. Diese müssen dann nicht mehr auf historisch-dogmengeschichtlichem Wege, der dem Schüler erfahrungsgemäß Verständnisschwierigkeiten bereitet, herausgearbeitet werden. Dem Jugendlichen wird zugetraut, über Bilder den Übergang von der Historie zur Christologie und eventuell auch zu seiner eigenen Biographie zu finden.

Leitfragen

1. Beschreiben Sie die Bilder (Situation, Stellung Jesu, besondere Merkmale, Körperhaltung, Gesichtsausdruck, Symbole).
2. In welchem historischen Kontext stehen die Bilder? (historische Situation, gesellschaftliche Zustände, geistesgeschichtliche Strömungen, religiöse und profane Entstehungsanlässe)
3. Welche Deutung Christi tritt hervor? Auf welche Bedürfnisse und Fragen geben die Bilder eine Antwort? Welche Wirkung könnten die Bilder damals gehabt haben? Welche erzielen sie heute? Mit welchem Christusbild könnten Sie sich am ehesten identifizieren?
4. Wie angemessen scheinen Ihnen die Christusdarstellungen zu sein? Versuchen Sie, Aussagen über den historischen Jesus als korrigierendes Kriterium heranzuziehen.

Literaturhinweis
Einen Überblick über repräsentative Jesusbilder im Laufe der Geschichte bietet KONZEPTE 6 (Jesus Christus), S.1-3. Im Lehrerkommentar findet sich auch eine tabellarische Sachanalyse (s.S. 14f.). Besonders empfehlenswert sind die Werke

- »Christus in der bildenden Kunst«, hrsg. von Katharina Winnekes, München 1989, das die Geschichte des Christusbildes anhand exemplarischer Bilder darstellt.
- Günter Rombold/Horst Schwebel: Christus in der Kunst des 20. Jahrhunderts. Eine Dokumentation mit 32 Farbbildern und 70 Schwarzweiß-Abbildungen. Freiburg-Basel-Wien 1983

1.2 Die Bilder

1.2.1 Lovis Corinth: Der rote Christus (1922) **M 1**
Abb. 1

Der ›rote Christus‹ ist eines der Passionsbilder von Lovis Corinth, das durch die Art und Weise der Darstellung des geschundenen menschlichen Leibes und der demonstrativen »Brutalität und Bestialität des Getötetwerdens« (Rombold, 21) eine fast schockierende Wirkung auslöst. In drastischer Weise wird im Christusbild das Kreatürliche, die jeder Menschenwürde entkleidete Erniedrigung bis zum Tier gezeigt.
Die Dominanz der blutroten Farbe im gesamten Hintergrund (Sonne, Horizont, Erde) bildet bereits eine sinngebende Folie, vor der der weiße, von roten Blutspritzern übersähte Körper des Gekreuzigten direkt und unmittelbar, »ohne räumliche Distanz« (Winnekes, 63), im Vordergrund der Bildfläche den Betrachter zur Auseinandersetzung zwingt.
Die in Kreuzigungshaltung in den oberen Bildecken entschwindenden Arme, die angewinkelten Oberschenkel sowie die Lanze, mit der gerade die Seite Jesu

durchstochen wird, lassen »zwei sich kreuzende Diagonalen« entstehen, die das »formale Gerüst des Gemäldes bilden« (Rombold, 20). Körperbau und anatomische Details scheinen ebenso unwichtig wie der Kreuzesstamm, der nur zwischen dem angewinkelten Bein noch schemenhaft zu erkennen ist. Auch weitere traditionelle Bildelemente aus der Passionsgeschichte, wie Johannes und Maria oder die römischen Soldaten, die die Lanze führen bzw. den mit Essig getränkten Schwamm auf einer Stange halten, treten teils räumlich, teils in Form- und Farbgebung in den Hintergrund.
Das Gesicht Jesu läßt sich in doppelter Weise wahrnehmen. »In der einen Sicht richtet Christus die Augen auf den Betrachter, die dunklen Verschattungen der unteren Partien erscheinen als Bart; in der anderen – wohl vom Maler primär intendierten Sicht – ist das Antlitz nach oben gewendet, der Sonne zu, es ist bartlos, und die Schwärzen erscheinen als Schatten. Die Verschiedenheit in der Deutung des Gesichtes wirkt sich auf die Interpretation aus: entweder ertrinkt Christus in der Düsternis, oder er blickt erwartungsvoll nach oben.« (Rombold, 20)
Sicherlich läßt sich ein Bezug herstellen zwischen dieser drastischen Darstellung des Leidens Christi und Corinths eigenem körperlichen Leiden, das nach einem Schlaganfall im Jahre 1911 sein weiteres Leben prägte. So behinderte ihn etwa die gestörte Motorik der Hände stark beim Malen. Möglicherweise sind auch die Schrecknisse des 1. Weltkrieges in das provokante Werk eingeflossen.

Impulse für den Unterricht

1. Lesen Sie parallel zur Bildbetrachtung Joh 19.
2. Betrachten Sie die Darstellung als Protestbild. Beachten Sie dabei, daß das Bild 1922 entstanden ist und der Künstler 1911 einen Schlaganfall erlitten hatte.
3. Man warf Corinth vor, ein Affengesicht gemalt zu haben. Diskutieren Sie diese Auffassung.
4. Lesen Sie aus dem Gesicht Christi Leiden und Erwartungen heraus.
5. Vergleichen Sie das Bild mit M. Grünewalds ›Kreuzigung‹ vom Isenheimer Altar.

1.2.2 Salvador Dali: Der Christus des heiligen Johannes vom Kreuz (1950) **M 1**
Abb. 2

Die Explosion der Atombombe am 6. August 1945 war für Dali das auslösende Moment für seine Hinwendung zur Mystik: »Ich will die verborgenen Kräfte und Gesetze der Dinge erkennen und verstehen, um sie zu beherrschen. Ich habe die geniale Eingebung, daß ich über eine außergewöhnliche Waffe verfüge, um zum Kern der Wirklichkeit vorzudringen: den Mystizismus, das heißt die tiefe Intuition dessen, was ist, die unmittelbare Kommunikation mit dem Ganzen, die absolute Vision durch die Gnade der Wahrheit, durch die Gnade Gottes. ... In diesem Zustand intensiver Prophetie wurde mir klar, daß die bildnerischen Ausdrucksmittel ein für allemal und mit der größtmöglichen Perfektion und Wirkung in der Renaissance entwickelt wurden und daß die Dekadenz der modernen Malerei dem Skeptizismus und dem Mangel an Glauben entspringt, den Folgen des mechanistischen Materialismus. Durch die Wiederbelebung des spanischen Mystizismus werde ich, Dali, mit meinem Werk die Einheit des Universums beweisen, indem ich die Geistigkeit aller Substanz zeige« (zit. nach: R. Descharnes/G. Néret, Salvador Dali 1904-1989, Köln 1933, S. 407).
Nach der Rückkehr von Amerika nach Spanien am 21. Juli 1948 begann Dali sein mystisches Programm in Port Ligat mit der Ergründung des Sakralen in einer Synthese von Atomzeitalter und Spiritualismus. Das Gemälde *Der Christus des heiligen Johannes vom Kreuz* entsteht 1950. »Die Komposition des Christus ist von einer Zeichnung inspiriert, die der heilige Johannes vom Kreuz während einer Ekstase anfertigte und die im Kloster zu Avila aufbewahrt wird. Die Figuren neben dem Boot sind einem Bild von Le Nain und einer Zeichnung von Velázquez zu dem Bild *Die Übergabe von Breda* entnommen. Dali erklärt: Erstens hatte ich 1950 einen ›kosmischen Traum‹, in dem ich dieses Bild in Farbe sah, das in meinem Traum den ›Nukleus des Atoms‹ darstellte. Dieser Nukleus bekam später eine metaphysische Bedeutung, ich sehe in ihm ›die Einheit des Universums‹, Christus! Zweitens sah ich dank der Hinweise des Karmeliterpaters Bruno den vom heiligen Johannes vom Kreuz gezeichneten Christus; ich konstruierte geometrisch ein Dreieck und einen Kreis, das ›ästhetische‹ Resümee all meiner früheren Erfahrungen, und setzte meinen Christus in dieses Dreieck ein (R. Descharnes/G. Neret, a.a.O., S. 433).
»Die Haltung Christi – Blickwinkel und Neigung des Kopfes – hat als erstes zu Einwänden gegen dieses Bild Anlaß gegeben. Vom religiösen Standpunkt aus läßt sich dieser Einwand nicht halten, denn mein Gemälde wurde von einer Zeichnung inspiriert, die der heilige Johannes vom Kreuz höchstpersönlich angefertigt hat. Meiner Ansicht nach muß diese Zeichnung – die einzige, die der Heilige überhaupt gemacht hat – im Anschluß an eine Ekstase entstanden sein. Die Zeichnung hat mich, als ich sie zum ersten Mal sah, dermaßen beeindruckt, daß ich später in Kalifornien von Christus in der gleichen Haltung geträumt habe, allerdings in der Landschaft von Port Ligat, und ich habe Stimmen vernommen, die sagten: ›Dali, du mußt diesen Christus malen.‹ Gleich am nächsten Morgen habe ich angefan-

gen zu malen. Bis genau zu dem Augenblick, als ich die Komposition begann, hatte ich die Absicht, alle Attribute der Kreuzigung darin aufzunehmen – Nägel, Dornenkrone usw. ... Doch kurz vor Fertigstellung meines Gemäldes hat ein zweiter Traum all das verändert, so wie mich vielleicht auch ein spanisches Sprichwort beeinflußt hat, das lautet: ›Je schlechter der Christus, desto mehr Blut‹. In diesem zweiten Traum sah ich mein Bild ohne alle anekdotischen Attribute: Es gab nur noch die metaphysische Schönheit Christus-Gottes. Auch hatte ich anfangs geplant, für den Hintergrund die Fischer von Port Ligat als Modelle zu nehmen, doch in diesem Traum erschien anstelle der Fischer von Port Ligat ein Schiff mit der Gestalt eines französischen Bauern, wie Le Nain ihn gemalt hat. Im Gesicht glich er jedoch einem Fischer aus Port Ligat, während die Rückenansicht des anderen Fischers an Velázquez erinnerte. Das künstlerische Ziel, das ich mit meinem Gemälde verfolgte, stand in völligem Gegensatz zu allen Christusbildern moderner Maler, die ihn immer expressionistisch oder verrenkt aufgefaßt haben und so durch Häßlichkeit Gefühle auslösen. Mir ging es vor allem darum, Christus so schön wie Gott zu malen, denn er ist Gott« (ebd. S. 436 und 441).

Impulse für den Unterricht

1. Vergleichen Sie Dalis Bild mit einem spätgotischen Schmerzensmann (z.B. M. Grünewalds »Kreuzigung«).
2. Diskutieren Sie die These: Das Bild geht an der Passion Jesu vorbei.

1.2.3 Christus am Hakenkreuz **M 1**
Abb. 3

Impulse für eine meditative Betrachtung
Ein tiefschwarzes überdimensioniertes Hakenkreuz, das lichterloh brennt. Gefesselt hängt zwischen den Kreuzesbalken der geschundene Mensch, den Mund geöffnet zu einem ohnmächtig verhallenden Schrei. Feuer steigt von der Erde und leckt sich blutrot satt am Kreuz. Der Hintergrund blaßgelb, vielleicht auch vergilbtes Gold. – Schwarz-rot-gold, die Nationalfarben der Bundesrepublik Deutschland.
Zwei Abiturienten haben das Bild 1993 vor dem Hintergrund von Hoyerswerda, Mölln, Solingen (...) gemalt. Diese Kreuzesdarstellung hing ein halbes Jahr lang an der Stirnwand der Aula eines Gymnasiums. Es reizte zur Auseinandersetzung – bis hin zu Widerspruch und Empörung.
Nach dem Sanskrit kann das Hakenkreuz ein »heilbringendes Zeichen« sein. Als religiöses Symbol wurde es unter vielerlei Aspekten interpretiert und meditiert. Betrachtet man die vier Arme des einem Kreis eingeschriebenen Kreuzes als Speichen, so ergibt sich das *Bild des Rades*. Das Rad unserer Zeitgeschichte wird sich seit dem Kreuzestod Jesu Christi trotz aller unergründlich menschlichen Bosheit und der daraus folgenden Konsequenzen weiterdrehen, denn – der Christus am Hakenkreuz zeigt es – Gott hat im leidenden Gottesknecht Jesus Christus selbst in die Speichen der Weltgeschichte eingegriffen.
Im Hakenkreuz ist oft auch ein *Spiralmotiv* gesehen worden. Bewegt sich das Rad in der Horizontalen, so reißt der *Kreiswirbel* einer Spirale Bewegung und Blick in die Vertikale. Das Rad wird zum *Sonnenrad*. Das Urchristentum hat in der Geburt Jesu Christi u.a. den neuen *sol invictus* gesehen und sein Fest zur Zeit der Winter*sonnen*wende gefeiert. Diese Unbesiegbarkeit (vgl. invictus) und diese Wende ist seit dem Nazarener für den Christen (!) nur mehr nachvollziehbar in Krippe *und* Kreuz, im Spiralwirbel von Licht und Finsternis, von Gut und Böse. »Und ich, wenn ich von der Erde erhöht bin, werde alle an mich ziehen« (Joh 12,32). Der Christus am Hakenkreuz nimmt die Menschen ohne Unterschied der Rasse, der Religion, der Tüchtigkeit und Heiligkeit in sein Heilserbieten und -geschehen mit hinein.
»Ist womöglich zuviel Gesang und zu wenig Geschrei in unserer christlichen Spiritualität? Wer die Botschaft von der Auferweckung des Christus so hört, daß in ihr der Schrei des Gekreuzigten unhörbar geworden ist, der hört nicht das Evangelium, sondern einen Siegermythos...« (J.B. Metz)
Vielleicht ist das Skandalon der Kreuzigung des Nazareners längt auf das Erträgliche hin nivelliert. Vielleicht kann der »Christus am Hakenkreuz« den Skandal, den unser Volk der Menschengeschichte aufgeprägt hat, und der uns zur Zeit in einer Welle von Fremdenhaß neu überrollt, wieder ins Bewußtsein bringen.

W. Gahlen

1.2.4 Pablo Picasso: Kreuzigung (1930) **M 1**
Abb. 4

Das kleine Bild bildet den Anfang der 1932 entstandenen Reihe von Variationen über die Mitteltafel des Isenheimer Altars, 1512- 1515, von M. Grünewald, und stellt eine der Grundlagen (Vor- Bilder) für Picassos Bild ›Guernica‹ (1936) dar.
»Die Kreuzigung hat einen experimentell-expressiven Ausdruck durch den lauernden, mitunter in einer Figur vollzogenen Stilwechsel (vgl. den Schwammträger) und den reliefartigen, nicht mehr im traditionellen Sinn erklärbaren Bildraum. Die Formen und Farben sind zum Vermittler einer düster-drückenden Stimmung geworden, trotz und gerade wegen der grellen Farben.« (Jörg Zink)

Im Wirrwarr der Farben und Formen lassen sich 10 Gestalten erkennen:

1

2

3

4

5

6

7

8

Impulse für den Unterricht

1. Wie fühlen Sie sich selbst, wenn Sie das Wort »Kreuzigung« hören?
2. Deuten Sie das Bild als Projektion eines Innenbildes des Künstlers.
3. Einige Kritiker beurteilen das Bild als »blasphemisch«. Diskutieren Sie diese Auffassung.
4. Das Bild stellt eine Frage ...
   Das Bild ist eine Herausforderung ...
   Aus dem Bild kommt Hoffnung ...
   Ergänzen Sie!
5. Vergleichen Sie Picassos Bild mit Grünewalds Kreuzigung vom Isenheimer Altar.

1.2.5 Sieger Köder: Das Gastmahl der Sünder (1973) **M 1**

Abb. 5

Das Bild schmückt den Speisesaal eines Landhauses, das zum »Germanicum«, dem Kolleg der deutschsprachigen Theologiestudenten in Rom, gehört.
Man kann versuchen, das »Gastmahl« mit den Augen der künftigen Priester zu sehen, die hier ihre Mahlzeiten einnehmen. Vielleicht fällt dann zuerst die leuchtend weiße Tischdecke ins Auge. Wie auf einem Altar dienen nur Brot und Wein als Speise. Einfache becherförmige Gläser sind das einzige Geschirr.
Um den Tisch hat eine bunt zusammengewürfelte Gesellschaft von sieben Personen Platz genommen. Keine sieht die anderen an, bis auf eine blicken alle dem Betrachter entgegen. Ihm am nächsten sitzen ein Jude, den man an den Streifen seines Gebetsschals erkennt, und ein Farbiger in blaugestreifter (Sträflings-)Kleidung mit einem blutgetränkten Verband. Daneben sitzen sich zwei rotgekleidete Frauen gegenüber. Bei der Frau auf der linken Seite mögen der größere Kleidausschnitt und das verschmierte Rot der Lippen ein leichtfertiges Leben andeuten. Die rechte Frau trägt einen weißen Schleier, wie er bei Damen des römischen Adels noch üblich ist. Einen Gegensatz bilden auch die nächsten beiden Tischpartner: Die verhärmt wirkende ältere Frau beugt sich tief vorüber – ein bärtiger junger Mann mit funkelnden Brillengläsern trägt seinen Kopf hoch und schaut dem Betrachter skeptisch entgegen. Den Platz in der Mitte nimmt ein weißgeschminkter Clown ein, der damit, verglichen mit der traditionellen Anordnung der Figuren bei Abendmahlsdarstellungen, die Position Jesu innehat. Eine Rose, der einzige Tischschmuck, deutet auf sein Herz.
Das Licht fällt nicht durch die Türe herein, sondern beleuchtet die Tischgesellschaft von vorne. Diese befindet sich in einem fensterlosen Raum. (...) Die Türöffnung gibt den Blick auf das Dörfchen Gallicano frei, das tatsächlich auf einem Hang dem Landhaus gegenüber liegt. So fällt der Blick zugleich auf die alltägliche Umgebung der Studenten und auf die biblische Szene an der Wand. Diese stellt die Geschichte vom verlorenen und wiedergefundenen Sohn dar, den der Vater in seine Arme nimmt (Lk 15,11-32). Der sich abwendende ältere Bruder beherrscht überlebensgroß fast ein Drittel des gesamten Bildes.
Es lohnt sich, die Hände im einzelnen zu betrachten. Dabei fallen vor allem die beiden Hände mit den Wundmalen auf. Sie gehören zu Christus, der bedürftige Menschen um sich sammelt und ihnen das Brot reicht. Der Betrachter bekommt die Gäste aus seiner Sicht zu sehen. Die Studenten denken gewiß auch an ihren künftigen Beruf als Priester: Werden sie ihrer Aufgabe gewachsen sein, Menschen so unterschiedlicher Herkunft zusammenzubringen und ihnen zu geben, was sie zum »Leben« brauchen?

Rüdiger Kaldewey

Impulse für den Unterricht

1. Typisieren Sie die einzelnen Personen, die sich zu einer Tischgemeinschaft zusammengefunden haben und stellen Sie einen Bezug zum Titel her.
2. Beschreiben und deuten Sie die Wandzeichnung. Setzen Sie die dargestellte biblische Perikope in Beziehung zu der Tischgemeinschaft.
3. Das Bild paßt sich in die Raumarchitektur des Speisesaales einer Ausbildungsstätte von Priestern wie auch in die das Haus umgebende Landschaft ein (vgl. Blick durch die offene Tür).
   Versuchen Sie davon ausgehend eine Deutung des Bildes. Beachten Sie dabei auch die in das Bild hineinragenden Hände.
4. Ergänzen Sie ein Jesusbild, das in die Gesellschaft paßt.

1.2.5 Emil Nolde: Der ungläubige Thomas, 1912 **M 1**

Abb. 6

Emil Nolde hat, u.a. initiiert durch das Erleben unmittelbarer Todesnähe aufgrund einer schweren Vergiftung, zahlreiche religiöse Bilder gemalt, z.B. ›Abendmahl‹, ›Pfingsten‹.
In den Jahren 1911/12 gestaltete er das große Tafelwerk »Leben Christi«, das für die Weltausstellung in Brüssel vorgesehen war, aber zurückgewiesen wurde. Es handelt sich dabei um neun kleinere Gemälde, die auf einer Bilderwand angeordnet sind.
Das künstlerisch und theologisch aussagekräftigste Bild dieses Zyklus ist nicht die größere Mitteltafel, sondern das rechts unten positionierte kleinere Motiv »Der ungläubige Thomas«. »Die Vertikalen der Gewänder, deren Flächen nahtlos aneinanderliegen, bil-

den eine dunkle rhythmische Farbkomposition. Im oberen Viertel des Bildes erblicken wir die Köpfe von Christus und den Jüngern, die wie Kapitelle von Säulen die Vertikalflächen ›krönen‹. Der Aufbau ist starr und hieratisch und wird primär durch die Bildelemente zweier Figuren durchbrochen; zum einen ist es Christus, der die Rechte gegen die Vertikaltendenz des Bildes rechtwinklig Thomas entgegenreicht; dadurch wird bei Christus die rote Wunde am Handgelenk und die Wunde des Lanzenstichs sichtbar. Zum anderen ist es Thomas, der sich im leichten Winkel von Oberkörper und Arm zu Christus hin nach vorn neigt. Das Gesicht des Thomas nimmt das Leuchten des Christusantlitzes auf. Sein freudiges Staunen wirkt stumm und maskenhaft. Auch diese Darstellung bleibt in einem irrationalen visionären Bereich.« (Rombold/Schwebel, a.a.O. S. 24f.)
Der Künstler erlebt (mit Thomas) eine innere Vision von Auferstehung als licht- und lebensbringender Energie. Dieses ekstatische Erlebnis öffnet dem Künstler einen Weg aus einer persönlichen Krise.
Nolde stieß mit seinen biblischen Darstellungen jedoch immer wieder auf Ablehnung. Mit der Begründung, daß seine Bilder den Leuten nicht zugemutet werden können, blieben sie auch aus dem kirchlichen Raum verbannt.

Impulse für den Unterricht

1. Eine Hand- und eine Kopfbewegung verraten ein Kraftfeld unter der strengen Oberfläche des Bildes.
2. Suchen Sie die Quelle des Lichtes im Bild. Versuchen Sie, die Darstellung als »inneres Bild« des Künstlers zu deuten.
3. Lesen Sie zu dem Bild Joh 20,19-29 und die Predigt von G. Theißen ›Thomas, der Zweifler‹ (M 21.1). Welche Auffassung von Auferstehung favorisiert der Künstler?

1.2.6 Alexej Jawlensky: Karfreitag, 1937 **M 1**

Abb. 7

In der Tradition der russischen Ikonenmalerei schuf Jawlensky fast 1000 Bilder vom menschlichen Antlitz, so wie es in seiner Seele lebte. Seit 1929 litt er unter schwerer Arthritis und konnte nur noch unter großen Schmerzen malen. Die Bilder wurden immer einfacher und kleiner. »Die großen schwarzen Balken haben eine Doppelfunktion: auf der einen Seite bilden sie das Gesicht Christi, auf der anderen Seite stellen sie aber auch das Kreuz dar. Beides steht in der östlichen Tradition: Im Christusgesicht ist die typische Stirnlocke angedeutet; das Kreuz zeigt die Form des russischen Kreuzes mit den drei Querbalken. Die schwarze Farbe drückt Tod und Trauer aus. Der bewegte Hintergrund, der die Spuren des Pinsels nicht verbirgt, ist ebenfalls von Schwarz durchzogen. Doch geprägt ist er von der roten Farbe des Blutes und des Leidens. Der Karfreitag taucht sich hier in Nacht. Die Dunkelheit der Todesstunde Jesu, die von der Bibel beschrieben wird (vgl. Mk 15,33 par), ist hier sicherlich Ausdruck der vom Leiden durchfurchten Seelenlandschaft des Malers. Doch das Bild wird nicht vom Dunkel beherrscht. Von den Seiten bricht ein Leuchten durch. Es ist wie ein Sonnenaufgang, der die Finsternis langsam vertreibt: das Licht der Ostersonne, das die Karfreitagsnacht durchbricht. Aus der Tiefe des Bildes glüht es wie aus einer anderen Welt.« (Detlef Stäps, in: ders., Das menschliche Antlitz Gottes. Bilder von Christus. Würzburg 1992, S. 56)

Impulse für den Unterricht

1. Beschreiben Sie, wie das Kreuz zum Gesicht und das Gesicht zum Kreuz wird.
2. Das Bild als Leiden des Künstlers spiegelt auch das Leiden Christi. Können Sie das Bild trotzdem als Osterbild verstehen?
3. Vergleichen Sie das Bild mit der Christusikone (Abb. 8).

1.2.8 Heiliges Mandylion **M 1**

Abb. 8

Das Mandylion (vielleicht vom semitischen »mindil« = Tuch) ist in der östlichen Tradition das wahre Bild Christi, die wahre »Ikone« Gottes, das nicht von menschlicher Hand gefertigte Bild. Die Art der Entstehung hat für den Bildinhalt Bedeutung: Ein Bild dieser Art muß vom Himmel gefallen sein, es kann nicht menschlicher Kunst bedürfen, um sichtbar und wirkmächtig vor den Menschen zu erscheinen. Es ist die »Erscheinungsikone« des Göttlichen im Menschlichen. Und die Verehrung eines solchen Bildes brachte man auch mit Heil und Unheil für Menschen zusammen.
Eine ähnliche Überlieferung – aus der griechischen Welt – ist im Neuen Testament noch sichtbar: Die Epheser sind die Tempelhüter der Großen Artemis und »ihres vom Himmel gefallenen Bildes« (Apg 19,35). Das gibt dem Bild Gewicht, darauf sollen die Epheser vertrauen. Paulus will dagegen die Verkündigung der Kreuzesbotschaft setzen. Hier also ist das *neue* »vom Himmel gefallene« Bild, das »acheiro-poiätäs eikoon« – das von geheimnisvollen Kräften, aber »nicht von Menschenhand gemachte« Bild: »Göttliche Erscheinung, Jesus Christus, göttliches Wunder!«
Das heilige Mandylion aus Nowgorod ist ein strenges, sehr symmetrisches Bild (dessen Symmetrie durch den

Riß im Holz etwas gestört ist). Die Augen sind weit geöffnet und blicken nach links. Die Haupthaare werden durch feine Goldfäden auf braunem Grund sehr gleichmäßig dargestellt, und die Haarenden sind – wie der Bart – gespalten (Hinweis auf die menschliche und göttliche Natur Jesu Christi).
Es ist ein bärtiges männliches Idealbildnis, ohne Beziehung zum Schmerzensmann.
Das Kreuz ist nur im Nimbus vorhanden, der in seiner Farbigkeit ganz auf den Hintergrund abgestimmt ist. Er ist ohne Buchstaben (wie das »ho on« = der Seiende), im Kreis ist nur die in Weiß herausgehobene Kreuzesform betont. Der strenge Blick fällt sofort auf. Er erinnert an Pantokrator-Bilder:
»Ein überlegener, ernster Blick.« – »Man sieht deutlich, wie Jesus einen mißtrauisch beobachtet.« – »Der Ausdruck seiner Augen ist energisch, aufmerksam, was besonders durch die hochgewölbten Augenbrauen betont wird.« – »Er hat den Blick eines Herrschers. Vielleicht (meint das Bild) den Jüngsten Tag.« »Als ob er die ganze Menschheit beobachten würde.« »Durch diesen Blick sieht er aus, als ob er warte, bis man von selbst sein Inneres nach außen kehre. Um seinen Mund liegt irgendwie ein freundlicher, aufmunternder Zug.« »Ganz weit weg – und irgendwie ist er doch unendlich nah.« – 14- und 15jährigen Schülern, von denen diese Äußerungen stammen, fällt das Strenge, Fordernde, sogar Überwachende in diesem Bild auf. Es ist der fordernde, herrscherliche Christus, der die Krisis herbeiführt, an dessen Person sich die Geister scheiden. Aber fehlt diesem Bild nicht etwas von den menschlichen Zügen Jesu?
Das »unzerstörbare« Antlitz Jesu hat im Materiellen hier seine Begrenzung erfahren: Durch das Holz geht ein Riß. Darf man dies deuten als Zeichen des Kampfes gerade um das Christusbild? (Jörg Zink, in: ders., Dia Bücherei Christliche Kunst, Bd. 7: Christusbilder, Verlag am Eschbach, Eschbach 1983, S. 23f).

Impulse für den Unterricht

1. Notieren Sie, was Ihnen an dem Bild auffällt.
2. Der Eindruck, Christus sei in der Ikone anwesend, könnte verstärkt werden, wenn Sie Kerzenlicht, Hymnen und eine feierliche Prozession hinzudenken. Malen Sie sich die Stimmung aus.
3. Das Empfinden, durch das Bild in eine andere Welt zu schauen, wird durch die Perspektive unterstützt. Zeichnen Sie nach.
4. Vergleichen Sie das Bild mit A. Jawlenskys Ikone »Karfreitag« (Abb. 7).

1.3 Jesus im Film: Jesus of Montreal bzw. Parabel

M 2

Was passieren kann, wenn in einer modernen Großstadt auf dem Hintergrund der Skyline von Montreal die religiöse und soziale Botschaft des Jesus von Nazareth ins Spiel gebracht wird, zeigt dieser Film, der die Stimmungslage vieler Jugendlicher trifft.
Der begabte junge Schauspieler Daniel Colombe fällt aus der Rolle des konventionellen Passionsspiel-Jesus heraus und verstrickt sich immer tiefer in die Rolle des historischen Jesus, wie ihn die Evangelien nach dem Verständnis der historisch-kritischen Forschung zeigen. Die Intentionen Arcands berühren sich mit der sozialgeschichtlichen Fragestellung und einer Theologie von unten, die eine faszinierende Gestalt der Vergangenheit in ihrer menschlichen Relevanz für die Gegenwart in den Mittelpunkt rückt.
Dabei wird die Auferstehung Jesu nicht ausgespart, sie bildet sogar die Klammer, wenn der Film, ausgehend von der Verneinung Gottes und der Schöpfung in der vorsichtigen Annahme des Weiterlebens Daniels ausmündet.

Impulse für den Unterricht

1. Wegen der Länge des Films und der Vielzahl der Motive, Bilder und Themen empfiehlt es sich, die Schüler den Verlauf (M 2) »mitlesen« zu lassen.
2. Drei Einsatzmöglichkeiten empfehlen sich (auch in Kombination):
   Der Film dient als Leitmedium für den gesamten Jesuskurs, und einzelne Schwerpunkte werden den Kursschwerpunkten zugerechnet (Botschaft Jesu/Passion/Auferstehung ...).
   Da der Film die Stimmungslage vieler Jugendlicher trifft, eignet er sich zur Motivation in der Anfangsphase des Kurses.
   Der Film wird dem sozialgeschichtlichen Schwerpunkt (Kapitel 2) zugeordnet und illustriert das Neue des Evangeliums Jesu. Die im Film zitierten Szenen der Evangelien werden aufgesucht und analysiert.
3. Sollte der Einsatz des Films an der Länge scheitern, empfiehlt sich der immer noch gleichwertige Film »Parabel« (ZM 1).

Filmprotokoll

Regisseur: Denys Arcand. Länge: ca. 120 Min. Verleih: Concorde Video

Teil I

1 Prolog: Szene aus Dostojewskis »Die Brüder Karamasow« (Das Ende Smerdjakows): Hat ein Leben ohne Gott Sinn? (6')
Symbolhandlung: Ein von den Zuschauern bewunderter Schauspieler verweist wie Johannes der Täufer auf einen Größeren, den er unter den Zuschauern entdeckt, Daniel Coulombe, die spätere Jesusgestalt. (→Mt 3, 11; Mk 1, 7; Lk 3,16)

2 Während der Probe zu einem Kirchenkonzert (Pergolesi »Stabat mater«) trifft Daniel Coulombe auf Pater Leclerc in dessen Kirche. Dieser gibt Daniel den Auftrag, das schon etwas angestaubte Passionsspiel zu modernisieren und mit einer Schauspielgruppe eigener Wahl aufzuführen. (7')
Daniel sieht sich das bisherige Passionsspiel in einer Videoaufzeichnung an, ehe er sich auf die Suche nach geeigneten Schauspielern macht. (8')

3 Berufungen: Daniel gewinnt die Schauspielerin Constance, die er von früher her kennt. Sie arbeitet in einer kirchlichen Obdachlosenküche. (9')
Den nächsten Schauspieler holt Daniel aus einem Studio, wo sich der arbeitslose Martin ein wenig Geld mit der Synchronisation von Pornofilmen verdient. (11')
Symbolhandlung: Berufung (Mk 1,14ff)

4 Daniel läßt sich von einem Bibelwissenschaftler über die neuesten Erkenntnisse der historisch-kritischen Jesusforschung informieren. Anschließend arbeitet er in der Uni-Bibliothek von Montreal alle einschlägigen Werke über den historischen Jesus durch. Dabei begegnet ihm eine Bibliothekarin, die mit einem enthusiastisch-naiven Bekenntnis von Jesus Zeugnis ablegt. (14')
Die Bibelwissenschaftler vertritt die umstrittene These, Jesu Vater sei ein römischer Soldat namens »Pantera« gewesen, eine Schmählegende aus späterer Zeit. In bewußtem Kontrast dazu steht das »naive« fundamentalistische Bekenntnis der Jesusverehrerin.

5 In der Wohnung seiner früheren Freundin Constance, die er für das Passionsspiel gewonnen hat, trifft Daniel überraschend auf Pater Leclerc. Die beiden hatten gerade eine gemeinsame Nacht verbracht. Leclerc bringt nicht die Kraft auf, sich zu seiner intimen Beziehung auch öffentlich zu bekennen und die Konsequenzen daraus zu ziehen. (18')

6 Weitere Jüngerberufungen: Daniel, Martin und Constance gehen in ein Tonstudio, wo der arbeitslose Schauspieler René gerade einen Film über den Beginn und das Ende des Universums synchronisiert. René erklärt sich zur Mitarbeit nur unter der Bedingung bereit, daß er einen Monolog Hamlets innerhalb des Passionsspiels vortragen darf. (22') (Hamlet 3. Akt, Szene I)

7 Schließlich gewinnt die »Jüngerschar« noch Mireille, die sich mit Werbeaufnahmen über Wasser hält. Ihr Produzent Jerge ist ein frauenverachtender Sexist. (25')

8 Bei einem großen Mahl verabreden sich die Schauspieler, in den Dienst des Passionsspiels zu treten. (28')
Diese Szene wiederholt sich am Ende des Films im Freien. (→ Mt 26; Lk 11,37; Joh 13)

Teil II

9 Es beginnen die Proben für das überarbeitete Passionsspiel. Die Spieler tragen – persönlich distanziert – die Geschichte des »Jeschua Ben Pantera« vor. (30')

10 Auf dem »Mont Royal«, oberhalb von Montreal, beginnt in einem »Garten«, der der Kirche gehört, das neue einstudierte Passionsspiel:

1. Station: Verhör von Pilatus (35') (→ Mt 27,11ff.; Mk 15,2ff.; Lk 23,2ff.)

2. Station: Verkündigung Jesu
Mireille und Constance kommentieren verschiedene Geschichten aus dem Leben Jesu, die vor einem begeisterten Publikum demonstriert werden: Zunächst nochmals die Geschichte von Jeschua Ben Pantera, dann Jesus der Magier; eine Blinde wird sehend. Dann wird ein Toter auferweckt (»Talita kumi«). (40')
Jesus teilt Brot aus und spricht Worte der Bergpredigt: Sorgt euch nicht. Lebt in Frieden. Widersetzt euch nicht dem Bösen. Christusbekenntnis des Petrus. Ankündigung des Todes. (43')
(→ Mt 6,25ff; Lk 12,22ff; Mt 5,43ff; Lk 6,27ff; Mt 16,13ff; Mk 8,27ff; Lk 9,18ff; Mt 27,27ff; Mk 15,16ff)

3. Station: Geißelung und Kreuzigung
Äußerst realistische, grausame Szenen. Jesus bleibt in Mitleid erregender Weise am Kreuz hängen. Kreuzigung über der Skyline von Montreal. »Es ist vollbracht.« (48') (→ Joh 19,30) Es erklingen Takte aus »Stabat mater«.

4. Station: Begegnung mit dem Auferstandenen in einem Tunnelgewölbe
Martin darf hier seinen Hamlet-Monolog sprechen. Constance: »Kein Wanderer außer einem, außer ihm ... kam zurück.« (50') (→ Lk 24,13ff)
Maria von Magdala (Mireille): »Ich habe ihn gesehen, ich schwöre es, glaubt mir.« »Weg vom Egoismus, hin zu einem neuen Leben der Liebe« – ist die Botschaft. (54') (→ Lk 24,1ff)

Teil III

11 Die Aufführung der Passionsspiele findet begeisterte Aufnahme. Die Schauspielerinnen und Schauspieler erhalten Einladungen zu Fernsehinterviews. (56')

12 Gar nicht zufrieden ist Pater Leclerc. In einer leidenschaftlichen Diskussion im »Todeskeller« protestiert er gegen die historisch-kritische Interpretation des Evangeliums und insbesondere gegen die »Pantera-Legende«. Er sieht sich gezwungen, seine vorgesetzte Kirchenbehörde zu informieren. (58')

13 Die fünf Schauspieler feiern ihren Erfolg bei einem Mahl im Freien hoch über der Straße. Ihr »Abendmahl« erinnert an die abendliche Runde vom Anfang des Films. (60')

14 Die Kulturredaktion des Fernsehens feiert Daniel und sein Stück. (1'02'')

15 Daniel begleitet die junge Mireille zu Probeaufnahmen für einen Bierwerbespot. Es scheint, als hätte der Alltag die Schauspieler wieder eingeholt. Der Regisseur Jerge behandelt seine Fotomodelle als echter Sexist. Mireille soll ihren Pullover ausziehen und mit nacktem Oberkörper posieren; doch Daniel/Jesus beschwört Mireille, es nicht zu tun. Er wirft aus Protest die Tische um, reißt alle Kabel heraus und zerstört die wertvolle Studioeinrichtung. Zu Mireille: »Du bist zu schade.«
Mit einem abgerissenen Fernsehkabel treibt er das Gesindel aus dem modernen Tempel. (1'10'')
Symbolhandlung: Die moderne Tempelaustreibung stellt einen ersten Höhepunkt in der Dramaturgie des Films dar (→ Mt 21,12ff; Lk 19,45ff). Sie ist zugleich der Umschlag, denn ab jetzt steht die Realisation des Lebens Jesu in der Gegenwart im Vordergrund des Filmgeschehens.

16 Bei der zweiten Aufführung des Erfolgsstückes kommt es zum Eklat. Nach einem bewegenden Vortrag der Bergpredigt wird Daniel von der Polizei vom Kreuz weg verhaftet. Obwohl der ihn verhaftende Polizeibeamte große Sympathie für den Schauspieler und sein Stück empfindet, wird Daniel abgeführt. Er ist der Sachbeschädigung in Höhe von 110 000 Dollar angeklagt. Daniel verzichtet auf einen Rechtsbeistand. Er will sich schuldig bekennen.
Der Angeklagte wird von einer Gerichtspsychologin auf seinen Geisteszustand hin untersucht. Sie ist von ihm beeindruckt, nicht zuletzt wegen seiner Haltung gegenüber Frauen und gegenüber dem Leben. Er wird bis zur Gerichtsverhandlung auf freien Fuß gesetzt. (1'17'')

17 Ein Filmagent und Anwalt möchte Daniel vermarkten. Doch Daniel lehnt ab. (1'20'')
(→ Versuchungsgeschichte Mt 4,1ff; Lk 4,1ff)

18 Daniels Freunde gehen nicht auf den Vorschlag von Pater Leclerc ein, doch wieder die ursprüngliche Fassung des Passionsspiels anzubieten. Als Daniel zu ihnen stößt, spielen sie zum Verdruß des Paters das Stück probeweise als Karikatur. (1'25'')

Teil IV

19 Zwischen Daniel und Pater Leclerc findet in der Kirche ein dramatisches Streitgespräch statt. Leclerc: »Die Ärmsten der Armen wollen keine historisch-kritischen Erkenntnisse vermittelt bekommen, sondern sie wollen hören, daß Jesus sie liebt.« Auch Constance versucht es ein letztes Mal mit Leclerc: »Laß uns das Stück noch ein einziges Mal spielen. – Wovor hast Du Angst?« – Leclerc bietet ein erschütterndes Zeugnis seines Priesterverständnisses und seiner Existenzkrise. Constance verläßt demonstrativ die Kirche und wendet sich endgültig von Leclerc ab. (1'30'')

20 Die fünf Schauspieler entschließen sich, trotz des Verbots das veränderte Passionsspiel noch ein letztes Mal aufzuführen. (1'33'')
Die Polizei rückt an und verbietet die Fortsetzung der Aufführung. Es entsteht im dichten Gedränge ein Tumult. Das Kreuz, an dem der Gekreuzigte noch hängt, stürzt um. Daniel wird schwer am Kopf verletzt. (1'35'')

21 Das Städtische Krankenhaus ist so überfüllt, daß der Notarzt mit Daniel nicht dorthin fährt. Im christlichen Krankenhaus St. Markus kommt er zwar unter, jedoch liegt er nur auf einem hoffnungslos überfüllten Gang. Er wird nicht ärztlich versorgt. Daniel bittet schließlich die beiden, ihn nach Hause zu bringen. (1'40'')

22 Unterwegs auf einem U-Bahnhof verkündet Daniel, sichtlich im Delirium, die Botschaft der Markus-Apokalypse (Mk 13). Die auf dem Bahnsteig Wartenden schauen gelangweilt oder auch verlegen drein.
Ein Werbeplakat einer Parfümfirma an der Wand verkündet »L'homme sauvage«. Daniel bricht ein zweites Mal zusammen. Wieder wird er vom Notarztwagen abgeholt und diesmal in das jüdische Krankenhaus gebracht. In dem fast menschenleeren Haus bekommt er sofort ärztliche Versorgung. Doch die Ärzte können den beiden Frauen nur noch Daniels Gehirntod mitteilen. (1'45'')

23 Die Ärzte bitten um den Leib des Verstorbenen für eine Organtransplantation. Da Daniel keine näheren Angehörigen hat, gibt Constance ihr Einverständnis. (1'45'')
Gewitter über dem Berg von Montreal. (1'47'') (→ Mk 15,33)

24 Daniel liegt, die Arme wie ein Gekreuzigter ausgebreitet, auf dem OP-Tisch. Es werden ihm Herz und Augen entnommen. Per Flugzeug werden die Organe den Empfängern überbracht. (1'48'')

25 Mireille und Constance nehmen in der jüdischen Krankenhauskapelle am schlichten Holzsarg Abschied von Daniel. (1'48'') (→ Mk 15,47)

26 Der Zuschauer erlebt das Glück der beiden Organempfänger.
Der Film-Agent hat eine neue Idee: eine kommerzielle Daniel- Coulombe-Theatergruppe. Doch Daniel wollte sicher nur eine Gruppe, die nicht-kommerziell arbeitet. Deshalb verlassen die beiden Frauen die Gruppe. (1'51'')
Symbolhandlung: Auferweckung und Sehwunder

27 *Epilog:* Im U-Bahnhof singen zwei Frauen aus Pergolesis »Stabat mater«. (1'20'')

Aus einem Interview, das Denys Arcand am Rande des Film-Festivals von Cannes 1989 Franz Ulrich gegeben hat:

»Die Spannung zwischen der Zeit, da ich als Dreizehn-, Vierzehnjähriger ein Heiliger werden wollte, und meinem heutigen Leben als Cineast in einer kosmopolitischen Großstadt hat diesen Film ausgelöst.«
»Von allen weisen Worten, die im Verlauf der Geschichte gesagt und geschrieben worden sind, von Sokrates, Plato über Buddha bis Mohammed usw., sind die Worte Jesu für mich die wichtigsten, obwohl sie nicht sehr zahlreich sind. Wenn man die authentischen, von ihm selbst gesprochenen Worte, von den Theologen ›ipsissima verba‹ genannt, in den vier Evangelien zusammennimmt, ergeben sich etwa 25 Sätze. Das ist umfangmäßig nicht gerade viel, aber sie sind für mich die bedeutendsten der Menschheitsgeschichte. Heißt das nun gläubig oder nicht gläubig sein? Ich weiß es nicht. Diese Worte sind für mich jedenfalls wesentlich und werden mich bis zu meinem Tod begleiten. Nicht weil sie ›göttlich‹ sind – ich verstehe zwar sehr gut, daß man sie dafür halten kann. Mich als praktizierenden Katholiken zu bezeichnen, möchte ich aber doch lieber nicht. Für mich ist wichtig, daß ich in meinen Filmen von mir selbst spreche, von meinen Problemen, meinen Passionen, von meinem Verhältnis zu Religion, von meinen Konflikten. Der Anwalt im Film … offeriert Daniel einen Exklusivvertrag und verspricht ihm, daß ihm mit seinem Talent die ganze Stadt zu Füßen liegen werde. Dieses Abenteuer erlebe ich … Wenn man dieser Filmwelt angehört, ist man von Haien und reichen Händlern umgeben. Mit dieser Welt schlage ich mich herum. Und davon handelt die Parabel meines Films.«

Aus: Zoom Nr. 16/1989

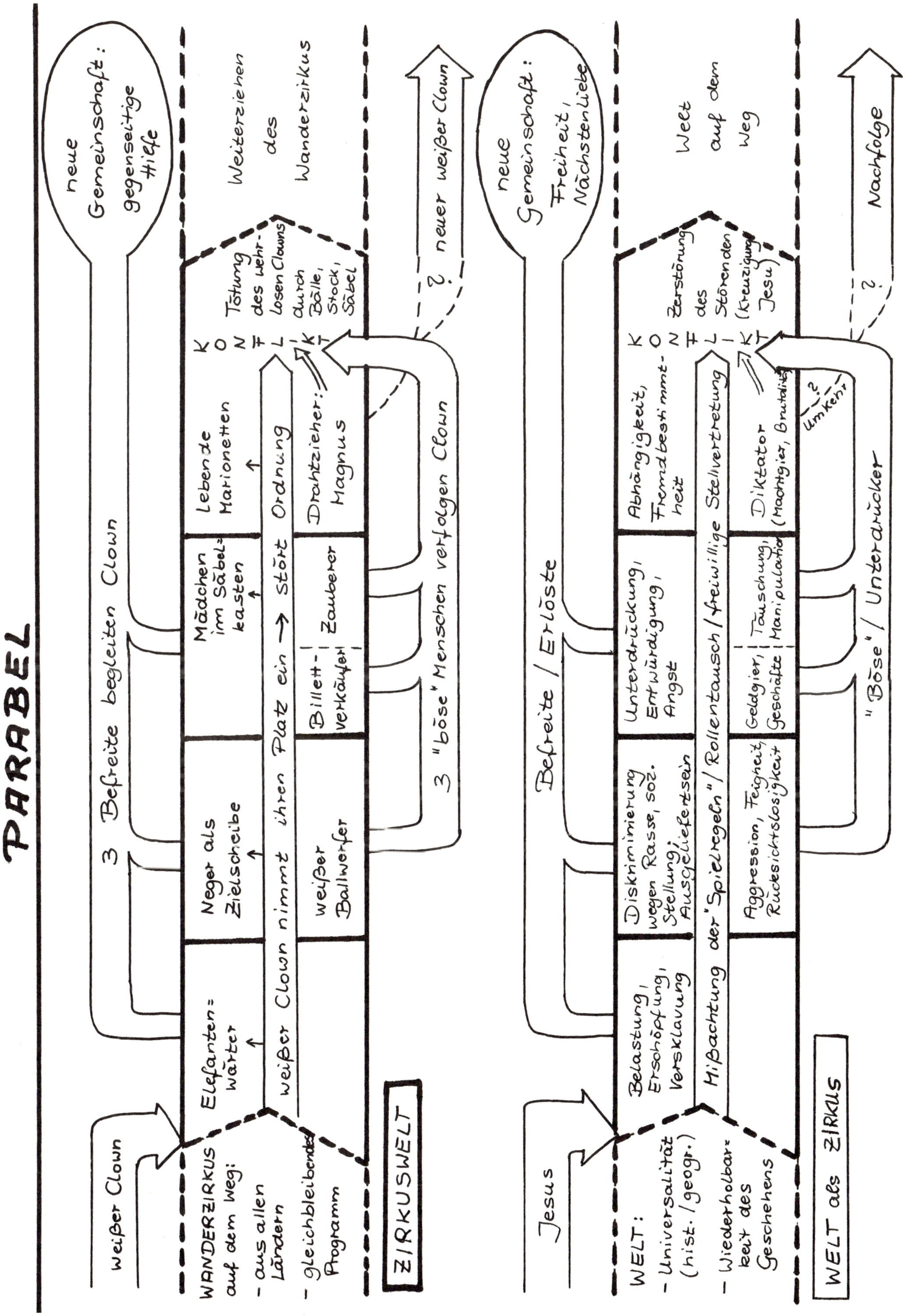
PARABEL
weißer Clown
WANDERZIRKUS auf dem Weg:
- aus allen Ländern
- gleichbleibendes Programm
ZIRKUSWELT
Elefantenwärter
Neger als Zielscheibe
Mädchen im Säbelkasten
Lebende Marionetten
weißer Clown nimmt ihren Platz ein → stört Ordnung
weißer Ballwerfer
Billett-verkäufer
Zauberer
Drahtzieher: Magnus
KONFLIKT
Tötung des wehrlosen Clowns durch Bälle, Stock, Säbel
3 Befreite begleiten Clown
neue Gemeinschaft: gegenseitige Hilfe
Weiterziehen des Wanderzirkus
3 "böse" Menschen verfolgen Clown
? neuer weißer Clown
Jesus
WELT:
- Universalität (hist./geogr.)
- Wiederholbarkeit des Geschehens
WELT als ZIRKUS
Belastung, Erschöpfung, Versklavung
Diskriminierung wegen Rasse, soz. Stellung; Ausgeliefertsein
Unterdrückung, Entwürdigung, Angst
Abhängigkeit, Fremdbestimmtheit
Mißachtung der "Spielregeln" / Rollentausch / freiwillige Stellvertretung
Aggression, Feigheit, Rücksichtslosigkeit
Geldgier, Geschäfte
Täuschung, Manipulation
Diktator (Machtgier, Brutalität)
KONFLIKT
Zerstörung des Störenden (Kreuzigung Jesu)
Befreite / Erlöste
neue Gemeinschaft: Freiheit, Nächstenliebe
Welt auf dem Weg
"Böse" / Unterdrücker
? Umkehr
? Nachfolge

2 Jesus aus Nazaret

2.1 Das Land, aus dem Jesus kam

2.1.1 Jesus von Nazareth. Auf der Suche nach einem Unbekannten (Film von W.-R. Schmidt)

Inhaltsübersicht Film 1: Der Mann aus Galiläa

Am See Genezareth 0,00
Bilder vom See Genezareth, Ausgrabungen in Bethsaida am Nordufer des Sees.

Bilder aus Galiläa. 2,05
Luftaufnahmen vom Berg Tabor und von Nazareth.

Nazareth, die Heimat des historischen Jesus 2,32
Bilder von den ausgegrabenen Wohnhöhlen unter der Verkündigungskirche.
Byzantinische Baureste unter der Verkündigungskirche, darunter Reste einer frühen judenchristlichen Anlage; der ungeklärte Fund eines Tauchbades mit Treppen.

Bethlehem 9,21
Bilder aus Bethlehem und der Geburtskirche.

Jesu erstes Auftreten 10,41
Luftaufnahmen von den Orten am See Genezareth. Bilder von den Ausgrabungen in Kapernaum.

Die Synagoge von Kapernaum 11,42
Ausgrabungen in Kapernaum.

Das Haus des Petrus 13,11
Mosaik eines Schiffes aus dem 1. Jahrhundert.

Jesu Botschaft an die Armen 15,10
Ausgrabungen in Kapernaum. Bilder von der Landschaft am See und von Korazin.

Die Landschaft am See als 5. Evangelist 19,48
Bilder vom See und von Tabga. Bilder von den Mosaiken (aus dem 4. Jh.) in der Kirche der Brotvermehrung.

Jesus und die Zeloten 23,19
Bilder von Gamla.

Auf der Suche nach einem Unbekannten 26,10
Ausgrabungen in Bethsaida; der Fund eines Schiffes aus dem 1. Jahrhundert bei Ginnosar.

Schluß 27,34
Bilder vom Frühling am See Genezareth.

Inhaltsübersicht Film 2: Letzte Tage in Jerusalem

Gesichter einer Stadt 0,00
Felsendom und Tempelplatz in der Morgensonne an einem Wintertag; spielende Kinder; Gassen in Jerusalem; betende Moslems, Juden, Christen; auf der Via Dolorosa.

4000 Jahre heilige Geschichte in Jerusalem 3,39
Ausgrabungen an der Südseite des Tempelberges (Ophel): Reste von Häusern aus der Zeit der Zerstörung Jerusalems (70 n.Chr.).
Der Tempelberg.

Ein Tag mit Dr. Meir Ben-Dov 5,33
Dr. Ben-Dov erläutert das Gelände des Tempelberges.

Jesu Protest gegen die Tempelaristokratie 6,55
Die Stufen hinauf zum Tempel; das Doppeltor der Hulda, durch das die Pilger einziehen. Die vielen Tauchbäder (Miquwen), in denen sich die Pilger vor dem Besuch des Tempels rituell waschen.

Zurück in Galiläa 10,10
Bilder von Nazareth, dem Herkunftsort Jesu, des Rabbi, des Rebellen, Wohnhöhlen und Grotten. Bilder von Kapernaum, der Wirkungsstätte Jesu. Archäologische Spurensicherung in Bethsaida.

Johannes der Täufer 14,24
Bilder vom See Genezareth und vom Jordan, der Herodesfestung Machärus.

Hinauf nach Jerusalem 15,30
Bilder von der Umgebung Jerichos, dem Wadi Kelt mit der alten Römerstraße nach Jerusalem und dem Georgskloster.

Der Ort der Verurteilung Jesu 17,11
Luftbild vom Tempelberg. Modell von Jerusalem zur Zeit Jesu (Holy-Land-Modell). Bilder von der Zitadelle (Ort des Herodes- Palastes) und vom Felsendom. Bilder von der Zisterne auf dem Gebiet der Burg Antonia.

Der Teich Bethesda 20,11

Das jüdische Wohnviertel in der Altstadt 22,18

Qumran 23,36
Bilder von den Höhlen und von gefundenen Schriftrollen.

Jesus und die Essener 28,06
Bilder vom Kidrontal, der alten Römerstraße von Jericho nach Jerusalem vom Georgskloster. Bild vom ausgegrabenen »Essener Tor« in der Nähe des Zionberges (erwähnt bei Josephus), Bilder vom Abendmahlssaal.

Die Verurteilung Jesu 31,29
Blick von Gethsemane auf das Goldene Tor, alte Ölbäume in Gethsemane, Bilder aus der Altstadt in der Gegend der Burg Antonia. Bilder von der Via Dolorosa und der Grabeskirche.

Der Ort der Kreuzigung Jesu 35,40
Bilder von der Grabeskirche, vom Jerusalem-Modell und vom Gartengrab.
Bilder aus dem Inneren der Grabeskirche: Das Grab des Josephus vom Arimathia; Reste eines alten Steinbruches; Rückseite und Vorderseite des Golgatha-Felsens.

Auferstehung 43,00
Bilder vom Grab der Familie des Herodes in Jerusalem; Blick von dort zur Zitadelle.

*

In den beiden Filmen von Wolf-Rüdiger Schmidt geht es um den geschichtlichen Ursprung Jesu in Galiläa und Jerusalem. Der Autor begibt sich dabei auf die »Suche nach einem »Unbekannten«. Anhand von Ausgrabungsergebnissen und Interviews mit fachkundigen Gesprächspartnern zeigt er die historischen Hintergründe und das sozio-kulturelle Umfeld des Wirkens Jesu auf.
Der Film kann als Motivation oder erste Information zu Beginn des zweiten großen Themenblocks ›Jesus aus Nazaret‹ gezeigt werden, läßt sich aber auch in Ausschnitten zu konkreten Stundenthemen einsetzen.

2.1.2 Das Land, aus dem Jesus kam (Film von Jörg Zink)

Eine *Alternative* zu W.-R. Schmidts neuerer Produktion ›Jesus von Nazareth‹ ist der aus dem Jahr 1974 stammende Film ›Das Land, aus dem Jesus kam‹ von Jörg Zink.

2.1.3 Interview mit Gerd Theißen **M 3**

Der Neutestamentler Gerd Theißen hat die grundlegenden Ansätze und Informationen des Films in einem Interview, das Wolf-Rüdiger Schmidt führte, zusammengefaßt. Der erste Teil dieses Interviews kann dem Schüler als Einführung in die sozialgeschichtliche Situation zur Zeit Jesu dienen. Auch hier ist der Rückgriff auf thematische Einheiten innerhalb des Interviews (vgl. Einsatz zum Thema ›Religiöse Gruppen‹) möglich.
Im Mittelpunkt des zweiten Teils stehen der Tempel und die dazu gehörenden Themenkreise. Dieses Medium ist deshalb an thematisch entsprechender Stelle positioniert. (M 18)

Leitfragen zu M 3

1. Erläutern Sie, inwiefern sich heute bei der Frage nach dem historischen Jesus neue Perspektiven aufgetan haben.
2. Charakterisieren und bewerten Sie die sozialgeschichtlichen Annäherungsversuche an die Gestalt Jesu.
3. Bestimmen Sie die Position Jesu zwischen jüdischer Tradition und Reformansätzen.
4. Vergleichen Sie die Zielsetzung Jesu mit der der Zeloten.
5. Umreißen Sie die politisch-sozialen Konflikte der damaligen Zeit und skizzieren Sie die Neuansätze Jesu zur Lösung dieser Konflikte.
6. Formulieren Sie weitere Fragen an Theißen. – Suchen Sie selbst nach möglichen Antworten.

Aus einem Interview mit Neutestamentler Professor Dr. Gerd Theißen, Heidelberg

Wolf-Rüdiger Schmidt: Herr Professor Theißen, es geht um den historischen Jesus. Was können und dürfen wir heute wissen? (...)
Gerd Theißen: Nach wie vor gilt gewiß, daß wir kein historisch exaktes Bild von Jesus haben. Das Jesusbild des Neuen Testaments ist durch den Glauben der ersten Gemeinden gefärbt. Aber heute würde man zweierlei ergänzen. Einmal: Das biblische Bild von Jesus paßt erstaunlich gut in den historischen Kontext Palästinas im 1. Jahrhundert. Über diesen Kontext wissen wir heute mehr als etwa vor einem halben Jahrhundert. Das zweite: An einigen Punkten ist es uns gelungen, das Bild von der **Jesusbewegung** – also der Bewegung, die Jesus ausgelöst hat – etwas detaillierter zu zeichnen. Zu diesem Bild gehört auch, daß im Hintergrund eine prägnante historische Gestalt steht.
WRS: Hängt das damit zusammen, daß neue Quellen zur Verfügung stehen? Woher kommt die neue Offenheit und die neue Frage nach dem historischen Jesus?
GT: Über Jesus selbst haben wir kaum neue Quellen. (...) Wichtige neue Quellen haben wir aber über die Umwelt Jesu. Zu nennen sind hier vor allem die Funde von Qumran seit 1946 sowie kleine archäologische Funde, die zusammen ein Mosaik ergeben. Ich will als Beispiel nur auf die 1961 gefundene Pilatus-Inschrift in Cäsarea hinweisen.
WRS: Können Sie das noch etwas ausführen?
GT: Es ist interessant zu wissen, daß der Amtstitel des Pilatus nicht »Prokurator«, sondern Präfekt war. Daß der Historiker Tacitus geirrt hat, wenn er ihn »Prokurator« nennt. Wir wissen heute ganz gewiß, daß Pilatus existiert hat. Ansonsten kann man der Inschrift nicht viel entnehmen. (...)
WRS: Was wissen wir vom **sozialgeschichtlichen Hintergrund** dieser ersten Jahrzehnte? Sie haben auf die 40er Jahre hingewiesen, also die Zeit zwischen 25 und 40 oder 50. Welche Faktoren haben die damalige Zeit entscheidend bestimmt?
GT: Für das Urchristentum bestimmend waren jene Nachfolger Jesu, die nach Ostern seine **Wanderexistenz** fortgesetzt haben. Das war eine Existenz der Heimatlosigkeit ohne verfügbaren Besitz. Getrennt von den Familien. Nach Ostern tauchen auch Nachfolger mit Frauen auf. Verbunden damit ist Kritik am Besitz und Kritik an der Suche nach Sicherheit. In solch einem Lebensstil sind die radikalen Worte Jesu viel leichter vorstellbar als in dem Leben eines gesetzten Familienvaters. Die Verachtung des Reichtums fällt jemandem leichter, der sich selbst vom Reichtum getrennt hat und ohne Besitz durch die Länder wandert.
WRS: Sie nennen das urchristlichen Wanderradikalismus. – Ich möchte die Frage nach der **Herkunft** des Mannes aus Nazareth stellen. Was wissen wir über den Hintergrund, über die Familie Jesu?
GT: Wir wissen, daß er vom galiläischen Land stammte, wahrscheinlich aus Nazareth, einem kleinen Dorf. Dies wird dadurch bestätigt, daß er kaum die galiläischen Städte anspricht. Die beiden großen Städte Sephoris und Tiberias erscheinen in den Überlieferungen überhaupt nicht. Nur im Johannesevangelium wird Tiberias erwähnt. Der dörfliche Hintergrund ist sicher. Nicht sicher entscheidbar ist, ob sich die Familie Jesu auf das davidische Königshaus zurückführte. Das kann sein, aber es ist im Neuen Testament umstritten.
WRS: Wie ist dieser Mann aus Nazareth in den innerjüdischen Widerstand einzuordnen? Das Land war seit Generationen von den Römern unterschiedlich intensiv besetzt. Es gab jüdische Widerstandsbewegungen. Welches Verhältnis hatte Jesus zu den unterschiedlichen Widerstandsbewegungen?
GT: Alle jüdischen Bewegungen der damaligen Zeit hatten das Anliegen, die jüdische Identität gegenüber dem übermächtigen Sog der fremden Kultur zu wahren. Und jüdische Identität heißt, daß man ein jüdisches Leben nach der **Thora**, dem Gesetz, also nach dem Willen Gottes, führt. In Reaktion auf die Fremden entwickeln fast alle Bewegungen damals so etwas wie Thoraverschärfung.

Der Pilatusstein, 1961 in Caesarea gefunden. Die einzige Inschrift, in der Pilatus erwähnt wird. Die noch sichtbare Inschrift ergibt in der Rekonstruktion »...S – TIBERIEUM – (PO)NTIUS (PRAEF)ECTUS IUDAE(AE)«.

Kopflose monumentale Cäsaren-Statuen auf der byzantinischen Prachtstraße in Caesarea, von Herodes zu Ehren des Augustus so benannt

Dabei werden die spezifisch jüdischen Normen besonders streng erfüllt. Sie werden strenger und sorgfältiger ausgelegt. Es ist das Besondere bei Jesus, daß wir neben der Thoraverschärfung, die wir auch bei ihm antreffen, gleichzeitig eine Thora-Entschärfung finden. Etwas salopp gesagt, er ist in manchen Punkten liberaler und laxer als manche seiner Zeitgenossen.

WRS: Also eine Öffnung weg von der strengen Erfüllung des alten Gesetzes und eine Öffnung über die jüdische Identität hinaus?

GT: Ja. Vielleicht kann man es noch an einem anderen Punkt klarmachen. Ich denke jetzt nicht an die Thora, also an das Gesetz, sondern an die Erwartung des **Gottesreiches**. Zu dieser Erwartung gibt es einige Parallelen. In den wenigen jüdischen Quellen dazu wird das Einbrechen der Gottesherrschaft fast immer mit einem schrecklichen Krieg verbunden. Die Gottesherrschaft kommt nach einem Krieg, in dem die Heiden – hier die Römer – besiegt werden. Jesus ist der einzige Jude, der sagt, die Gottesherrschaft ist jetzt schon da oder beginnt jetzt. Und so undramatisch beginnt dies Reich wie das Wachstum einer Pflanze. Es gibt also eine Koexistenz zwischen der Gottesherrschaft, die schon jetzt heimlich beginnt, und der Fremdherrschaft. Das ist eine Öffnung im Sinne einer liberaleren Haltung gegenüber den Fremden.

WRS: Aber das bedeutet nicht, daß die Rolle dieses Jesus von Nazareth unpolitisch war? Auch wenn er den Beginn der Veränderung jetzt ansetzt, im Verhalten des einzelnen?

GT: Der politische Rahmen bei seiner Verkündigung ist ziemlich deutlich! Vielleicht kann ich es klarmachen, indem ich ihn mit der jüdischen Widerstandsbewegung gegen die Römer vergleiche. Es gibt hin und wieder die These, daß Jesus einen zelotischen Hintergrund hat. Die **Zeloten** waren eine besonders radikale Gruppe der Widerstandsbewegung. Wie sie waren viele Teilnehmer der Widerstandsbewegung zu der Erkenntnis gekommen, daß das erste Gebot »Du sollst Gott verehren und keinen anderen neben ihm« so auszulegen sei, daß man den Kaiser neben Gott nicht anerkennen darf. In der Jesusüberlieferung wird diese Alternative ganz klar abgelehnt. Man kann dem Kaiser geben, was des Kaisers ist, und Gott, was Gottes ist. Radikalität findet sich bei Jesus dafür an einem anderen Punkt. Beim Reichtum. Du kannst nicht Gott dienen und zugleich dem Mammon. Man kann nicht zwei Herren zugleich dienen. Hier findet sich dieselbe radikal-theokratische Alternative wie bei der Widerstandsbewegung. So hat Jesus vermutlich zwar keinen zelotischen Hintergrund, aber die zelotische Widerstandsbewegung und Jesus haben einen gemeinsamen Hintergrund, das Judentum. Und dies auch noch in einer verschärften und besonders radikalen Form.

WRS: Kann man beschreiben, welche **politisch-sozialen Konflikte** die damalige Zeit bestimmt haben, um die historische Gestalt besser zu verstehen?
GT: Ja. Ich kann ganz kurz und stichworthaft ein paar Konflikte skizzieren. Es gab in Palästina **drei Machtzentren**, die sich aneinander rieben: Die römische Provinzverwaltung, die einheimische Aristokratie um den Tempel und das herodäische Königshaus. Das Problem war, daß keines dieser Machtzentren auf die Dauer ausreichend Anerkennung finden konnte. So gab es eine ständige Legitimitätskrise, die zum Nährboden für die Sehnsucht des Volkes nach einer einheimischen legitimen Herrschaft wurde. Und dies drückt sich aus in der Erwartung nach einem König aus dem eigenen Volk, der legitim herrscht, also in der Erwartung des Messias.
Ich nehme ein anderes Problem. Der **Tempel** als zentrale Institution der Religion war umstritten. Die Qumranleute beteiligten sich nicht mehr am Opferkult. Johannes der Täufer verkündigte Sündenvergebung durch die Taufe. Also unabhängig vom Versöhnungstag, von Sühneopfern, unabhängig vom Tempel.
Oder ein dritter Konflikt. Wir wissen, daß in der ersten Hälfte des 1. Jahrhunderts viele in Palästina, die die Steuern nicht mehr bezahlen konnten aufgrund von Mißernten und Verschuldungen, Haus und Hof verließen und sich der Widerstandsbewegung anschlossen. Es gab also einen spürbaren Konflikt zwischen **arm und reich**.
Ich sollte schließlich noch einen weiteren Konflikt nennen, der speziell für Palästina wichtig war: Es gab Spannungen zwischen **Juden und Nichtjuden**, die in einer Kette von Städten an der Küste und im Ostjordanland wohnten. Juden hatten vorher diese Städte erobert und beherrscht. Die dort wohnenden Griechen und Syrier, also Heiden, waren gegenüber ihren ehemaligen Herren feindselig eingestellt. All diese Konflikte lassen sich auch in der Jesusüberlieferung nachweisen.
WRS: Wenn man einmal all das wegnimmt, was der normale Christ aus der herkömmlichen Verkündigung über die Gestalt dieses Jesus im Ohr hat, was ist dann eigentlich der Kern? Könnte man sagen, es sind seine Aussagen zum Thema Friedfertigkeit, zur Sanftmut, zur Enthärtung gegenüber sich selbst und den Mitmenschen? Oder geht die Richtung der **Jesus-Botschaft** an die Menschheit woanders hin?
GT: Ich will versuchen, mit meinen Worten ohne große theologische Begriffe zu sagen, was mich menschlich anspricht. Einmal: Jesus ist tief davon überzeugt, daß sich Mensch und Welt grundsätzlich ändern müssen. Er lehnt aber gleichzeitig ab, gewaltsame Wege zur Veränderung einzuschlagen. Das zweite: Die Welt, die ihm vorschwebt, ist eine Welt, in der Leben möglich ist, ohne daß es Leben auf Kosten anderer ist. Also auf Kosten der notorischen Verlierer, der Schwachen, Armen, Kranken, auch der moralisch Scheiternden. Die bedingungslose Annahme all derer, die im Leben Verlierer sind, ist für ihn der Wille Gottes. (…)

Wohnhöhlen in Nazaret

Unter römischer Verwaltung
Tetrarchie des Antipas
Tetrarchie des Philippus
Dekapolis
Sidon
PHÖNIZIEN
ITURÄA
Damaskus
SYRIEN
LEONTES
Tyrus
TRACHONITIS
Cäsarea Philippi
GAULANITIS
BATANÄA
Gischala
HULE SEE
GALILÄA
Rafana
Ptolemaïs
Kapernaum
Bethsaida Julias
Jotapala
Arbela
SEE GENEZARETH
Sepphoris
Tiberias
Dion
JARMUK
Nazareth
Dor
Gadara
MITTELMEER
Skythopolis
Cäsarea am Meer
DEKAPOLIS
Pella
SAMARIA
Sebaste (Samaria)
Gerasa
Sichem
JORDAN
PERÄA
Joppe
Bethhoron
Philadelphia (Amman)
Lydda
Jericho
Jamnia
Aschdod
Jerusalem
Qumran
JUDÄA
Bethanien
Bethlehem
TOTES MEER
Gaza
Hebron
ARNON
NABATÄER REICH
IDUMÄA
Masada
0 10 20 30 40 50
Kilometer

2.2 Die Stimmung in Palästina zur Zeit Jesu

2.2.1 Didaktische Hinweise

Die Schüler sollen ein allgemeines Zeit- und Problembewußtsein für diesen Zeitraum gewinnen, indem sie Kenntnisse über die wichtigsten politischen Ereignisse in Palästina zwischen dem 2. Jh.v.Chr. und dem 1. Jh.n.Chr. erlangen. Vor diesem Hintergrund lernen sie die für die apokalyptische Endzeitstimmung verantwortlichen Erfahrungen der Hellenisierung und der römischen Fremdherrschaft in ihrer Ausprägung und ihren Folgen kennen.

Einen *Überblick über die Ereignisgeschichte* können sich die Schüler anhang folgender Textauszüge zur jüdischen Zeitgeschichte selbst erarbeiten.

- J. Lähnemann/U. Hahlbohm, Jesus Christus, Frankfurt 1981, S. 30-34
- W. Trutwin, Evangelium Jesu Christi, Düsseldorf [20]1992, S. 82-84
- G. Fohrer, Geschichte Israels. (UTB 708) Heidelberg [4]1985

Die gleichen Informationen können auch entsprechenden Passagen der Makkabäerbücher entnommen werden. Diese Aufgabenstellung eignet sich auch als Schülerreferat.

Aufbauend auf diesen Kenntnissen erarbeiten die Schüler das Tafelbild anhand von M 5. Illustrierend können auch die Bilder auf den Seiten 30, 31 und 36 herangezogen werden. Eine kurzgefaßte Darstellung der politischen, wirtschaftlichen und sozialen Verhältnisse bietet ZM 2, Seite 40.

2.2.2 Tafelbild zu M 5

Die Stimmung in Palästina zur Zeit Jesu

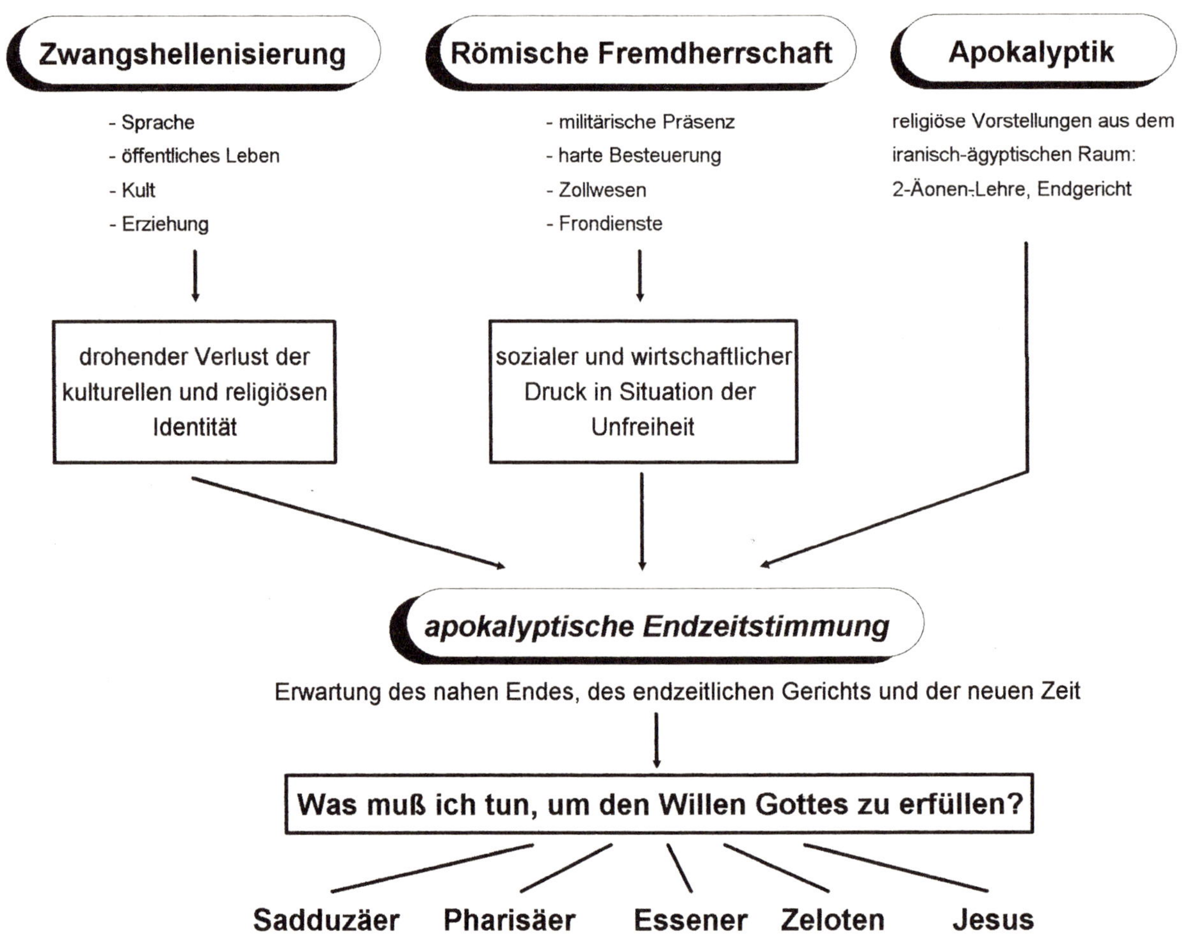

2.2.3 Überblick über die jüdische Zeitgeschichte

Das folgende Raster zur jüdischen Zeitgeschichte dient der Information für den Lehrer, kann aber auch als Ergebnissicherung dem Schüler ausgehändigt werden.

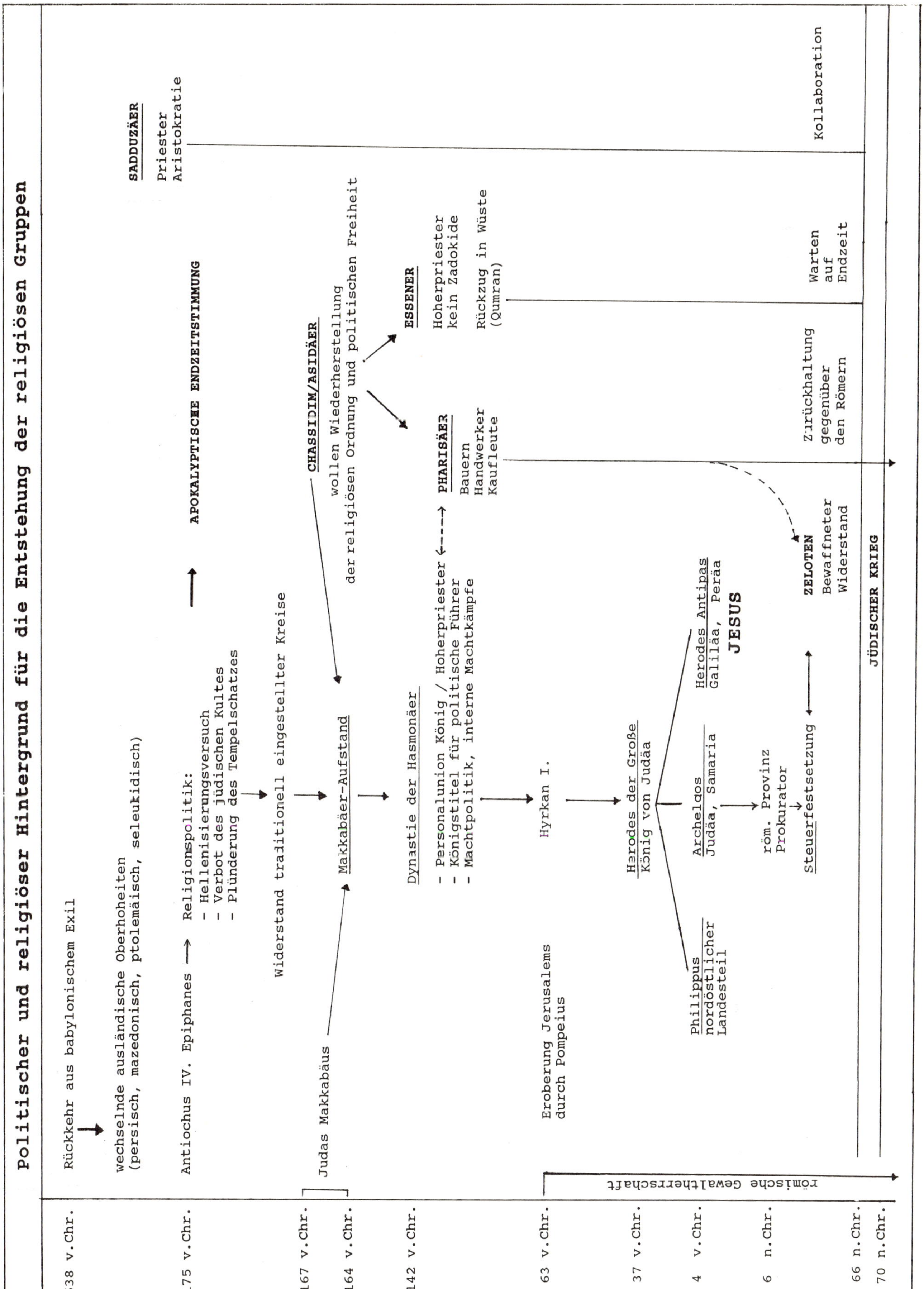

2.2.4 Jesus im Rahmen des Judentums seiner Zeit

Der Auszug aus Johann Maiers Aufsatz ›Jesus von Nazareth und sein Verhältnis zum Judentum‹ (ZM 3) skizziert aus der Sicht eines Judaisten die religiöse und gesellschaftliche Situation zur Zeit Jesu. Maier verweist auf die alles entscheidende Frage nach dem Willen Gottes, stellt unterschiedliche Konzeptionen als Antwort darauf vor und beleuchtet den jesuanischen Ansatz mit den daraus resultierenden politischen und religiösen Konsequenzen vor dem Hintergrund der akuten Endzeiterwartung.

Der Text vermittelt Grundlagen und eignet sich daher als Begleitmedium für den gesamten Block oder zum gezielten Einsatz bei den thematischen Schwerpunkten ›Stimmung in Palästina‹, ›Religiöse Gruppen‹, ›Wanderradikalismus‹, ›Tod Jesu‹; er gibt aber auch Aufschluß über die Probleme der Jesusanhänger in der nachösterlichen Zeit.

Leitfragen

1. Zwei Intentionen verbanden die Religionsparteien zur Zeit Jesu. Skizzieren Sie diese. (Weitere Informationen über die verschiedenen Parteien finden sich in M 11)
2. Die Verkündigung der Gottesherrschaft in der Gestalt Jesu mußte politische und religiöse Konsequenzen haben. Notieren Sie.
3. Nach der Abkühlung der akuten Endzeiterwartung mußten die Jesus-gläubigen Juden Kompromisse eingehen. Beschreiben Sie diese und zeigen Sie die Konsequenzen für die Entstehung einer neuen Religion auf.

Die Prophezeiungen Jesu über den bevorstehenden Untergang Jerusalems fanden im Jahr 70 ihre schreckliche Erfüllung.
Jerusalem wurde zerstört, der Tempel ausgeraubt.
Dieses Relief auf dem Titusbogen am Eingang zum Forum Romanum in Rom zeigt,
wie der siebenarmige Leuchter und andere Schätze aus dem Tempel von den siegreichen Römern davongetragen werden.

Die Stimmung in Palästina zur Zeit Jesu **M 5**

Hellenisierung

Seit der Rückkehr aus dem babylonischen Exil war das jüdische Volk wechselnden Fremdherrschaften ausgesetzt. Die persische Oberhoheit, die nach dem Exil weiterbestand, wurde von Alexander dem Großen (332 v.Chr.) abgelöst. Während Alexander jedoch noch seine Herrschaft auf dem Wohlwollen der unterworfenen Völker zu begründen suchte, um seinen Plan einer Vermischung der Völker des Orients mit dem hellenisch-makedonischen Volk zu realisieren, betrieben bereits die Diadochen, hier die Ptolemäer, eine Privilegierung der Hellenen. So wurden Hellenen vor allem als Offiziere der Armee, in der Bürokratie oder als Pächter für Steuern und Zölle eingesetzt. Letztere übernahmen auch gleichzeitig den Großhandel, so daß zentrale Funktionen von der Fremdmacht beherrscht wurden.

In dieser und in der anschließenden seleukidischen Zeit wurde die jüdische Kultur nach und nach von der Fremdkultur überlagert. Die griechische Sprache breitete sich aus. Aus den verschiedenen griechischen Dialekten bildete sich eine hellenistische Gemeinsprache, das *Koine*-Griechisch, heraus, das zur Verwaltungssprache und zum allgemeinen Verständigungsmittel, ähnlich der englischen Sprache in den ehemaligen britischen Kronkolonien, wurde.

Griechische Literatur wurde gelesen, griechische Namen wurden angenommen und Formen des kulturellen hellenistischen Lebens eingeführt. So baute man Gymnasien, Theater und andere öffentliche Gebäude nach griechischem Vorbild. Es fanden sportliche Wettkämpfe statt, und hellenistische Erziehung und Bildung wurden vermittelt. Dadurch wuchs die Gefahr der Überfrachtung mit polytheistischem Gedankengut.

An der Küste und im Transjordanland entstanden zahlreiche Städte nach dem Vorbild der griechischen Polis. Die hellenistische Denkweise wurde gepflegt, und dank der Verwaltungsmethoden und des landwirtschaftlichen Fachwissens konnten sie zu einer wirtschaftlichen Blüte geführt werden. So waren für das jüdische Volk Handelskontakte sowohl mit den hellenistischen Nachbarstaaten als auch mit diesen Städten unumgänglich, obwohl die Produkte durch den Kontakt mit den ›Heiden‹ unrein wurden.

Zur Regierungszeit Antiochos IV. Epiphanes nahm die Zwangshellenisierung die Form einer organisierten Bewegung an. Antiochos plünderte den Tempelschatz, verbot den jüdischen Kult, das Halten des Sabbats und der Feste sowie die Beschneidung, also die identitätsstiftenden Phänomene der jüdischen Religion. Außerdem wurde die Tora als Staatsgesetz außer Kraft gesetzt und der Kult des Zeus verbindlich. Jerusalem sollte zu einer Polis umgestaltet werden; ein Gymnasion wurden errichtet. Nach den Makkabäerbüchern blieben sogar Priester zugunsten der Ringkämpfe dem Tempelkult fern.

Dieser Entwicklung, die mit dem Ausmerzen der süd- und mittelamerikanischen Kulturen und dem Aufpropfen der Fremdkultur durch die spanischen und portugiesischen Conquistadores vergleichbar ist, versuchten traditionell eingestellte Kreise, unterstützt von einer Gruppe sog. ›Frommer‹, der Chassidim, Widerstand zu leisten. Der Makkabäer-Aufstand führte das jüdische Volk schließlich seit langer Zeit wieder in ein Jahrhundert der politischen Selbständigkeit unter der Dynastie der Hasmonäer.

Obwohl der Tempel von allem Fremden gereinigt wurde, blieb nach diesen Jahrhunderten ein Volk zurück, dem der Verlust der religiösen und kulturellen Identität drohte.

Römische Fremdherrschaft

Da die hasmonäische Herrschaft jedoch im Verlauf der Zeit zu einer skrupellosen Machtpolitik und internen Machtkämpfen führte, war dem Volk an einer Ablösung der Hamonäer-Dynastie gelegen. Als zwei Konkurrenten schließlich Pompeius als Schiedsrichter anriefen, das Volk Pompeius aber zu verstehen gab, daß sie keinen der beiden als Regenten wollten, sondern unter der Herrschaft der Priester wieder eine Theokratie anstrebten, nahm Pompeius 63 v.Chr. Jerusalem ein, besetzte den Tempelbezirk, betrat sogar das Allerheiligste und reihte Palästina in die Provinz Syrien ein. Hyrkan II. entzog man zwar die Königswürde, setzte ihn aber als Hohenpriester und Ethnarch über die Gebiete Judäa, Peräa und Galiläa ein. Damit begann die Zeit der römischen Fremdherrschaft, eine harte Besteuerung und ein ausbeutendes Zollwesen.

In neutestamentlicher Zeit waren die römischen Bürger bis auf geringfügige Beiträge von den Steuern befreit, da das ›tributum‹ aus den Provinzen reichlich floß. Den beiden Arten der direkten Steuer, einer Grundsteuer, in der das Land nach Größe und Qualität versteuert wurde, und einer Kopfsteuer, die jeder Bürger als Person und unabhängig von seinem Vermögen entrichten mußte, ging eine Veranlagung voraus, die mit Brutalität und Willkür durchgeführt wurde. Die Kopfsteuer belastete vor allem die unteren Schichten, da auch Tagelöhner der Verpflichtung unabhängig von ihrem Verdienst nachkommen mußten.

Flavius Josephus: Antiochus Epiphanes erobert Jerusalem. Die Makkabäer Mattathias und Judas

Antiochus Epiphanes

1. Zu der Zeit, als Antiochus Epiphanes mit Ptolemaeus dem Sechsten wegen des Besitzes von Gesamt-Syrien im Streite lag, entstanden unter den vornehmen Juden Zwistigkeiten über den Machtvorrang, da niemand von denen, die in Würden standen, sich seinesgleichen unterordnen wollte. In diesem Zwiste gewann Onias, einer von den Hohepriestern, die Oberhand und vertrieb die Söhne des Tobias aus der Stadt (Jerusalem). Letztere nahmen nun ihre Zuflucht zu Antiochus, den sie baten, in Judaea einzurücken und dabei ihre Dienste als Heerführer anzunehmen. Der König ließ sich um so leichter hierzu bereden, als er sich schon lange mit dieser Absicht trug. Er drang daher mit großer Streitmacht ins Land ein, nahm die Stadt mit stürmender Hand, ließ eine große Menge der Anhänger des Ptolemaeus niedermachen, gestattete seinen Soldaten uneingeschränktes Plündern, beraubte selbst den Tempel und brachte die Abhaltung der täglichen Opfer auf die Dauer von drei Jahren und sechs Monaten zum Stillstand.

2. Dem Antiochus indes genügte weder die unverhoffte Einnahme der Stadt, noch die Plünderung, noch das gewaltige Blutbad, sondern im Taumel seiner Leidenschaft und im Andenken an seine während der Belagerung bestandenen Strapazen zwang er die Juden, im Widerspruch mit den heimischen Gesetzen ihre Kinder unbeschnitten zu lassen und Schweine auf dem Altar zu opfern. Gegen diese Verordnungen lehnte sich das ganze Volk auf; die angesehensten Bürger aber erlagen dem Richtschwert. Bakchides vollends, der von Antiochus geschickte Kommandant der Besatzungstruppen, verschärfte die gottlosen Befehle noch durch seine natürliche Grausamkeit und überschritt jedes Maß des Frevels, indem er die vornehmen Juden der Reihe nach foltern ließ und der gesamten Bürgerschaft tagtäglich mit Zerstörung der Stadt drohte, bis endlich das Übermaß seiner Greuel die Bedrängten zu einem Racheversuch trieb.

Sport spielte im Leben der Griechen eine wichtige Rolle. (Amphora, 6. Jh.v.Chr.)

3. Matthias nämlich, der Sohn des Asamonaeus, ein Priester aus dem Dorfe Modein, bewaffnete sich und die Seinigen (er hatte fünf Söhne) und erdolchte den Bakchides, worauf er aus Furcht vor der zahlreichen Besatzung zunächst sich ins Gebirge zurückzog. Als aber eine Menge Volkes sich um ihn scharte, faßte er Mut, stieg von den Bergen herab, schlug die Heerführer des Antiochus in förmlicher Schlacht und vertrieb sie aus Judaea. Dieses sein Waffenglück verschaffte ihm Macht und Ansehen, und gern wählten ihn seine Landsleute aus Dankbarkeit für die Befreiung vom Joche der Fremden zum Herrscher. Bei seinem Tode hinterließ er den Oberbefehl seinem ältesten Sohne Judas.

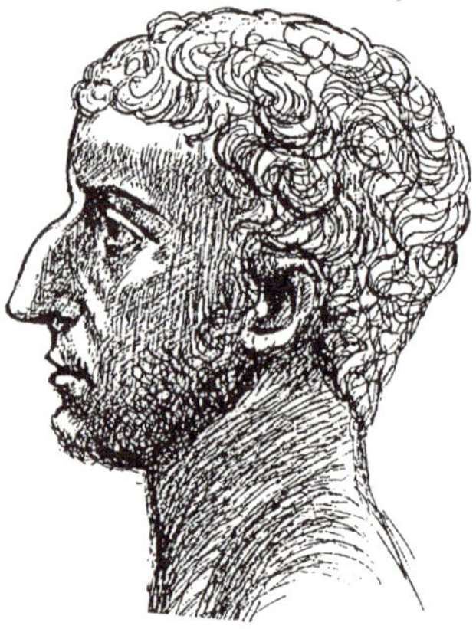

Der jüdische Historiker Joseph Ben Matthias, genannt Flavius Josephus, lebte von 37/38-100/110 n.Chr.

Daneben gab es eine Reihe weiterer, sog. indirekter Steuern:

- die Kranzsteuer, eine vorgeschriebene Spende an den Kaiser an bestimmten Feiertagen, die in reinem Gold zu entrichten war;
- die Salzsteuer, die besonders die kleinen Fischfangunternehmen und die Gerber hart traf;
- Verkaufs-, Gerichts- und Gewerbesteuer.

Eine erhebliche Bedeutung hatten auch die vom Staat eingezogenen Güter von hingerichteten oder exilierten Personen. Sie trugen zu der Knappheit von Ackerland in Palästina bei.

Darüber hinaus wurde die materielle Belastung der Bevölkerung durch die zahlreichen Ausfuhr-, Einfuhr- und Durchfuhrzölle an den Provinzgrenzen und den Grenzen eigener Zollbezirke noch verstärkt. Auch mußten die Aufwendungen für öffentliche Bauten wie etwa Straßen von der Bevölkerung getragen werden. In diesem Zusammenhang konnte das unterdrückte Volk in einem zeitlichen Rahmen auch zu Frondiensten herangezogen werden.

Die Steuermünze: 1 Denar (Tiberius 14-37 n.Chr.)

Des weiteren mußten die militärischen Einheiten von dem jüdischen Volk durch Abgabe von Weizen und Vieh ernährt werden. Wer nicht genug besaß, mußte die entsprechenden Abgaben für das Heer selbst kaufen. Auch Zwangseinquartierungen waren an der Tagesordnung.

Aus diesen Steuerpflichten erwuchs nicht nur eine enorme materielle, sondern auch eine ideelle Belastung, da für die in ihrem Stolz gedemütigten Juden die Grund- und Kopfsteuer zugleich auch das Symbol der römischen Unterjochung war. Materiell traf der Steuerdruck die Landbevölkerung, und darunter die Kleinbauern und Tagelöhner, am härtesten. Die Schuldenlasten führten oft in Schuldknechtschaft und zu Räuberei. Hier sind auch die Motive für viele Beitritte zur zelotischen Bewegung zu suchen. Diese formierte sich angesichts der Steuerfestsetzung, die durchgeführt wurde, als Judäa und Samaria im Jahre 6 n.Chr. zur römischen Provinz erklärt wurden und einem Prokurator unterstanden.

Apokalyptische Endzeitstimmung

Der soziale und wirtschaftliche Druck, der durch die religiösen Abgaben noch wesentlich verstärkt wurde, rief in der Bevölkerung eine Art Untergangsstimmung hervor. Man war der Überzeugung, daß das Dasein nicht mehr härter und unerträglicher werden konnte.

In diesen Zeiten der Unterdrückung blühten immer wieder apokalyptische Vorstellungen auf, die das unmittelbar bevorstehende Ende der Geschichte erwarteten und das Heil in dem dann anbrechenden neuen Weltzeitalter erhofften. Anzeichen für die baldige Umwälzung der Verhältnisse war ja gerade die Bedrängnis der Gegenwart. Gott wird eingreifen und die Weltenwende herbeiführen. Diese Vorstellungen gehen auf iranische und ägyptische Ursprünge zurück.

Apokalyptische Gestalten wie der ›Menschensohn‹ sollten bei der Durchführung der Umwälzung bei dem großen Endgericht eine Vermittlerfunktion übernehmen. An diesem Punkt ließen sich die apokalyptischen Vorstellungen mit der Messiaserwartung des Judentums verbinden.

Die apokalyptische Endzeitstimmung bildete den Sauerteig für zahlreiche soziale und politische Bewegungen. Die alltäglichen Handlungen und Probleme wurden bedeutungslos angesichts des Weltendes. Die zentrale Frage, die diskutiert wurde, lautete: »Was muß ich tun, um den Willen Gottes zu erfüllen und damit die Herrschaft Gottes schneller herbeizuführen?«

In den Antworten darauf unterschieden sich die verschiedenen religiösen Gruppen. Auch die Jesusbewegung stellte sich der drängenden Frage.

Die politischen Verhältnisse

Seit dem Jahre 37 v.Chr. stand das Land Israel unter der Herrschaft der Römer. Allerdings übten diese – wie in anderen römischen Provinzen auch – nur die Oberherrschaft aus, änderten aber die vorhandenen politischen und rechtlichen Verhältnisse zunächst nicht. So blieb unter König Herodes dem Großen (37 v.Chr. – 4 v.Chr.), der mit Hilfe der Römer an die Macht gekommen war, ein jüdischer Staat bestehen.
Nach dem Tode des Herodes (4 v.Chr.) zogen dessen drei Söhne nach Rom, um sich ihre im Testament des Vaters versprochene Herrschaft bestätigen zu lassen. Während ihrer Abwesenheit brachen im Land Unruhen aus, die durch Quintilius Varus, der von 6 – 4 v.Chr. Statthalter der Provinz Syrien war, zu der das Land Israel gehörte, blutig niedergeschlagen wurden.
In diesem Zusammenhang ließ Quintilius Varus die Stadt Sephoris, die 6 km von Nazareth entfernt lag, niederbrennen; die Einwohner wurden in die Sklaverei verkauft. Im ganzen Land wurden ungefähr 2.000 Freiheitskämpfer gefangengenommen und gekreuzigt.
Das Land wurde unter den drei Söhnen des Herodes aufgeteilt: Archelaos bekam die Gebiete Judäa, Samaria und Idumäa. Wegen seiner Willkür und Brutalität wurde er von den Römern 6 n.Chr. abgesetzt und nach Gallien verbannt. Nach der Absetzung des Archelaos kam es erneut zu Unruhen, als im Jahr 6 n.Chr. der Procurator Coponius eine Volkszählung, einen Census, anordnete.
Das Gebiet des Archelaos wurde nun in die Provinz Syrien einbezogen und einem weitgehend selbständigen Procurator (Landpfleger) unterstellt, der in Cäsarea residierte. An hohen Festtagen, an denen die Gefahr von Unruhen bestand, residierte er häufig in Jerusalem. Ansonsten blieb in der von Herodes in unmittelbarer Nähe der Tempelanlagen erbauten Burg Antonia lediglich eine kleine Einheit der römischen Besatzungsmacht stationiert.
Zur Zeit des Auftretens Jesu war Pilatus Procurator (26-36 n.Chr.); er war wegen seiner Grausamkeit bei den Juden äußerst unbeliebt. Entgegen den bisherigen Gepflogenheiten hatte er die römischen Feldzeichen in die heilige Stadt Jerusalem bringen lassen. Außerdem hatte er Gelder aus der Tempelkasse für den Bau einer Wasserleitung verwendet.
Allerdings blieb auch unter dem römischen Statthalter das Eigenleben der Jerusalemer Kultgemeinde erhalten, die Tätigkeit des Hohenpriesters und des Hohen Rats, der religiösen Stadtverwaltungsbehörde, wurde nicht angetastet. Der Hohe Rat hatte allerdings nicht das Recht, Todesurteile zu fällen; dies war dem römischen Procurator vorbehalten. Herodes Antipas (4 v.Chr. – 39 n.Chr.) wurde Herrscher über Galiläa und Peräa (Ostjordanland). Er war der Landesherr Jesu; in den Berichten über den Prozeß Jesu wird er als »Könige Herodes« bezeichnet. Philippus (4 v.Chr. – 34 n.Chr.) erhielt das nördliche Ostjordanland (Batanäa).

Die wirtschaftlichen und sozialen Verhältnisse

In beiden Filmen wird mehrfach die niedere Herkunft Jesu betont. Aufschlußreich ist hier z.B. Lk 2,24: Durch die zwei Tauben als Opfer statt des geforderten einjährigen Lammes werden die Eltern Jesu als Arme, als Menschen ohne Grundbesitz gekennzeichnet.
Die soziale Stellung der Familie Jesu muß vor dem Hintergrund der wirtschaftlichen und sozialen Verhältnisse im Land Israel des 1. Jahrhunderts gesehen werden. Die Wirtschaft war geprägt durch die Landwirtschaft (Ackerbau, Viehzucht, Fischerei am See Genezareth), das Handwerk und den Handel. Die Masse der Kleinbauern, die ihren eigenen, durchaus fruchtbaren Boden bewirtschafteten, lebten in Armut. Die Gründe dafür waren die Zerstückelung des Besitzes und die hohen Steuern. Besonders in Galiläa gab es große Ländereien, deren Besitzer in der Stadt wohnten und das Land nicht selbst bewirtschafteten; der Besitz wurde durch Beauftragte verwaltet, die auf den Besitzungen Tagelöhner und Sklaven als Landarbeiter beschäftigten.
Vor allem in Jerusalem (Tempelbau und andere Bauten des Herodes) kam dem Bauhandwerk große Bedeutung zu.
Das Land Israel war nicht in der Lage, seine Bevölkerung zu ernähren; deshalb wanderten viele Menschen, die im Land Israel keine Arbeit finden konnten, in andere Teile des römischen Reiches aus. Zur Zeit Jesu lebten rund 500.000 Juden im Land Israel, 4 Millionen in der Diaspora.
Jesu Umgang mit den Armen, mit den Ausgestoßenen, mit den religiös und sozial am Rande Stehenden ist nicht so zu verstehen, daß er sich von einer erhöhten Position zu den Niederen hinabbeugte, sondern so, daß er selbst zu diesen Kreisen gehörte. Dies gilt zumindest für seine galiläische Herkunft. »Jesus tritt inmitten der Armen Palästinas auf, er war einer von ihnen. Er lebte in einem Land, dessen Wirklichkeit auf jeder Seite unserer Evangelien deutlich sichtbar ist. Die Menschen hungern – nichts anderes sagt das biblische Wort ›arm‹ –, sie leiden an den Krankheiten der Armen: Lepra, Infektionen der Augen, verkrüppelte Glieder. Kinder wachsen ohne Eltern auf, Mädchen sind gezwungen, als Dirnen ihr Brot zu suchen, Familienverhältnisse werden brüchig« (Schottroff/Stegemann, S. 55).

Dieter Petri / Jörg Thierfelder

1. Die allgemeine Situation

Die römische Fremdherrschaft im Heiligen Land war allen Juden bis auf eine dünne Kollaborantenschicht ein Ärgernis, und zwar auf Grund der Überzeugung von der heilsgeschichtlichen Rolle Israels innerhalb der Weltgeschichte, weil die Fremdherrschaft nun einmal die volle Verwirklichung des Gotteswillens, wie er in der Offenbarung vorlag, beeinträchtigte. Die Römer suchten zwar grundsätzlich Konflikte zu vermeiden und gestanden auch der jüdischen Religion weitreichende Privilegien zu, aber unter dem römischen Vasallenkönig Herodes und danach unter der Verwaltung durch die Prokuratoren hat sich das politische Klima ständig verschlechtert. Zugleich wurde das Land von einer wirtschaftlichen Krise heimgesucht, so daß politische, religiöse und soziale Spannungen für diese Zeit kennzeichnend waren. Sie wirkten sich auch intern aus und bestimmten die Ausbildung verschiedener, zum Teil scharf konkurrierender Gruppen bzw. »Religionsparteien«, verursachten ein ausgeprägtes Konventikelwesen und einen erbitterten Meinungsstreit über die beiden Hauptprobleme der damaligen Zeit: die rechte Deutung und Anwendung des Gotteswillens und das richtige Verständnis der Geschichte.
Beides stand nach damaliger Auffassung in einer Wechselbeziehung zueinander. Je näher man die Erfüllung der Geschichte wähnte, desto ernster fragte man nach der rechten Erfüllung des Gotteswillens. Jesus gehört in diese Auseinandersetzung hinein, zwar nicht als Repräsentant einer maßgebenden Gruppe, aber doch als Vertreter einer Position im damaligen Meinungsstreit.

2. Geschichtsbild und Zukunftshoffnung

Die Erwartung einer vollständigen, ja idealen Wiederherstellung des – in der Rückschau bereits verklärten – alten Israel hatte sich nach der Heimkehr aus dem babylonischen Exil nicht erfüllt und blieb Gegenstand der Zukunftserwartung. Dies jedoch in recht unterschiedlicher Weise, je nach den besonderen Traditionen und Interessen der einzelnen Richtungen und Schichten. Selbstverständlich hatten die jeweils herrschenden Kreise an einem baldigen und endgültigen Wechsel der Verhältnisse weniger Interesse als andere Gruppen, vor allem solche, denen nichts an einer Beibehaltung des status quo lag und die mit einem richterlichen Eingreifen Gottes zu ihren Gunsten rechneten. Die so erhoffte Ablösung der irdischen Herrschaftsverhältnisse durch die Gottesherrschaft setzte allerdings nicht voraus, daß man über das Wie der Erlösung lehrmäßig geschlossene Vorstellungen hatte.
Die Sadduzäer, die herrschende Priesteraristokratie mit dem Hohepriester an der Spitze, stand solchen Zukunftserwartungen ablehnend gegenüber, hatte ja auch die politische Verantwortung gegenüber den Römern zu tragen und befand sich insofern in einer schwierigen Doppelrolle. Andere Richtungen erhofften sich mit unterschiedlicher Intensität schon für die allernächste Zeit die große, endgültige Wende, teils mit militant-politischer Akzentuierung, wie die Zeloten und die Sikarier, teils ohne derart militante Züge, wie offenbar Jesus von Nazaret und das frühe Christentum. Aber einen politischen Aspekt hatten alle diese Erwartungen, da sie in jedem Fall einen grundlegenden Wandel der Verhältnisse erhofften und damit das Bestehende in Frage stellten – jedenfalls in den Augen derer, die die Macht ausübten und die politische Verantwortung trugen. Jesus brauchte also gar kein politischer Rebell gewesen zu sein, um als solcher angeklagt und verurteilt zu werden – und die Kreuzigung war die Strafe für Aufrührer. Jesus war einer von vielen, die damals auf diese Weise den Tod fanden, und sein Selbstverständnis wird dadurch nicht unbedingt berührt. Für sein Geschick war viel eher entscheidend, was andere über ihn dachten und von ihm argwöhnten, vor allem die Repräsentanten der politischen Behörden. Seine Verkündigung der anbrechenden Gottesherrschaft hatte zwei entscheidende Konsequenzen:

(1) Eine – ungewollte, aber alsbald vorauszusehende – politische, vielleicht schon bei manchen seiner Hörer, auf jeden Fall aber bei der sadduzäischen Hierokratie und bei den Römern, die seine Reichgottespredigt als politische Agitation verstehen mußten.

(2) Eine existenzbestimmende und religionsgeschichtlich wirksam gewordene, da sich die Frage ergeben mußte, wie der Gotteswille in Anbetracht der hereinbrechenden Gottesherrschaft situationsgerecht erfüllt wird. Dies war bereits für den Jüngerkreis eine bedeutsame Frage und wurde es nach Ostern noch mehr, und aus dieser Frage nach dem Neuen ist denn auch tatsächlich eine neue Religion entstanden. Besteht doch ein grundlegender Unterschied zwischen einer endzeitlich ausgerichteten Geschichtsauffassung, die zwar die Hoffnung auf ein mehr oder minder nahes Ende der Geschichte einschließt, aber doch noch mit der Notwendigkeit rechnen muß, daß der status quo noch längere Zeit anhält, und einer akuten Endzeiterwartung, nach der die endgültige Wende bereits im Vollzug begriffen ist.

Im ersten Fall muß berücksichtigt werden, wie die möglicherweise noch längere Fortdauer des alten Äons überstanden werden kann – und zwar nicht bloß für den Einzelmenschen, sondern auch für die Gemeinde. Im zweiten Fall entfällt diese Sorge, die Geschichte schrumpft auf ihren Endpunkt zusammen, Fragen der Bewahrung und Bewährung treten in den Hintergrund, und der Mensch weiß sich in eine einzigartige und endgültige, unwiederbringliche Entscheidungssituation gestellt, verbunden mit einer anbrechenden Weltwende von kosmischen Dimensionen und mit der unmittelbaren Erwartung des letzten

Gerichts und des endgültigen Heils. Gruppen mit akuter Endzeiterwartung haben folgerichtig so gut wie immer eine extreme Frömmigkeit vertreten, wobei es freilich in der Frage, was denn nun konkret unter solchen endzeitlichen Umständen zu tun sei, zu großen Meinungsverschiedenheiten kommen konnte. Zudem stellten sich unweigerlich mit der sich hinziehenden Zeit – mit der Endzeitverzögerung – schwierige Probleme ein. Man konnte nicht unbegrenzt eine in der enthusiastischen Überzeugung vom angebrochenen Ende praktizierte strenge Frömmigkeit fortsetzen, ohne den Einzelnen zu überfordern oder den Bestand einer Gemeinde zu gefährden, mußte früher oder später Kompromisse eingehen und Konzessionen machen, sich als Gemeinde wieder auf die Erfordernisse eines Gemeindelebens einstellen. Zwischen der ersten Frage, was in Anbetracht der anbrechenden Gottesherrschaft neu und anders zu sehen oder zu halten sei, und dieser Rückkehr in die Realität infolge der Endzeitverzögerung liegen Möglichkeiten für religionsgeschichtlich tiefgreifende Vorgänge. Die akut-eschatologische Hoffnung und die aus ihr sich ergebende Frage nach dem Neuen birgt eine je nach den Umständen mehr oder minder starke Sprengkraft in sich, wie die Geschichte der messianischen Bewegungen im Judentum beweist. Leider hat die neutestamentliche Wissenschaft von diesen messianischen Bewegungen und der ihr innewohnenden religiösen und soziologischen Dynamik kaum Notiz genommen.

Johann Maier

Die frühbyzantinische Kalksteinsynagoge von Kafarnaum.
Deutlich sieht man die etwas andere Ausrichtung einer darunter gelegenen Basaltmauer,
die zu einem älteren Synagogengebäude gehört, in dem auch Jesus seine Reich-Gottes-Botschaft verkündet hat.

2.3 Die sozialgeschichtliche Situation des Judentums zur Zeit Jesu

2.3.1 Didaktische Hinweise

Ausgehend von der Figurenkonstellation in dem Gleichnis Mt 20,1-15 (M 6), sollen die dahinterliegenden sozialen Strukturen des Judentums zur Zeit Jesu herausgearbeitet werden, um den in der vorangegangenen Stunde erwähnten sozialen und wirtschaftlichen Druck auf die Besitzverhältnisse und die Schichtzugehörigkeit zurückzuführen.
Das Erarbeiten der Informationen, die in der graphischen Übersicht (vgl. 2.3.2) zur Sozialstruktur der jüdischen Gesellschaft zur Zeit Jesu einfließen, erfolgt in drei Phasen und läßt sich dementsprechend mit Hilfe von Folien im Overlay-Verfahren durchführen.

1. Die Grundlage bilden die drei Berufsstände, die im Gleichnis selbst genannt werden, und ihre Beziehungen zueinander. Sie werden vom Schüler mit Hilfe nachstehender *Leitfragen* dem Gleichnis selbst entnommen und auf einer ersten Folie so angeordnet, daß die spätere Einteilung in Ober-, Mittel- und Unterschicht bereits angelegt ist.

Leitfragen zu Mt 20,1-15 **M 6**

1. Nennen Sie die drei Berufsstände, deren Vertreter Handlungsträger im Gleichnis sind.
2. Welche Arbeiten oder Aufgaben, die im Zusammenhang mit dem Weinberg anfallen, nehmen sie jeweils wahr? Tragen Sie die Antworten von Aufgabe 1 und 2 in eine Tabelle ein.
3. Ziehen Sie aus den im Gleichnis enthaltenen Informationen über die Arbeiter Rückschlüsse auf ihr Verhältnis zum Gutsbesitzer und auf ihre wirtschaftliche Situation.
4. Was müßten wir über die sozialen Verhältnisse im Judentum zur Zeit Jesu wissen, um die im Gleichnis dargestellte Situation besser beurteilen zu können?

2. In einer zweiten Phase werden ergänzende Aussagen zum landwirtschaftlichen Bereich aus M 7 ›Die Schichten der jüdischen Gesellschaft‹ in die Übersicht eingearbeitet. Folgende **Leitfragen** zielen auf die dazu notwendigen Informationen:

Oberschicht:

1. Welche Qualität hat das Land der Großgrundbesitzer im Gegensatz zu dem der KLeinbauern?
2. In welcher Weise kümmert sich der Großgrundbesitzer um sein Land?

Mittelschicht:

1. Beschreiben Sie die familiären und wirtschaftlichen Verhältnisse eines Kleinbauern.
2. In welchem Verhältnis steht sein Jahreseinkommen zum Existenzminimum?
3. Welche Folgen hat dies für das tägliche Leben?
4. Nennen Sie Ursachen für den drohenden sozialen Abstieg eines Kleinbauern.
5. Durch welche Verpflichtungen wird seine wirtschaftliche Not noch gesteigert?

Unterschicht:

1. Nennen Sie Ursachen für den drohenden sozialen Abstieg eines Kleinbauern in die Unterschicht.
2. Beschreiben Sie die Lebensverhältnisse eines Tagelöhners.
3. Beschreiben Sie den sozialen Unterschied zwischen einem Tagelöhner und einem jüdischen Sklaven.
4. Skizzieren Sie das Verhältnis eines Pächters zum Großgrundbesitzer.
5. Welche Möglichkeiten der Reaktion (Alternativen) auf ihre Situation haben Angehörige der sozialen Unterschicht?

3. Zur Vervollständigung der Strukturübersicht werden in einem dritten Schritt die restlichen Berufsstände oder soziale Gruppen nachgetragen, die pyramidale Form der Gesellschaft erschlossen sowie ein kritisches Fazit gezogen.

2.3.2 Tafelbild:

Die Sozialstruktur des Judentums zur Zeit Jesu

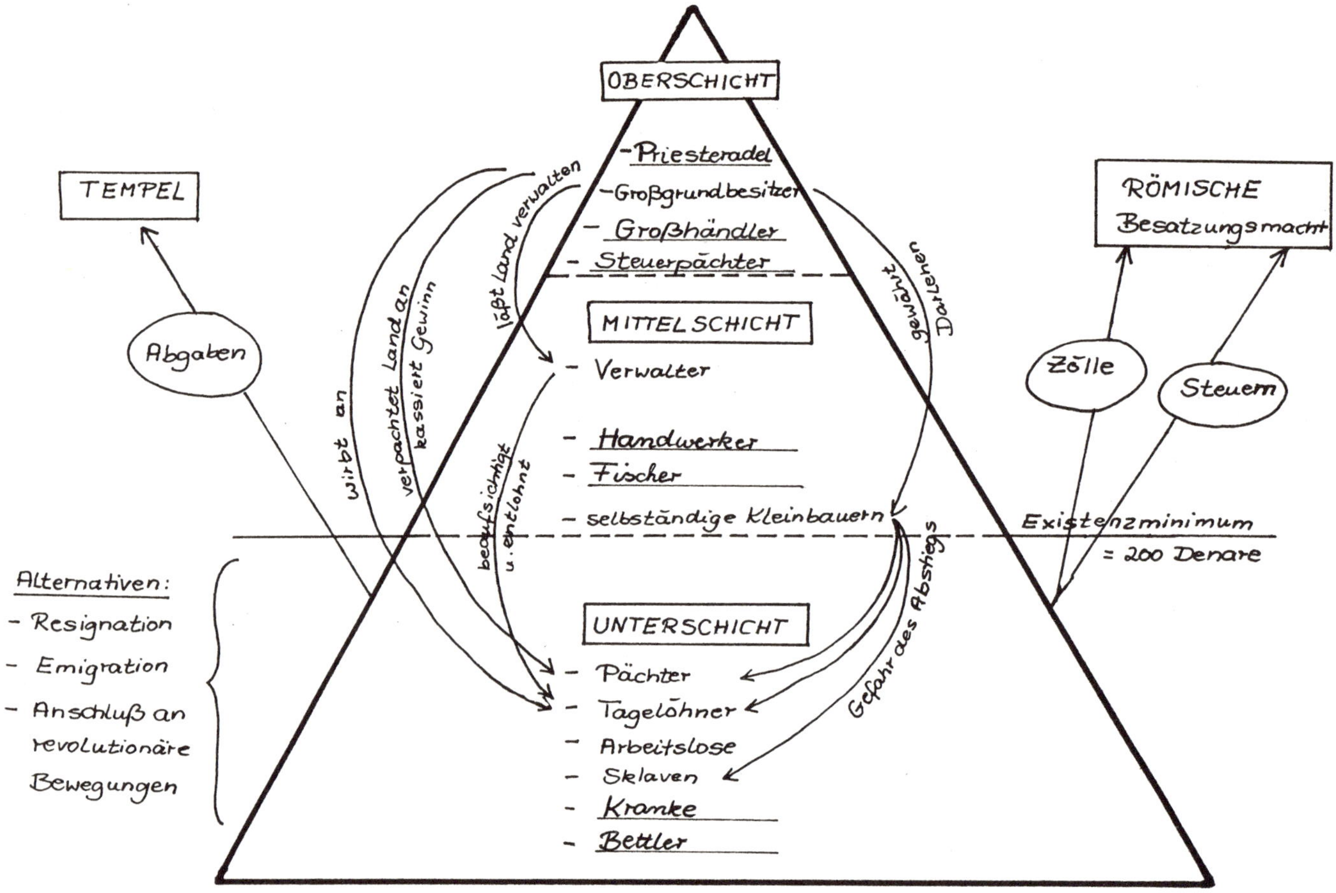

2.3.3 Zur Deutung des Gleichnisses Mt 20,1-15

Didaktische Hinweise: Die Informationen zur sozialgeschichtlichen Situation erleichtern den Zugang zu Mt 20,1-15, indem nun die scheinbare Ungerechtigkeit neu gedeutet werden kann. Die Bedeutung des Denars als zum täglichen Überleben notwendiges Minimum wird offenbar, so daß solidarisches Verhalten der Menschen untereinander als Pendant zur erkennbaren Güte Gottes geradezu notwendig erscheint.
L. Schottroff (M 7) betont diesen Aspekt der Solidarität, verweist jedoch auch bereits auf die erkennbaren Aussagen zum Reich Gottes. Letztere Deutung steht im Mittelpunkt des Textes ZM 4 (J. Blank).

Leitfragen zu M 7 und ZM 4

1.1 Benennen Sie das Ärgerliche und Befremdliche an der Gleichniserzählung.

1.2 Nähern Sie sich einer Interpretation des Gleichnisses an, indem Sie die Begriffe ›leistungsorientierte‹ und ›bedürfnisorientierte‹ Gerechtigkeit diskutieren.

2\. Fassen Sie die soziale und theologische Botschaft des Gleichnisses nach L.Schottroff (M 7) zusammen und vergleichen Sie damit die Auslegung von J.Blank (ZM 4).

3\. Skizzieren Sie die Bedeutung der Gleichnisse für Jesus und seine Botschaft von der Nähe der Gottesherrschaft.

Das Gleichnis von den Arbeitern im Weinberg **M 6**

[1]Mit dem Himmelreich ist es wie mit einem Hausherrn, der früh am Morgen ausging, um Arbeiter für seinen
Weinberg zu dingen. [2]Er vereinbarte mit den Arbeitern einen Denar für den Tag und schickte sie in seinen
Weinberg. [3]Und als er um die dritte Stunde ausging, sah er andere müßig auf dem Markte stehen [4]und sagte zu
denen: ›Geht auch ihr in meinen Weinberg, und was recht ist, werde ich euch geben.‹ [5]Und sie gingen hin. Um
die sechste und neunte Stunde ging er noch einmal aus und tat ebenso. [6]Und als er um die elfte Stunde ausging,
fand er nochmals andere dastehen und sagte zu ihnen: ›Was steht ihr hier den ganzen Tag müßig?‹ [7]Sie antworteten
ihm: ›Weil niemand uns gedungen hat.‹ Da sprach er zu ihnen: ›Geht auch ihr in den Weinberg.‹ [8]Als es nun
Abend geworden war, sagte der Herr des Weinbergs zu seinem Verwalter: ›Ruf die Arbeiter und zahle ihnen den
Lohn aus, fange bei den letzten an bis zu den ersten.‹ [9]Und es kamen die von der elften Stunde und erhielten je
einen Denar. [10]Als nun die ersten kamen, meinten sie, sie würden mehr bekommen. Und auch sie erhielten je
einen Denar. [11]Und da sie ihn erhielten, murrten sie gegen den Hausherrn [12] und sagten: ›Diese letzten da haben
eine Stunde gearbeitet, und du hast sie uns gleichgestellt, die wir die Last des Tages getragen haben und die
Hitze.‹ [13]Er aber erwiderte einem von ihnen und sprach: ›Mein Lieber, ich tu dir kein Unrecht. Hast du nicht mit
mir einen Denar vereinbart? [14]Nimm das Deine und geh. Ich will aber diesem letzten geben wie dir. [15]Oder darf
ich mit dem Meinen nicht tun, was ich will? Oder ist dein Auge böse, weil ich gut bin?‹

Mt 20,1-15

Rembrandt: Die Arbeiter im Weinberg. Lavierte Federzeichnung, um 1650 (15 x 20 cm)

Die vornehme Oberschicht – eine reiche Minderheit

Großgrundbesitzer, Großhändler und Steuerpächter nehmen die Spitze der palästinisch-galiläischen Sozialpyramide des 1. Jh.n.Chr. ein. Der Großgrundbesitz in Galiläa umfaßt zur Zeit Jesu bereits ausgedehnte Ländereien. Unterschiedslos handelt es sich bei ihnen um fruchtbare, günstig gelegene und einer extensiven Bewirtschaftung entgegenkommende Landstriche in den Ebenen; das weniger fruchtbare Bergland an Hängen und auf Hügelkuppen, meist nur kleine Parzellen, bleibt den Kleinbauern überlassen.
Die Aristokratie der großen Landeigentümer, die oft ganze Ortschaften in Händen haben und die zugleich meistens auch Kapitalisten und Großkaufleute sind, lebt in Freuden (Lk 14,16; 16,19) und Luxus (Lk 16,19) meist außerhalb des Landes (Mk 12,1; 13,35; Mt 25,24). Nur gelegentlich reist man zur Inspektion (Mt 25,19; Lk 16,2) oder zur Übernahme des Gewinnes an (Mk 12,1; Mt 25,20.28); denn der Großgrundbesitz ist entweder an Bauern verpachtet (Mk 12,1), oder aber wird von einem Verwalter (Mt 20,8; Lk 16,1) mit Sklaven, Landarbeitern und Tagelöhnern (Mt 13,24-30; 20,1-16; Lk 15,17 u.ö.) bewirtschaftet.

Die breite Mittelschicht

Die Mitte der Sozialpyramide gehört der sozialen Mittelschicht mit den Handwerkern, Fischern und Kleinbauern als wichtigsten Vertretern.
Kleinbauern stellen die Hauptmasse dar, den Kern des Volkes, der mit der ganzen Familie von 6-9 Personen ein Stück Land von durchschnittlich 8-10 ha bewirtschaftet. Den größten Teil des Ertrages benötigt man für die eigenen Bedürfnisse, den Rest bringt man in die Stadt zum Tausch oder zum Verkauf. Was man insgesamt erwirtschaftet hat, liegt meist an dem Existenzminimum von 200 Denaren.
150 Denare reichen gerade aus, um für die Familie einen Mindesttagesverbrauch von 2322 Kalorien sicherzustellen, notwendige Anschaffungen wie Kleider, Werkzeug, Hausrat sind bei diesem Mindesteinkommen nicht mehr möglich. Kann das Defizit in guten Jahren abgebaut und verringert werden, vergrößert es sich durch eine schlechte Ernte, durch plötzliche Krankheiten, durch Krieg und Plünderung, durch eine Hungersnot oder andere Schicksalsschläge in solchem Maße, daß man zur Veräußerung des kleinen Besitzes gezwungen ist. Der ehemals selbständige Kleinbauer wird zum Pächter seines eigenen Landes bzw. darf als Tagelöhner auf ihm arbeiten. Ab sofort gehört er zur besitzlosen Schicht der Armen, aus der wieder emporzusteigen nur selten gelingt.

Die soziale Unterschicht – die Armen

Das Fundament der Sozialpyramide bildet ein Heer von Armen aller Schattierungen. Dazu gehören, wiederum in sich gestaffelt, Pächter, Arbeitslose, Sklaven, Bettler und Kranke. Allen gemeinsam ist, daß sie nichts besitzen als ihre Arbeitskraft. Ein unerschöpfliches »Reservoir«, aus dem dieser Basis von erschreckender Breite und Höhe kontinuierlich neue Menschen zufließen, ist die Masse des Kleinbauerntums. Nicht allein, daß zwei Jahre Dürre oder eine Krankheit den galiläischen Bauern zum Tagelöhner machen können; dadurch, daß der kleine Besitz nicht geteilt werden darf, sondern als Ganzes in die Hände des Erstgeborenen übergeht, wartet auf alle jüngeren Söhne das gleiche Los eines existenzlosen Daseins. Solange man Arbeit findet, kann man sich als Tagelöhner einigermaßen ernähren. Für gewöhnlich beträgt der Tagesverdienst einen Denar, selten aber übersteigt der Jahreslohn, bedingt durch die Jahreszeiten und die Sabbat- und Festtage, 200 Denare. Dies ist zwar nicht weniger, als die Mehrzahl der Kleinbauern erwirtschaftet, jedoch ist der Tagelöhner, da ohne jeden Besitz, jeder aktuellen Notsituation hilflos ausgeliefert.
Aufs Ganze gesehen, ist die Lage des jüdischen Sklaven besser als die des Lohnarbeiters bzw. Tagelöhners. Diesen rechtlich gleichgestellt (denn der Herr darf nur über seine Arbeitskraft, nicht über seine Person verfügen, und das auch nur für sechs volle Jahre), ist er jenem gegenüber aufgrund seines festen Dienstverhältnisses sozial gesicherter.
– Viele, die Entmutigten und immer wieder Enttäuschten, treibt denn auch die Ausweglosigkeit in die *Resignation.* Man gibt sich zufrieden mit dem täglichen Pondionbrot, das offizielle soziale Einrichtungen dem Armen aushändigen. Da es nur einen Kalorienwert von 1400 hat, nimmt die Kraft permanent ab; am Ende kann man sich nur noch mit Stöcken und Stützen fortbewegen und ist untauglich für jede Arbeit.
– Ein zweiter Teil, der im 1. vor- und 1. nachchristlichen Jahrhundert mit Zunahme von Armut und Not infolge von Mißwirtschaft, von Hungersnöten (25 v.Chr.; 46/48 n.Chr.), von Kriegen und Unruhen (63 v.Chr.; 40-37 v.Chr.; 4 v.Chr.; 6 n.Chr.; 66-70 n.Chr.) wächst, verläßt die palästinische Heimat und *emigriert* ins Ausland: Von etwa 7 Mill. Juden leben um die Zeitenwende etwa 6 Mill. außerhalb Palästinas.
– Ein letzter Teil schließlich, im neutestamentlichen Galiläa ein nicht geringer Prozentsatz, schließt sich *revolutionären* Bewegungen an, die eine Verbesserung des Status quo versprechen.

Willibald Bösen

Aussageabsichten in Mt 20,1-15

Mt 20,1-15 stellt in allen Einzelheiten die Lebenswirklichkeit dar – bis auf einen Punkt: Das Verhalten des Arbeitgebers bei der Löhnung. Dieses Verhalten steht in scharfem Kontrast zur Realität. Von normalen Arbeitgebern war zu befürchten, daß sie diese Kurzarbeiter schlecht behandelt hätten, ihnen nicht einmal proportional ihre faktische Arbeitszeit entgolten hätten. Normale Arbeitgeber nehmen gerade jede Gelegenheit wahr, den Lohn zu drücken. (...)
Es muß jetzt versucht werden, die Aussageabsichten des Gleichnisses aus dem zunächst isolierten Text Mt 20,1-15 soweit wie möglich zu klären, nachdem das Verhältnis des erzählten Bildes zur Realität deutlich geworden ist. *Zwei inhaltliche Schwerpunkte* lassen sich beobachten. Das Gleichnis will von der *Güte Gottes* reden (s. besonders V.15) und vom *Verhalten von Menschen untereinander*, das im Zusammenhang mit der Güte Gottes steht (s. den Neid und das Murren der Langarbeiter).
Mt 20,1-15 will ein Gleichnis für die Herrschaft Gottes sein (s. V.1). Schon vom ersten Satz an kann ein jüdischer Zuhörer wissen, daß mit dem Hausherrn Gott ins Spiel gebracht wird. Schließlich ist die metaphorische Vorstellung von Gott als Arbeitgeber eine im Judentum durchaus gängige und dieses Gleichnis nicht das einzige jüdische Gleichnis, in dem am Verhalten des Arbeitgebers Gottes Handeln gegenüber Menschen erklärt wird. Das Bild ist transparent. Zwei Vorstellungsebenen sind gleichzeitig präsent: Die Arbeitswelt des Alltags und die »Welt« Gottes. (...)
Die Arbeitswelt ist der dunkle Hintergrund des leuchtenden Bildes Gottes. Auf diesen Hintergrund fällt durch den Kontrast auch wiederum Licht. Auch die Alltagswelt wird durchschaubarer, man merkt deutlicher, was an ihr so schrecklich ist. Mt 20,1-15 will keine Sozialkritik sein, sondern von der Güte Gottes reden. Das verwendete Bild ist jedoch kein »neutraler Stoff« (Bultmann); offensichtlich wirft das Nachdenken über die Güte Gottes in einem Gleichnis aus der Arbeitswelt ein scharfes Licht auf die Wirklichkeit des Lebens, macht sie durchschaubarer.
Die Güte Gottes wird nicht beziehungslos dargestellt, sondern sofort auch in ihren *Konsequenzen für das Leben der Menschen miteinander*, wie die Szene mit den murrenden Langarbeitern zeigt. Sie haben in der Tat mehr geleistet als die Kurzarbeiter. Nicht ihr Wunsch nach Lohngerechtigkeit als solcher setzt sie ins Unrecht, sondern die Art, wie sie mit diesem Wunsch umgehen. Sie machen ihren Wunsch nach Lohngerechtigkeit zur Waffe gegen andere. Sie sind neidisch (V.15). Sie gönnen den Kurzarbeitern den Denar nicht. Sie wären ruhig gewesen, wenn die Kurzarbeiter erkennbar weniger als sie selbst bekommen hätten. Hier werden nicht abstrakt Lohndenken oder Lohngerechtigkeitsforderungen kritisiert, sondern unbarmherziges, unsolidarisches Verhalten. Gott ist gütig und barmherzig, die Langarbeiter sind unsolidarisch und unbarmherzig.

Der Sinn des Gleichnisses von den Arbeitern im Weinberg im Kontext der ältesten Jesustradition

Mt 20,1-15 gibt im Kontext der ältesten Jesustradition Sinn. Gehen wir von den vormarkinischen Geschichten vom Ährenraufen am Sabbat (Mk 2,23-27), vom Zöllnergastmahl (Mk 2,13-17) und von dem Evangelium der Armen (Lk 6,20f.; Mt 11,2-5) als zentralen Texten der ältesten Jesustradition aus. Mt 20,1-15 könnte durchaus in die Dialogsituation zwischen Jesusanhängern und Pharisäern, wie sie sich in Mk 2,13ff.; 2,23ff. spiegelt, passen. Die Jesusanhänger sind Arme. Sie behaupten, daß ihre Not dem Sabbat vorgeht. Sie weigern sich, sich von Zöllnern und Kriminellen zu distanzieren. Sie bestreiten nicht, daß die Kriminellen Sünder sind, sie halten sie aber für von Jesus genauso Gerufene wie die Gerechten (Mk 2,17). Die Pharisäer sollen das als Konsequenz der Tora und als Konsequenz der Barmherzigkeit Gottes akzeptieren, denn an beiden liegt ihnen soviel wie den Jesusleuten. Eine Differenzierung innerhalb der Lebensgemeinschaft des Volkes Israel zwischen Sündern und Nichtsündern sollte es nicht mehr geben. »Du hast sie uns gleichgemacht« – in dem Murren der Langarbeiter sollen Pharisäer durch die Überspitzung und Verfremdung einsehen, daß ihre berechtigte Behauptung, mehr zu leisten, kein Argument gegen die Zöllner und Sünder sein darf. Wie auch sonst in der ältesten Jesustradition ist die Vision des jüdischen Volkes als einer vor Gott wiederherzustellenden Gemeinschaft, in der alle Menschen sind, Orientierung des theologischen Denkens. Als Bestandteil einer Diskussion zwischen Jesusanhängern und Pharisäern lange vor der Zerstörung Jerusalems ist Mt 20,1-15 *nicht* Kritik und Angriff auf die Pharisäer, sondern der Versuch, sie dazu zu bringen, auf die Seite der Jesusnachfolger zu treten, solidarisch zu sein mit den Armen und den Zöllnern und Sündern. Sie werden bei ihrer Vorstellung vom barmherzigen Gott behaftet. Die Diskussion mit den Pharisäern ist von ganz anderer Art als die mit dem (späteren) Pharisäismus, die Matthäus führt. Es zeigt sich auch hier in Mt 20,1-15 die freundschaftliche Werbung um die Pharisäer, wie sie auch sonst für die älteste Jesustradition zu beobachten ist.

Luise Schottroff

Die Gleichniserzählung von den »Arbeitern im Weinberg«, oder wie es richtiger heißen sollte, »vom gütigen Hausherrn« Mt 20,1-15 gehört zu den biblischen Texten, die auch für den modernen Hörer ihren kräftigen Anstoß, ihren Ärgernis-Charakter, bewahrt haben. Vielleicht kann man sagen, daß dieser Ärgernis-Charakter in einer Welt, die in jedem Bereich nach »gleichen Rechten«, weniger nach »gleichen Pflichten« verlangt, in der »soziale Gerechtigkeit« einen Höchstwert darstellt, sich eher noch verschärft hat. Ist dies vielleicht ein Indiz dafür, wie sich heute durchschnittliches gesellschaftliches Bewußtsein und die Botschaft Jesu Christi, das von ihm gepredigte »Reich Gottes« wirklich zueinander verhalten? Dann käme gerade diesem Gleichnis die Aufgabe eines Maßstabes, eines Kriteriums zu, als Prüfstein, wie es mit unserem Gottesglauben tatsächlich bestellt ist. (...)
Jesus gehört zu den großen Geschichten-Erzählern der Menschheit. Seine Gleichnisse sind Meisterstücke der Weltliteratur. (...) Um zu sagen, was der Zentralbegriff seiner Botschaft vom nahen Gottesreich beinhaltet, erzählt Jesus eine Geschichte, ein Gleichnis. (...) Schließlich kommt er aus einer Tradition, der alttestamentlich-jüdischen, wo viel erzählt worden ist. Man kann den Unterschied zwischen dem jüdischen und dem griechischen Denken, insbesondere der griechisch-philosophischen Tradition durchaus auf die Formel bringen: Wo das griechisch-philosophische Denken Begriffe erarbeitet und Wesens-Erkenntnis bzw. Definitionen sucht, da erzählt die Bibel gewöhnlich eine tiefsinnige Geschichte. (...) Die Exegese sagt uns, daß die Gleichnisse zum »Urgestein der Jesus-Überlieferung« gehören. Sie werden fast durchweg für »echt« gehalten, gehören mit zur authentischen Jesus-Überlieferung, so daß man die beste Gewähr hat, hier der Denkweise Jesu zu begegnen. (...) Ebenso sind die Gleichnisse der Ausdruck der Gesinnung Jesu, sie sind der Ausdruck seiner »Weltanschauung«, wenn man so will. Wie sieht Jesus die Welt, den Menschen? Wie sieht er Gott? Auch darauf, und darauf vor allem, antworten die Gleichnisse.
Es ist ja doch eine auffallende Tatsache, daß keine anderen Texte aus der Zeit und Umwelt Jesu uns so viel Auskunft geben über die sozialen und ökonomischen Verhältnisse damals. Aus der Bilderwelt der Gleichnisse lernen wir die Welt der Bauern, Hirten, Fischer, Pächter und Großgrundbesitzer, in der auch Jesus gelebt hat, am besten kennen. Kein jüdischer Text sagt uns darüber so viel. Dabei ist allerdings zu beachten, daß die Gleichnisse keine direkte Spiegelung der sozialen Verhältnisse sind, also auch keine Bestätigungen derselben bedeuten, ebensowenig eine reformerisch-revolutionäre Veränderung. Vielmehr übernimmt Jesus solche vertrauten Gestalten und Bilder, um sie in den Gleichnissen in völlig neue Handlungsvorgänge einzufügen, wodurch eine »Verfremdung« oder »Verschränkung« entsteht. Wir dürfen daraus schließen, daß Jesus ein sehr wacher und weltoffener Mensch gewesen sein muß, der sehr viel beobachtete und sich darüber seine eigenen Gedanken machte. Jesus schöpft das gesamte Bildmaterial für seine Gleichnisse aus der gesehenen und erlebten Welt, weit weniger aus einer festgefügten, überlieferten jüdisch-rabbinischen Tradition. Aber er fügt diese Bilder auf ganz neue Weise zusammen, zu einer neuen Geschichte, so daß sie für ihn und seine Hörer transparent, durchsichtig werden; sie werden für ihn zum »Symbol« einer anderen Wirklichkeit, die er als das »Reich Gottes« oder als das »Reich der Himmel« (so vorwiegend bei Matthäus) bezeichnet, der eschatologischen Gottesherrschaft also. (...)
Heutige Exegese sieht die Sache so: Jesus hat diese Geschichte erzählt als Antwort, nämlich einmal als Selbstverteidigung, zweitens als eine Einladung und Aufforderung. Als Selbstverteidigung: Jesus antwortet damit auf Angriffe von pharisäischer oder sadduzäischer Seite. Man hatte ihn aber offenbar angegriffen wegen seiner Tischgemeinschaft mit den Zöllnern und Sündern, und wohl auch hauptsächlich deshalb, weil er mit seiner Botschaft von der Nähe der Gottesherrschaft zugleich die Vergebung der Sünden und den bedingungslosen Zuspruch des Heils verband, was von den Frommen als Eingriff in die Hoheitsrechte Gottes empfunden wurde. Er hatte dies aus eigener Machtvollkommenheit heraus getan und dies war unerhört. Man machte Jesus daraus einen Vorwurf. Aber das zielte zugleich auf den innersten Kern der Gottesbotschaft Jesu, daß Jesus den liebenden, gnädigen, den heilswilligen Gott verkündete und öffentlich gegenüber den Menschen vertrat. Es geht hier also um den grundlegenden Kern der Gottesbotschaft Jesu. (...)
Jesus radikalisiert die Momente des Erbarmens und der Liebe im Gottesgedanken. Dabei wird zwar das Moment der »Gerechtigkeit« nicht völlig ausgeklammert, aber es wird von der göttlichen Güte und Liebe umschlossen und überstrahlt. Diese Radikalisierung kommt deutlich zum Ausdruck in der Antwort des Hausherrn (Mt 20,13-15).
Das Gleichnis wird aber auch zu einer Aufforderung. Es läßt den Protest der Frommen nicht einfach stehen. Jesus will, daß seine Gegner sein Verhalten begreifen; sie sollen den Überschritt vollziehen und damit auch die Möglichkeit des Ärgernisses überwinden. Jesus möchte auch seine Gegner auf den Weg zu diesem »gütigen Gott« führen. Sie sollen selber zum Nachdenken kommen und so zum richtigen Verständnis Jesu und Gottes. Darum endet das Gleichnis auch mit einer Frage, nicht mit einer These oder mit einem Dogma. Auf diese Frage muß jeder für sich eine Antwort finden. Hier beginnt die Auseinandersetzung mit dem so unbequemen und gleichwohl befreienden Gleichnis. Auch dies ist eine Eigenschaft der Gleichnisse Jesu: sie sind vergleichbar mit Angelhaken, die bekanntlich einen Widerhaken haben; je mehr der Fisch, der angebissen hat, sich dagegen wehrt, um so fester schneiden sie ins Fleisch. Man kommt davon nicht mehr los. Sie sind alle »unendliche Geschichten«, die uns bis heute zu denken geben und mit denen man, sobald man sie akzeptiert, wirklich leben kann.

Josef Blank

Gedanken eines Tagelöhners **ZM 5**

Auf dem Markt einer kleinen Stadt in Galiläa ist es neun Uhr vormittags geworden. Ein Landarbeiter steht in einer Gruppe von Kollegen. Sie warten auf Arbeitsaufträge, obwohl es eigentlich nichts mehr zu erwarten gibt, denn die Bauern holen sich die Hilfsarbeiter für den Tag schon früh am Morgen. Der Landarbeiter grübelt: Was sollen wir essen? Zwar ist Getreide oder gar Bäckerbrot in Jerusalem noch teurer als hier in diesem Städtchen, aber bezahlen können wir es nicht, wenn ich heute nichts verdiene. Was sollen wir trinken? Sogar das Wasser kostet seit einigen Monaten Geld, seit die gute Quelle versiegte! Was sollen wir anziehen? Wir haben ja schon nur noch Lumpen am Leib, aber der Rest von Selbstachtung ist dahin, wenn man sich nicht mal am Sabbat sauber anziehen kann. Kleidung ist ohnehin unsinnig teuer. Wenn es mir in dieser Saison noch dreimal passiert, daß ich für den Tag keine Arbeit finde, dann wird meine Familie in Not geraten. Dann hat der Hunger uns fest in der Hand, aus der es kein Entrinnen mehr gibt. Wer erst unterernährt ist, ist bald so schwach und elend, daß er überhaupt nicht mehr arbeiten kann. Die paar Almosen, die man erwischt, reichen gerade zu einem Leben als halbkranker Vagabund.

Katastrophale Lohnpolitik im Weinbau **ZM 6**

Das Lohn- und Preisgefüge im südfranzösischen Weinbau droht völlig zusammenzubrechen. Schuld daran ist die merkwürdige Lohnpolitik des Weingutbesitzers Gaston Litaize, der einen großen Teil des südfranzösischen Weinbaugebietes unter seiner Kontrolle hat. L. überbietet die von der gesamten Konkurrenz gezahlten Löhne um ein Beträchtliches. Damit aber nicht genug, stiftet er in den Kreisen der Weinbauern und Weinarbeiter erhebliches Ärgernis durch seine als ungerecht empfundene, weil alle Unterschiede nivellierende Behandlung der in seinen Weinbergen Beschäftigten. L. zahlt nämlich kurioserweise an alle Arbeiter den gleichen Saisonlohn, gleichgültig ob sie volle 3 Monate oder nur 3 Tage für ihn gearbeitet haben. Offenbar setzt er (...) an die Stelle des in der Sozialpolitik seit eh und je gültigen und bewährten Leitgedankens »Jedem das Seine« (suum cuique) den Grundsatz »Jedem das Gleiche«. Nach seinen Motiven befragt, will L. allerdings von solcher Klassifizierung nichts wissen. Er begründet sein merkwürdiges Verhalten einzig und allein mit seiner persönlichen Einstellung und Verantwortung für die ihm anvertrauten Menschen, die er als eine Synthese aus Macht und Güte bezeichnet und in einem höheren Sinne für »gerecht« erklärt. In der Tat kann ihm rein formal keine Ungerechtigkeit nachgewiesen werden, da er an die Vollbeschäftigten genau den zu Beginn der Saison vereinbarten, wie gesagt gegenüber der Konkurrenz sogar höheren, Lohn auszahlt. Ob L. allerdings im nächsten Jahr genügend Leute finden wird, die bereit sind, die ganze Saison über bei ihm zu arbeiten, erscheint unter den gegebenen Umständen mindestens fraglich.

Pressenotiz

Vergleichen Sie diese Zeitungsnotiz mit Mt 20,1-15 vor allem unter den Gesichtspunkten Arbeit – Leistung – Lohn – Gerechtigkeit – Solidarität – Gottesherrschaft.

2.4 Religiöse Gruppen

2.4.1 Didaktische Hinweise

Anknüpfend an die Einheit ›Die Stimmung in Palästina zur Zeit Jesu‹ sollen die Schüler nun die verschiedenen Antworten der religiösen Gruppen der damaligen Zeit auf die Frage ›Was muß ich tun, um den Willen Gottes zu erfüllen?‹ kennenlernen und Jesu Botschaft als eine dieser Antworten einordnen. Insbesondere werden die jeweiligen Konzepte vor der Folie der apokalyptischen Endzeitstimmung betrachtet. Auch sollte das Verhältnis Jesu zu den Verfechtern der anderen Antworten bestimmt werden.

Die erforderlichen Informationen über die religiösen Gruppen können die Schüler entweder den Leitmedien oder den angeführten Filmsequenzen aus ›Jesus von Nazareth‹ entnehmen.

a) **Leitmedien**

- Pharisäer M 9 (Seite 53)
- Essener M 10 (Seite 54-56)
- Zeloten M 3 (Seite 30-32)
- Sadduzäer M 18 (Seite 84)

b) **Filmausschnitte** (aus: Jesus von Nazareth)

- Zeloten: Teil 1, Jesus und die Zeloten (2'51)
- Sadduzäer: Teil 2, Ein Tag mit Dr. Meir Ben-Dov (1'22)
  Teil 2, Jesu Protest gegen die Tempelaristokratie (4'15)
- Essener: Teil 2, Qumran (4'30)
  Teil 2, Jesus und die Essener (3'23)

c) Als **Medium** oder **Ergebnissicherung** kann auch die tabellarische »Übersicht über die religiösen Gruppen« (M 11, Seite 57) dienen.

Literaturempfehlung zu den Themen ›Qumran‹ und ›Essener‹:

- Hartmut Stegemann, Die Essener, Qumran, Johannes der Täufer und Jesus. Ein Sachbuch, Freiburg 1993
- David Flusser, Entdeckung im Neuen Testament, Bd. 2: Jesus – Qumran – Urchristentum, Neukirchen-Vluyn 1994

Besonders bei der Gruppe der Pharisäer ist auf eine um Objektivität bemühte Darstellung zu achten (vgl. Sachinfo). Denn gerade diese wird oft aus christlich getünchter Perspektive oder in Übernahme polemischer Tendenzen des Neuen Testamentes verfälscht oder diskriminierend dargestellt.

Um einer Überfrachtung der Schüler mit zu konsumierenden Fakten vorzubeugen, ist es denkbar, die Schüler auch mittels eines szenischen Spiels mit den Standpunkten der verschiedenen Gruppen zu konfrontieren. Dazu erarbeiten die Schüler arbeitsteilig in Gruppen je einen Ansatz und stellen diesen in einer fiktiven Versammlung im Synedrium oder einem Streitgespräch auf dem Markt vor und verteidigen ihn als die »richtige« Antwort auf die Frage nach dem Willen Gottes. Durch diese vorübergehende Identifikation mit einer Position und die Notwendigkeit der argumentativen Rechtfertigung werden die religiösen Gruppierungen wieder lebendig.

Einerseits kommt es dabei zu einer gewollten Vermischung desintegrativer gesellschaftlicher Prozesse damals (Orientierungslosigkeit, Neigung zu Gewalt, usw.) mit vergleichbaren Stimmungen und Erscheinungsbildern heute, mit denen der Jugendliche konfrontiert ist.

Andererseits entsteht bei dieser Vorgehensweise für die Schüler der Anreiz, den Ansatz Jesu und seine Botschaft trotz ihrer Vielschichtigkeit und ihrer meist narrativen Vermittlung pointiert zu formulieren.

2.4.2 Materialien für Schülerreferate

Einen sehr anschaulichen Einstieg in die Welt der verschiedenen religiösen Gruppen bieten ausgewählte Kapitel aus dem Buch ›Der Schatten des Galiläers‹ von *Gerd Theißen*. Diese ›historische Jesusforschung in erzählender Form‹, so der Untertitel, ist eine fiktive Spurensuche nach Jesus, allerdings basierend auf historischen und sozialgeschichtlichen Forschungsergebnissen.

Essener:
- Kap. 4: Der Ermittlungsauftrag (S. 44-55)
- Kap. 5: Die Wüstengemeinde (S. 56-68, bes. 66f)

Zeloten:
- Kap. 8: Nachforschungen in Nazareth (S. 98-109)

- Kap. 9: In den Höhlen von Arbela (S. 110-122)
- Kap. 10: Terror und Feindesliebe (S. 123-137)

Pharisäer:
- Kap. 11: Konflikt in Kapernaum (S. 138-154)

Sadduzäer:
- Kap. 15: Tempel- und Sozialreform (S. 200-215), hier nur ansatzweise

Jesus:
- Kap. 14: Bericht über Jesus oder: Jesus wird enttarnt (S. 181-199); darüber hinaus Hinweise im gesamten Buch.

2.4.3 Pharisäer (Sachinformation)

Es ist nicht verwunderlich, daß die Pharisäer, nachdem gerade in der Gründungszeit (vgl. Makkabäeraufstände) der Naherwartungsgedanke im Zentrum stand, in der Folgezeit nach den großen Enttäuschungen und vergeblichen Leiden die akute apokalyptische Naherwartung nicht mehr vertraten, sondern einen Mittelweg einschlugen. Sie hielten zwar an der jüdischen messianischen Hoffnung fest, gaben aber gegenüber den Bewegungen mit Naherwartungshoffnung der Gegenwart ein größeres Gewicht. Sie erwarteten, »daß in menschlich nicht festsetzbarer Zukunft der Sohn Davids als Repräsentant des eschatologischen Endheils erscheinen werde. Für die Zwischenzeit erachteten sie die Erfüllung des Gesetzes als ein die Endzeit vorbereitendes Handeln.« (C. Thoma, Der Pharisäismus, in: Maier/Schreiner, S. 270)
Um eine Vorstellung von dem wirklichen Wollen der Pharisäer zu bekommen, muß man das vom NT erweckte Bild dieser Gruppe nach seinem Zustandekommen und seiner Funktion hinterfragen. Der allmähliche Aufbau eines Feindbildes von der Logienquelle über die Synoptiker bis zu Johannes mag in paränetischer Absicht dazu gedient haben, den Jüngern Jesu und damit der Kirche zu zeigen, wie es nicht sein soll, kann aber auch aus Abgrenzungstendenzen der frühen christlichen Gemeinden gegenüber dem nach der Tempelzerstörung im Jahre 70 n.Chr. das Judentum repräsentierenden rabbinischen Pharisäismus entstanden sein.
Die Grundfeste des pharisäischen Programmms liegt in ihrem Gesamtpastoralkonzept, in dem Gedanken von einem allgemeinen Priestertum des Volkes, d.h sie wandten sich nicht nur an eine elitäre Gruppe, sondern an alle. Die meist aus dem Mittelstand stammenden Handwerker, Bauern und Kaufleute (etwa 6000 an der Zahl), die sich durch Selbststudium ihre religiöse Bildung angeeignet hatten, wollten die Forderung Gottes nach der Heiligkeit und Reinheit Israels (»Ihr sollt mir ein Königreich von Priestern und ein heiliges Volk werden« (Ex 19,6)) realisieren durch zusätzliche freiwillige Einhaltung von Reinheitsvorschriften, die sonst nur für Priester galten. Für die Mitglieder einer pharisäischen Genossenschaft (»Chaberim«) bedeutete dies die Einhaltung spezieller Reinheitsvorschriften, besonders des rituellen Händewaschens vor den Mahlzeiten sowie die besondere Beachtung der Zehentvorschriften.
»Die Intention der Pharisäer war darauf gerichtet, Übertretungen der schriftlichen Tora dadurch vorzubeugen, daß einerseits vor das Gebot eine Fülle von Bestimmungen als ›Schutzzaun‹ gesetzt wurden und daß andererseits das Gebot kasuistisch für alle möglichen Fälle des Lebens aktualisiert und zugleich an das Vermögen des Menschen angepaßt wurde. Da es ihnen darum ging, dem Menschen in seiner konkreten Situation die Erfüllung der Tora und damit die Gewinnung des Heils zu ermöglichen, galten sie als sehr menschenfreundlich und hatten demzufolge ›die große Masse des Volkes auf ihrer Seite‹ (...).« (G. Baumbach, Jesus von Nazareth im Lichte der jüdischen Gruppenbildung, Berlin 1971, S. 76)
Die Pharisäer hatten also ein weitergehendes Offenbarungsverständnis als etwa die Sadduzäer. Mit der mündlichen Auslegung des Gesetzes, der Halacha, verfolgten die Pharisäer eine zweifache Intention: zum einen, wie oben dargestellt, die Heiligung des Alltags, zum anderen aber auch die »Bewahrung Israels vor der Assimilation an die Heiden« (F. Mußner, Traktat über die Juden, München 1979, S. 255). Gerade die Halacha und die zunehmende Aufwertung von Schriftauslegung und Synagoge gegenüber Tempel und Opfer, die von den pharisäischen Reihen ausging, war die Voraussetzung dafür, daß die Pharisäer als einzige religiöse Gruppe die Katastrophe von 70 n.Chr. überstanden, und die liberalere Hillel-Schule den Aufbau des normativen rabbinischen Judentums durchführen konnte.
Diese Bemühung der Pharisäer, im Rahmen der vorgegebenen Gesellschaft das wahre Leben zu verwirklichen, bezeichnet C. Thoma als den Versuch, »eine Gottesprovinz auf Erden zu bereiten, da die umfassende Endherrschaft Gottes ja noch auf sich warten lasse. Das bedeutet ein Leben nach dem biblischen und biblisch deduzierten Gesetz bzw. eine (...) Gestaltung aller Lebensbereiche in möglichster Konformität mit dem Willen Gottes.« (C. Thoma, Christliche Theologie des Judentums, Aschaffenburg 1978, S. 97)
Jesus stand zu den Pharisäern entgegen der neutestamentlichen Polemik in einem näheren Verhältnis. Er führte Streit- und Schulgespräche mit pharisäischen Schriftgelehrten, ließ sich von ihnen zu Mahlzeiten einladen (Lk 7,36ff.; 11,37f.; 14,1) und hatte wohl stille Anhänger unter ihnen wie Nikodemus (vgl. Joh 3,1-21; 7,50f. und 19,39) oder Joseph von Arimatäa (Mk 15,42-47 par.). Auch stand er mit seiner Interpretation des

Doppelgebotes der Liebe als Zusammenfassung der Tora in der Tradition Hillels. Sowohl die Pharisäer als auch Jesus strebten das Heil für das ganze Volk an, unterschieden sich jedoch in ihrem Konzept dahingehend, daß die Pharisäer auf dem Standpunkt standen: ›Wir sind für euch da, ihr könnt jederzeit zu uns kommen‹, während Jesus angesichts der akuten Endzeiterwartung den Grundsatz vertrat: ›Ich komme zu euch, denn es ist keine Zeit mehr zu verlieren, das Reich Gottes ist nahe.‹

Allerdings wäre es nach C. Thoma auch »falsch, die Pharisäer und ihre Gegnerschaft gegen Jesus zu verharmlosen« (Thoma, Christliche Theologie, S. 175). Zusammenstöße zwischen Jesus und Mitgliedern der Pharisäergemeinschaft sind auch von jüdischen Forschern heute unbezweifelt, da Jesus den »Schon-Anbruch der eschatologischen Gottesherrschaft (des »Reiches Gottes«) in Israel angesagt« (Mußner, Traktat, S. 277) hat und so »der Mensch unter einen neuen, die Weisung der Tora überbietenden Anspruch gestellt wird« (ebd.). Dies implizierte auch eine Neuwertung der Tora, denn »Gottesherrschaft ist mehr als Toraherrschaft« (ebd.) (vgl. Lk 16,16). Dieser Anspruch lief natürlich der Zielsetzung der Pharisäer entgegen, die durch die Torafrömmigkeit und die mündliche Auslegung Israel zu einer heiligen Gemeinde machen wollten.

Außerdem stellte Jesus die Heiligkeit Israels durch die »Vergebung der Sünden, die er in Vollmacht ausspricht« (ebd., S. 278), her und nicht durch ›toragemäßes Verhalten‹ wie die Pharisäer. Ein weiterer Affront Jesu gegen die Pharisäer bestand in der Geringschätzung der Reinheitsvorschriften, die für die Pharisäer wesentlicher Bestandteil ihres Strebens nach Heiligkeit waren.

Im Prozeß Jesu spielten die Pharisäer wahrscheinlich jedoch keine Rolle. Mußner nennt den Zusammenstoß zwischen Jesus und den Pharisäern »tragisch (...), da sowohl ihm wie auch diesen Gott der Wichtigste war« (ebd., S. 280).

Der Name Pharisäer ist abgeleitet vom hebr. »Peruschim« (= die Abgesonderten). Die Gruppe der Pharisäer entstand etwa um das Jahr 150 v.Chr. aus der Bewegung der Chassidim (= die Frommen), die sich schon in vormakkabäischer Zeit gegen Hellenisierungstendenzen in der Jerusalemer Priesterschaft wehrten. Im Mittelpunkt stand die strenge Einhaltung der Tora, die durch die pharisäischen Schriftgelehrten ausgelegt wurde. Vor allem die Vorschriften kultischer Reinheit und die Zehn Gebote waren ihnen wichtig.

Die Pharisäer waren eine Laienbewegung. Sie bestanden zum größten Teil aus Bauern, Kaufleuten und Gewerbetreibenden, also aus Mitgliedern des Kleinbürgertums. Sie schlossen sich zu religiösen Bruderschaften zusammen.

Einerseits war es das Ziel der Pharisäer, das ganze Volk zur Einhaltung der Tora zu bringen, andererseits achteten sie aber auf Trennung von denen, die sich nicht so streng an die Tora hielten; sie nannten diese mit einem alttestamentlichen Ausdruck »Volk des Landes« (Jer 1,18 u.ö.).

Sie sahen sich im Gegensatz zu den Menschen, die das Gesetz wegen Unkenntnis oder wegen ihrer sozialen Stellung nicht einhalten konnten.

Viele Pharisäer nahmen nicht an Gastmählern teil, zu denen auch Angehörige des »Volks des Landes« eingeladen waren. Solche Menschen waren auch von der Liebestätigkeit, die die Pharisäer mit großem Ernst praktizierten, ausgeschlossen. Die Pharisäer fanden wegen ihrer religiösen Ernsthaftigkeit in weiten Kreisen der Bevölkerung Zustimmung und wurden schließlich zur einflußreichsten Gruppe innerhalb des Judentums. Jesus stand den Pharisäern nahe, hat sich aber auch immer wieder von ihnen unterschieden.

Wie den Pharisäern geht es Jesus um die Erfüllung des ursprünglichen Willens Gottes.

Kennzeichnend ist für Jesus jedoch seine souveräne Haltung gegenüber den überlieferten Geboten. Er fragt durch das formulierte Gesetz hindurch nach dem eigentlichen, nach dem ursprünglichen Willen Gottes. Dies läßt sich an Jesu Stellung zum Sabbatgebot zeigen. Das Sabbatgebot ist ein Herzstück der Tora. Das Gebot der Arbeitsruhe am Sabbat will erreichen, daß alle Menschen – ob arm oder reich – einen Tag lang von ihren Pflichten und Lasten befreit sind. 39 Tätigkeiten waren am Sabbat verboten. So durfte man nur eine bestimmte Wegstrecke gehen, und es war z.B. verboten, eine Nadel oder Geld in der Tasche herumzutragen. Arbeiten durfte man also nicht, doch durfte man am Sabbat für das Vieh sorgen: Kranke durften gepflegt werden, um ihnen unnötiges Leiden zu ersparen. Das Abreißen von Ähren zählte zu den verbotenen Erntearbeiten. Man hielt sich so streng an das Sabbatgebot, weil man Gott mit ungeteiltem Herzen dienen wollte.

Auch Jesus hielt den Sabbat ein. Wie von anderen jüdischen Rabbinen seiner Zeit sind von ihm aber auch sabbatkritische Handlungen und Worte überliefert. Das bekannteste: »Der Sabbat ist um des Menschen willen gemacht und nicht der Mensch um des Sabbats willen« (Mk 2,27). Das heißt: Das Sabbatgebot ist wichtig: aber es will für den Menschen eine Hilfe sein, eine Erleichterung, nicht jedoch ein Zwang. (…) Entscheidend ist für Jesus wie für andere Rabbinen, daß das Sabbatgebot wie alle Gebote nach Lev 18,5 zum Leben gegeben ist. In der Diskussion um die rechte Auslegung der Gebote vertritt Jesus jedoch häufig zugespitzte Positionen, was einerseits zu einer Toraverschärfung andererseits aber auch zu einer Relativierung der Tora führen kann. Theißen läßt in seinem Buch »Der Schatten des Galiläers« einen Pharisäer sagen: »Alles, was Jesus zum Sabbat und zu den Reinheitsgeboten lehrt, könnte auch einer von uns sagen: Gewiß hat er eine radikale Auffassung. Aber bei uns vertreten viele radikale Auffassungen …« Aber: »Er denkt zu wenig an die Konsequenzen. Er sieht nicht, daß jede Durchlöcherung der Sabbatregeln später dazu führen könnte, daß wir wie die Heiden leben …« (Theißen, S. 149). Und an anderer Stelle: »Die Meinungen, die Jesus vertritt, können von uns Pharisäern und Schriftgelehrten vertreten werden. Wir sind gewohnt, viele Meinungen zu diskutieren. Aber Jesus entzieht sich unseren üblichen Diskussionsmethoden. Er äußert seine Meinung nicht als eine Meinung neben anderen. Er diskutiert sie nicht mit Gründen und Gegengründen. Er tut so, als spreche Gott selbst aus ihm. Diese Mißachtung unserer Formen – das ist das Anstößige an ihm« (Theißen, S. 151).

Dieter Petri / Jörg Thierfelder

Die nachweislich von ihnen selbst verfaßten Texte aus den Qumran-Funden zeigen in aller Klarheit, daß die Essener so eindeutig, bewußt und massiv auf dem Boden der ihnen vorgegebenen biblischen Tradition gestanden haben wie kein anderer Teil des ihnen zeitgenössischen Judentums.

Im Zentrum der lehrmäßigen Orientierung der Essener stand der Bund, den Gott einst dem Volk Israel auf dem Sinai gestiftet hatte. Die für alles Weitere maßgebliche Konkretion des Gottesbundes vom Sinai war für die Essener – wie für alle Juden bis heute – die dem Mose geoffenbarte Tora, also der Pentateuch in Gestalt der fünf Bücher des Mose. Diese Tora war die eigentliche Heilsgabe Gottes an Israel, Grundlage jeglicher Lehre, insbesondere der Ethik, dessen also, was die Rabbinen später als Halakha bezeichneten. Stärker und eindeutiger als alle anderen Teile des damaligen Judentums haben die Essener allerdings – gemäß der biblischen Tradition! – die Verwirklichung des in der Tora geoffenbarten Heils für Israel an dessen Dasein im Heiligen Land als Gottes ganz besonderem, ihm allein eigenen Territorium auf Erden gebunden verstanden.

Aufgrund der Maßgaben der Tora und der sonstigen biblischen Überlieferung galt den Essenern als wichtigste Einrichtung des Heiligen Landes der Tempel Gottes in Jerusalem mit seiner Priesterschaft, mit den von Gott verordneten Opferdarbringungen und mit seinen sonstigen kultischen Begehungen. Den Forderungen der Tora entsprechend war das um den Jerusalemer Tempel gescharte Volk Israel streng hierarchisch in Priester, Leviten, einfache Israeliten und Proselyten, also zum Judentum übergetretene gebürtige Heiden, untergliedert. An der Spitze ihres kultischen hierarchischen Systems stand – der Tora entsprechend – der Hohepriester. Gemäß sonstiger biblischer Tradition sollte er dem Priestergeschlecht Zadok entstammen und so lange im Amt bleiben, wie er lebte beziehungsweise physisch zur Amtsführung fähig war. Ohne die strikte Einhaltung dieser hierarchischen Kultordnung und außerhalb des Heiligen Landes war nach Auffassung der Essener eine toragemäße Existenz Israels nicht möglich.

Allein die Tora bildete auch die Grundlage für das gesamte Rechtswesen der Essener. Ihr entnahmen sie die Vorschriften für Reinheit, Heiligkeit, Zehntabgaben, Sozialwesen und alle weiteren Bereiche der Ethik. Nur waren die Essener in einigen Punkten strenger als ihre sonstigen jüdischen Zeitgenossen. Aufweichungen der Tradition, tendenziöse Anpassungen an veränderte Zeitumstände oder gar heidnische Einflüsse ließen sie nicht zu, auch nicht der schriftlich überkommenen Tora gegenüber eigenständige Normen, wie sie später im Rahmen der als mündliche Tora verstandenen rabbinischen Überlieferung teilweise zum Zuge gekommen sind.

Qumran heute aus der Vogelperspektive

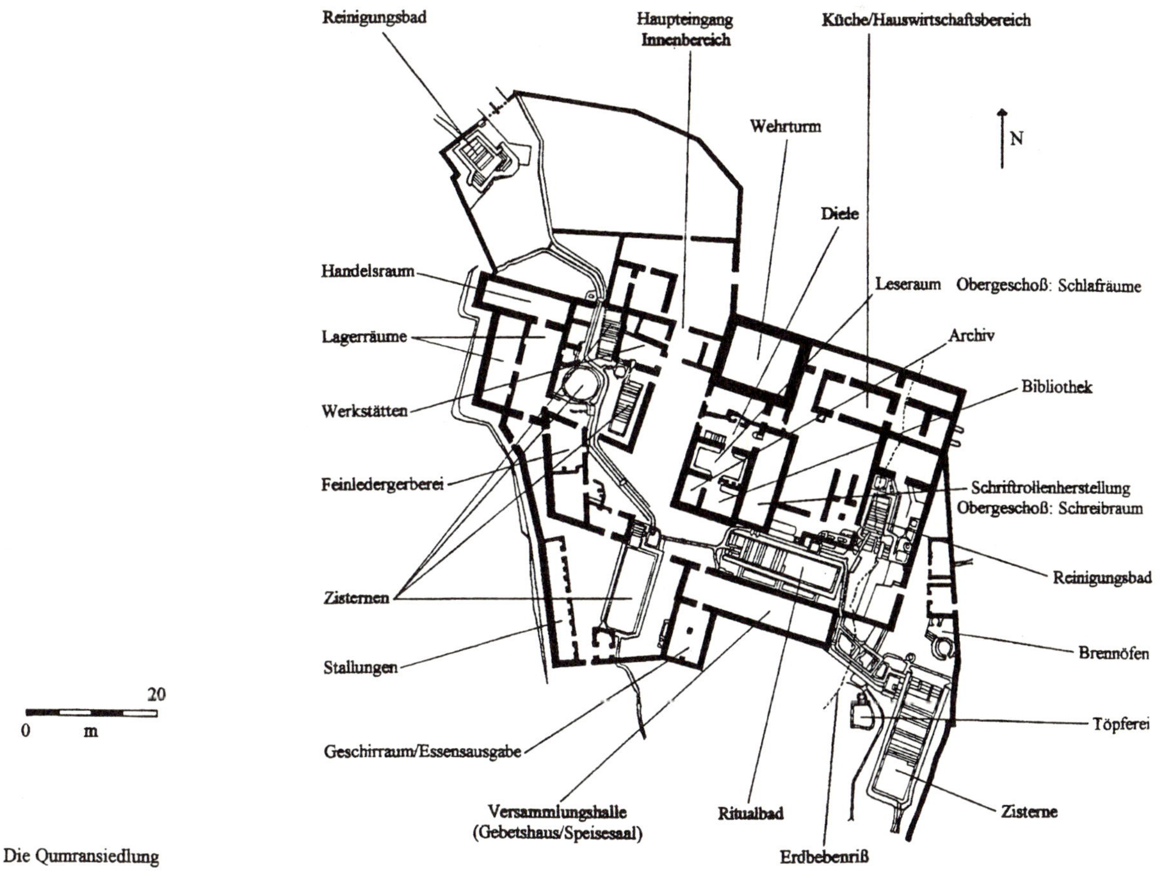

Die Qumransiedlung

Die Gebetsgottesdienste des Essener folgten dem Tempelritus, ihre Gemeinschaftsmahle Vorschriften der Tora für die Wallfahrtsfeste im Tempel. Die Essener waren zu ihrer Zeit die striktesten Wahrer des religiösen Vätererbes überhaupt, konservativ bis auf die Knochen, allen Fremdeinflüssen abhold und auf keinerlei Neuerungen erpicht. Ihr Hauptinteresse war allein darauf gerichtet, die Tora in allen ihren Bestandteilen konsequent zu praktizieren und deren Vorschriften auch unter den widrigsten Lebensumständen getreulich zu befolgen.

Ihrer Entstehung nach war die Union der Essener nichts anderes als der Versuch, alles vom traditionellen Zwölf-Stämme-Volk Israel noch Vorhandene im Heiligen Land zusammenzuführen und zu einen. Das rigorose Aufnahmeverfahren der Essener diente einzig und allein dem Zweck, die Wichtigkeit der Tradition in Gestalt von Tora und Prophetenbüchern allgemein bewußt werden zu lassen: Wer ein wahrer Jude sein wollte, mußte diesen Kernbestand der Tradition möglichst umfassend kennenlernen und in seinem praktischen Lebenswandel beherzigen.

Die Qumran-Siedlung und die Wirtschaftseinrichtungen bei En Feschcha haben sich offenkundig nicht aus kleinen Anfängen langsam entwickelt. Sondern für die Gesamtanlage gab es von vornherein ein umfassendes Baukonzept, das planmäßig abgeschlossen wurde, bevor die künftigen Bewohner einzogen.

Dieses Baukonzept zeigt eine klare Schwerpunktsetzung. Es ging um die Herstellung von Schriftrollen samt allen Vorstadien der Ledergewinnung und der weiteren Lederbearbeitung. Nur in zweiter Linie ging es auch um das Studium dieser Schriftrollen im Rahmen des religiösen Lebens der Beteiligten. Aber auch das Studium diente in Qumran nicht zuletzt dem Vertrautwerden der Schriftrollenkopisten mit den Texten, die sie berufsmäßig übertragen mußten.

Die archäologischen Befunde in Qumran und En Feschcha zeigen somit, daß die hier installierte aufwendige Schriftrollenmanufaktur nur zum geringsten Teil lokalem Eigenbedarf gedient haben kann. Schwerpunktmäßig war sie offenkundig von vornherein dafür gedacht, die zahlreichen essenischen Ortsgemeinden im ganzen Land mit den für Studium, religiöse Praxis und fromme Erbauung erforderlichen Handschriften zu versorgen.

Auf unsere heutigen Verhältnisse übertragen, war die Gründung der Qumran-Siedlung samt En Feschcha nichts anderes als die Einrichtung eines Verlagshauses – wie die Deutsche Bibelgesellschaft oder das Katholische Bibelwerk in Stuttgart – mit eigener Papierfabrik, Druckerei, Buchbinderei und Versand. Den Auftrag zu dieser »Verlagsgründung« hatte Gott selbst einst durch den Propheten Jesaja gegeben. Die Essener folgten ihm etwa ein halbes Jahrhundert nach ihrer Entstehung. Mit den herkömmlichen Methoden der Herstellung von Handschriftenleder ließ sich der große Bedarf an Schriftrollen Tausender ihrer Mitglieder auf Dauer nicht mehr bewältigen. So bedurfte es neuer Wege.

Jesus hatte, soweit das noch feststellbar ist, keine persönlichen Kontakte zu den Essenern. Zumindest hat er sich niemals deren dreijährigem Aufnahmeverfahren unterzogen, das ihm nähergehende Kenntnisse ihrer Auffassungen hätte vermitteln können. Aber auch seine Aufenthaltsorte boten ihm keinen Essener-Kontakt. In Betlehem gab es sicher Essener; aber die Evangelienüberlieferung läßt ihn nur wenige Tage nach seiner Geburt dort verweilen. Bei seiner Taufe durch Johannes am Jordan ging es um dessen Botschaft; für Essenisches hat Jesus sich dort nicht interessiert, sicher auch keinen Abstecher nach Qumran gemacht.

Ansonsten war Jesus in Galiläa anzutreffen, wo es zu seiner Zeit gar keine Essener gab. Sollte Jesus, wie es im Johannesevangelium dargestellt wird, nicht erst wenige Tage vor seinem Kreuzestod, sondern bereits zuvor mehrfach anläßlich von Wallfahrtsfesten nach Jerusalem gekommen sein, dann waren das recht kurze Aufenthalte, während derer er kaum Essener näher kennenlernen konnte. Jedenfalls läßt auch das Johannesevangelium nichts Entsprechendes erkennen. Schließlich zeigt die gesamte Wirksamkeit Jesu, wie sie aus den Evangelien hervorgeht, keinen direkten Einfluß seitens der Essener, statt dessen vieles, was ihren Grundorientierungen widersprach.

Mit den Essenern teilte Jesus die Hochschätzung der Tora und der biblischen Prophetenschriften. Doch bezog er sie auf ganz andere Verhältnisse, als die Essener es damals taten, und ging vor allem in der Tora-Auslegung Wege, die weder die Essener noch andere Juden vor ihm jemals in vergleichbarer Weise beschritten hatten. Das bei Jesus entscheidend Neue, aus dem das Christentum hervorgegangen ist, war das zugleich als Endgericht und Heilszeitbeginn eintretende Reich Gottes, das sich konkret als aktives Erdenhandeln Gottes darstellte und in das Jesus von allem Anfang an einbezogen war. Johannes der Täufer hatte es kurz zuvor machtvoll angesagt. Jetzt vollzog sich das Angesagte, erfüllte Tora und Propheten und führte auf einen Weg, den kein Mensch zuvor kennengelernt hatte.

Üblicherweise werden die Messiaserwartungen der Essener nur unter den Gesichtspunkten betrachtet, daß sie implizit Bestehendes kritisieren und von der Zukunft erhoffen, was momentan leider nicht vorhanden ist. Dabei bleiben aber die tagespolitischen Auswirkungen eines solchen Zukunftskonzepts unberücksichtigt. Diese ergeben sich bereits daraus, daß erst die künftige Heilszeit wieder einen legitimen Hohenpriester und einen Herrscher aus dem Königshause Davids mit sich bringen kann. Die Wirkung dieses Zukunftskonzepts wird dadurch verstärkt, daß am Beginn der künftigen Heilszeit das Endgericht Gottes steht; vor dessen Eintritt kann es diese Heilsgestalten gar nicht geben. Die letzte Zuspitzung liegt darin, daß das Endgericht gar nicht heute oder morgen stattfinden kann, sondern nur zu einem von Gott selbst längst festgelegten künftigen Termin.

Diesen Termin hatte Gott verbindlich durch die biblischen Propheten geoffenbart. Die Essener hatten ihn zunächst auf das Jahr 70 v.Chr. berechnet, dann ihren Irrtum erkannt und aufgrund erneuter Daniel-Exegese festgestellt, das Endgericht werde erst im Jahre 70 n.Chr. kommen.

Dieses feste Zukunftskonzept mußte auch zur Folge haben, daß das Auftreten Johannes' des Täufers und Jesu um 30 n.Chr. für die Essener belanglos blieb. Die Botschaft des Täufers, Endgericht und Heilszeit stünden unmittelbar bevor, widersprach dem von den Essenern errechneten Datum 70 n.Chr. Jesus konnte unmöglich der erwartete Messias sein. Ganz abgesehen von seiner Kreuzigung durch die Römer kam er einfach vier Jahrzehnte zu früh. Die Essener wußten besser Bescheid.

Hartmut Stegemann

Übersicht über die religiösen Gruppen M 11

	Sadduzäer	Pharisäer	Essener	Zeloten
WER SIND SIE?	priesterlicher Hochadel und wohlhabende Oberschicht, zahlenmäßig kleine Gruppe, beim Volk wenig beliebt, politische Verantwortung im Synedrium; Name geht zurück auf einen Hohenpriester namens Zadok	schriftgelehrte Laien (Bauern, Handwerker, Kaufleute; etwa 6000), Leben in Genossenschaften, hohes Ansehen und Einfluß im Volk; Name von "peruschim" = die Abgesonderten	gesamtisraelitische Priester-Union mit Siedlungen in der Wüste, bes. in Qumran; ca. 4000 Mitglieder; Name: die "Frommen" (Chassidim; Schriftgelehrte; Herodianer); Begründer: "Lehrer der Gerechtigkeit"	national-religiöse Eiferer, Fanatiker, Partisanen, bewaffnete Widerstandskämpfer, vorwiegend aus Unterschicht; von griech. 'zelos' = Eifer
WIE INTERPRETIEREN SIE DIE TORA?	ausschließliche Geltung der schriftlichen Tora; konservatives Pochen auf eine buchstäbliche Auslegung	zur Realisierung des "heiligen Volkes" (allg. Priestertum): Übernahme priesterlicher Reinheitsvorschriften in der eigenen Gemeinschaft, Aktualisierung der schriftlichen Tora gemäß veränderten Lebensbedingungen durch mündliche Auslegung (Halacha), "Zaun um die Tora" zum Schutz vor Übertretung des eigentlichen Gebots	rigorose Torafrömmigkeit und strenge Regeln: Betonung der kultischen Reinheit, Gütergemeinschaft, z.T. ehelos	wie Pharisäer progressive Auslegung der Tora, Betonung des 1.Gebotes
WORAUF HOFFEN SIE?	nationalistischer Tempelstaat unter Führung der Priesteraristokratie; Ablehnung des Glaubens an Auferstehung;	Gestaltung aller Lebensbereiche nach dem Willen Gottes, d.h. nach dem Gesetz, für die Zwischenzeit bis zur Endherrschaft Gottes; Ablehnung der apokalyptischen Naherwartung;Glaube an Auferstehung	Erwarten des nahen Endgerichts und des Reiches Gottes; Distanz vom Jerusalemer Tempel; Überzeugung von der eigenen Erwählung als "wahres Israel", in dem sich die prophetischen Verheißungen verwirklichen	nationalistischer freiheitlicher Staat Gottes; akute Erwartung eines politischen Messias; Verkürzung der Wartezeit durch eigene - auch gewaltsame - Aktivitäten
WIE VERHALTEN SIE SICH ZU DEN RÖMERN?	Kollaboration mit Römern, um Israels Bestand und eigene Vorrechte (status quo) zu wahren	Ablehnung der römischen Fremdherrschaft, aber Verzicht auf Gewalt	Ablehnung der römischen Fremdherrschaft, z.T.Verzicht auf Gewalt	militanter Kampf gegen Fremdherrschaft; sozial-revolutionäres Engagement
WIE IST IHR VERHÄLTNIS ZU JESUS?	Interesse an Ausschaltung Jesu wegen seiner Tempel- u. Kultkritik	Jesus steht z.T. in der Tradition der Pharisäer, freundschaftliche Kontakte; aber auch Konflikte wegen Stellenwert des Gesetzes, bes. Reinheitsvorschriften	breite Übereinstimmung, Ausnahme: Messiasfrage, das akute Erdenhandeln Gottes hat für Essener noch nicht begonnen	Jesus lehnt ab: Messiasvorstellung, Gewalt

Wie verhalten sie sich zu ihren Mitmenschen?

2.5 Wanderradikalismus als Antwort Jesu auf die Krise der jüdisch-palästinischen Gesellschaft im 1. Jahrhundert nach Christus

2.5.1 Didaktische Hinweise

Wichtig für den inneren Zusammenhang der Unterrichtsstunden ist die Einordnung dieser Einheit in die erste Einheit, die die ›Stimmung in Palästina zur Zeit Jesu‹ (2.2) beschreibt. Es muß deutlich werden, daß die Lebensform Jesu soziologisch auf die ökonomische und soziale Krise zurückzuführen ist und daß seine Botschaft ein Gegenentwurf, eine Antwort auf die Hoffnungslosigkeit und Angst ist, die die Krise und die apokalyptische Endzeitstimmung bei den Menschen hervorgerufen haben.

2.5.2 Die Krise der jüdisch-palästinischen Gesellschaft im 1. Jh.n.Chr.

Die Krisensituation der Gesellschaft kann mit Hilfe von ZM 7 in vertiefter Form erarbeitet werden. Sie läßt sich jedoch mittels Impulsen, die sich rückbeziehen auf Stimmung, Sozialstruktur und religiöse Gruppen in Palästina, auch ohne Textgrundlage rekonstruieren.

2.5.3 Jesus, der Wanderradikalist

Sachinformationen

Das Konzept, das Jesus anbot, lehnte sich an die subsiditiven Strömungen an, war also eine ganz und gar am Rande der Gesellschaft stehende Bewegung, angeführt von einem unbürgerlichen Typ, der, getragen von seinem Sendungsbewußtsein und der zu vermittelnden Botschaft, das Herumziehen von Ort zu Ort unter extremen Lebensbedingungen zu einer intendierten Lebensweise erhob. G. Theißen bezeichnet dieses jesuanische Lebenskonzept als ›Wanderradikalismus‹ oder Wandercharismatikertum. Diese Lebensweise war geprägt durch das Ethos der Heimat- Familien-, Besitz- und Schutzlosigkeit.

Nachfolge Jesu bedeutete für die Berufenen das Verlassen von Haus und Hof, ein unstetes Wanderleben, gemäß der Praxis Jesu, denn auch der »Menschensohn hat nichts, wohin er sein Haupt legen kann« (Mt 8,20). Oftmals begegnete den Wandercharismatikern jedoch auch Ablehnung und Verfolgung.

Eng mit der Heimatlosigkeit verbunden war das Ethos der Familienlosigkeit, das den Abbruch der familiären Beziehungen (vgl. Mk 10,29), sogar den Haß aller Angehörigen (vgl. Lk 14,26) verpflichtend machte. So verwundert auch das Urteil der Familie Jesu über ihren Sohn nicht, den sie für verrückt hielten (vgl. Mk 3,21). Jesus dagegen prägte den Familienbegriff um und bezeichnete diejenigen, die das Wort Gottes hören und tun, also die »Sympathisanten der Jesusbewegung«, als die wahren Verwandten (vgl. Lk 8,19-21).

Die dritte Komponente des radikalen Ethos lag im Besitzverzicht. Ein Leben in demonstrativer Armut, ohne Geld, Schuhe, Stab und Vorräte (vgl. Mt 10,10) erlaubte glaubwürdige Kritik an Reichtum und Besitz, wie sie in dem Kamelspruch (vgl. Mk 10,25), der Mahnung, Schätze im Himmel statt auf Erden zu sammeln (vgl. Mt 6,19ff.) oder bei der Aufforderung an den reichen Jüngling, als Bedingung der Nachfolge seinen Besitz zu verschenken (vgl. Mk 10,17ff.), deutlich wird.

Armut war also nicht mehr nur Schicksal, sondern Programm. Man verzichtete auf planmäßige Vorsorge und hoffte, daß sich immer wieder Menschen fanden, von denen man freiwillig unterstützt wurde. Mt 6,25-32 spiegelt einerseits dieses unbedingte Vertrauen in die Güte Gottes, der das Problem des Lebensunterhaltes schon irgendwie lösen wird, andererseits aber auch die »Härte der heimat- und schutzlosen, vogelfreien Existenz wandernder Charismatiker, die ohne Besitz und Arbeit durch die Lande zogen« (Theißen, Soziologie, S.19).

Das Ethos der Schutzlosigkeit war durch den Verzicht auf einen Stab bei der Wanderung realisiert, denn dies bedeutete den demonstrativen Verzicht auf das geringste Mittel zur Selbstverteidigung.

Fragt man nun nach dem Sinn dieser Lebensweise, muß man Jesu Botschaft vom nahen, zum Teil bereits angebrochenen Reich Gottes in die Lebensform des Wanderradikalisten und das verkündigte radikale Ethos mit einbeziehen.

Angesichts der gebotenen Dringlichkeit – die Herrschaft Gottes stand im Sinne der apokalyptischen Naherwartung unmittelbar bevor – war dieses Konzept des Hingehens zu den Menschen, um die Botschaft vom Reich Gottes zu vermitteln und zur rechtzeitigen Umkehr aufzufordern, sicherlich das einzig mögliche. Da Familien und Besitz sich nur verzögernd auf die eilige Verbreitung der Botschaft ausgewirkt hätten, und zudem vor dem Hintergrund, daß sowieso bald eine ganz andere Qualität des Daseins anbrechen würde, völlig bedeutungslos geworden waren, ist aus der Naherwartung des Reiches Gottes heraus auch der Sinn der radikalen ethischen Forderungen zu verstehen.

Allerdings ist die Existenz der Wanderradikalisten nicht denkbar ohne die Sympathisanten in den Ortsgemeinden, die Jesus und den mit ihm Ziehenden unplanbare Unterstützung zukommen ließen. So fand er in den Häusern von Petrus (Mt 8,14), Maria und Martha (Lk 10,38ff.) oder Simon dem Aussätzigen (Mk 14,3ff.) Aufnahme. Er wurde von einigen Frauen, z.B. Johanna, der Frau des Chuza, materiell unterstützt (Lk 8,2f.).

Man kann hier von sich ergänzenden Rollen sprechen. Aufgrund ihres Eingebundenseins in die Gesellschaft konnte für die ortsansässigen Sympathisanten nur ein abgestuftes, weniger radikales Ethos gelten. Dafür war die Radikalität der Wandercharismatiker nur möglich aufgrund der materiellen Basis in den Ortsgemeinden.

Die Hintergrundfolie, vor der die Botschaft Jesu vom bereits angebrochenen Reich Gottes gesehen werden muß, ist die Hoffnunglosigkeit und Orientierungslosigkeit in der Gesellschaft, die aus dem ökonomischen Druck und der apokalyptischen Endzeitstimmung resultierte. Gerade dem einfachen Volk, das besonders unter den harten Existenzbedingungen litt, sowie den am Rande oder außerhalb der Gesellschaft Stehenden, den sozial und religiös Deklassierten, Kranken, Behinderten, Prostituierten, Zöllnern und Kriminellen, denen die bestehende Gesellschaft keine Chance bot, galt die Botschaft, die auch Hoffnung für diese Menschen versprach.

Zu den sozial und religiös Deklassierten gehörten vor allem auch Frauen. Es läßt sich zeigen, daß gerade sie in dieser charismatischen Wanderbewegung eine bedeutende Rolle spielten. Sie begleiteten Jesus als Jüngerinnen, hielten ihm die Treue bis zum Kreuzestod, waren die ersten Zeugen der Auferstehung. Wie ihre männlichen Kollegen lösten sie sich von vielem, was bisher ihr Leben bestimmt hatte, verließen ihre Familie und gaben materielle Sicherheit auf, um Jesus nachfolgen zu können. Überhaupt sind die meisten der befreienden Entdeckungen, die Frauen im NT machen, mit der Person Jesu verknüpft. Er diskutiert mit Frauen, er lernt von ihnen, verändert sich, geht auf sie ein, heilt sie, eröffnet ihnen neue Lebensmöglichkeiten. Manchen erscheint Jesus geradezu als Urbild des Frauenfreundes in einer zutiefst patriarchalischen Umgebung, als »erster Feminist«, der in der von ihm ausgelösten Bewegung die Gleichberechtigung der Frau exemplarisch verwirklichte.

2.5.4 Jesus, der Wanderradikalist

Didaktische Hinweise

An die Lebensweise der Jesusbewegung können die Schüler deduktiv oder induktiv herangeführt werden. Zum einen stellt der Textauszug ›Jesus, der Wanderradikalist‹ die Charakteristika des jesuanischen Lebenskonzeptes mit Verweis auf zahlreiche Schriftstellen vor. Zum anderen vermögen die SchülerInnen anhand ausgewählter neutestamentlicher Perikopen, entsprechender Leitfragen und unterstützender Zusatzmedien die Thematik auch eigenständig zu erschließen.

Leitfragen zu M 12

1. Erläutern Sie die vier Merkmale der Jesusbewegung als charismatischer Wanderbewegung.
2. Entwerfen Sie mit Hilfe folgender Schriftstellen einen Tagesablauf der Jesusgruppe, in dem die vier Merkmale ihres Lebensstils deutlich werden.

Mk 10,28-30	Mk 10,29f.	Mt 10,10.25	Mt 10,10
Mt 8,20	Mt 8,22	Mt 6,19-34	Mt 5,38-42
Mt 10,23	Mk 1,20	Lk 16,13	Mt 10, 16-19
	Lk 14,26	Lk 6,24f.	
	Mk 3,21	Lk 8,1-3	
	Lk 8,19-21		

3. induktiv:
   Lesen Sie Mt 9,36-11,1 und Mt 6,9-34. Arbeiten Sie Informationen über die Lebensumstände Jesu und seiner Jünger heraus.

Leitfragen zum Thema ›Jesus und die Frauen‹

1. Lesen Sie Lk 8,1-3, Lk 10,38-42 und Joh 11,1-41.
a) Stellen Sie heraus, welche verschiedenen Rollen Frauen in der Jesusbewegung spielen.
b) Bestimmen Sie die Rollen von Maria und Martha näher.
c) Versuchen Sie eine feministische Deutung der Textpassage, evtl. unter Zuhilfenahme von ZM 8 (Seite 64f.).

2. Zu ZM 9 (Seite 66f.)
a) Charakterisieren Sie (in Gruppenarbeit) den Umgang Jesu mit Frauen, indem Sie die Grafik zu einem Text-Mosaik ausgestalten.
b) Fertigen Sie eine biographische Skizze für Maria Magdalena an.
c) Analysieren Sie selbst die Rolle der Frauen beim Tod Jesu in Jerusalem. Lesen Sie dazu Mk 15,40f., Mt 27,55f., Lk 23,49 und Joh 19,25f.

Impulse zum Umschlagbild

- Motiv: Karl Schmidt-Rottluff ›Petri Fischzug‹, Holzschnitt 1918
- Vergleichen Sie Jesus und Petrus mit den beiden anderen Personen auf dem Bild. Was fällt auf? Achten Sie auf die Körperhaltung, die Gesichter, den Hell-Dunkel-Gegensatz.
- Die Arme des Petrus sind unverhältnismäßig lang, ebenso seine Finger. Worauf weisen sie hin?
- Gesichtsausdruck und Haltung des Petrus könnten Angst ausdrücken. Wovor hat er Angst?
- Entwerfen Sie einen Dialog zwischen Jesus und Petrus.
- Vergleichen Sie dieses Gespräch mit dem Bibeltext Lk 5,1-11.
- Wäre das Bild das mittlere in einer Reihe von drei Bildern, wie sähen das erste und das dritte Bild aus?

2.5.5 Kreative Arbeitsaufträge zu Leben, Ethik und Botschaft Jesu

Die Lebensweise drängt sich Jesus aufgrund der akuten Naherwartung des Reiches Gottes auf, gleichzeitig ist sie aber auch Ausdruck des unbedingten Gottvertrauens Jesu. Im Zusammenhang mit diesem Vertrauen auf den Heilswillen Gottes und dem bereits angebrochenen Reich sind auch die ethischen Weisungen Jesu zu sehen. Wenn die Menschen in Vertrauen, Freiheit und Liebe an der Realisierung des Reiches Gottes mitarbeiten wollen, bieten etwa die Bergpredigt oder Jesu eigenes Beispiel im Umgang mit Menschen eine Richtlinie, einen Wegweiser.
Mit diesem ethischen ›Modell‹ Jesu, wie es Josef Blank formuliert, und seiner gelebten Botschaft sollen sich die Schüler eigenständig auseinandersetzen, indem sie sich selbst auf Spurensuche begeben. Da dies nur in der Zusammenschau verschiedener Perikopen deutlich wird, dienen folgende Leitfragen als Hilfestellung.

Leitfragen

1. Fertigen Sie anhand der folgenden Schriftstellen einen Bericht an über den Umgang Jesu mit verschiedenen Gruppen des Volkes.

Mk 10,3-16	Mk 10,17-31
Lk 7,36-50	Mk 11,15-19
Mk 12,13-17	Lk 22,47-53

2. Die angegebenen neutestamentlichen Verse stellen authentische Jesusworte dar. Stellen Sie diese Äußerungen zu einem ›Programm Jesu‹ zusammen.

Mk 12,28-32	Mk 3,1ff.	Mt 5,21-24
Mt 5,39	Lk 11,20	Mk 14,58
Mt 5,44	Mt 6,25-34	Mk 10,42f.
Mt 7,12		

2.5.6 Tafelbild

Wanderradikalismus als Antwort Jesu auf die Krise der jüdisch-palästinischen Gesellschaft

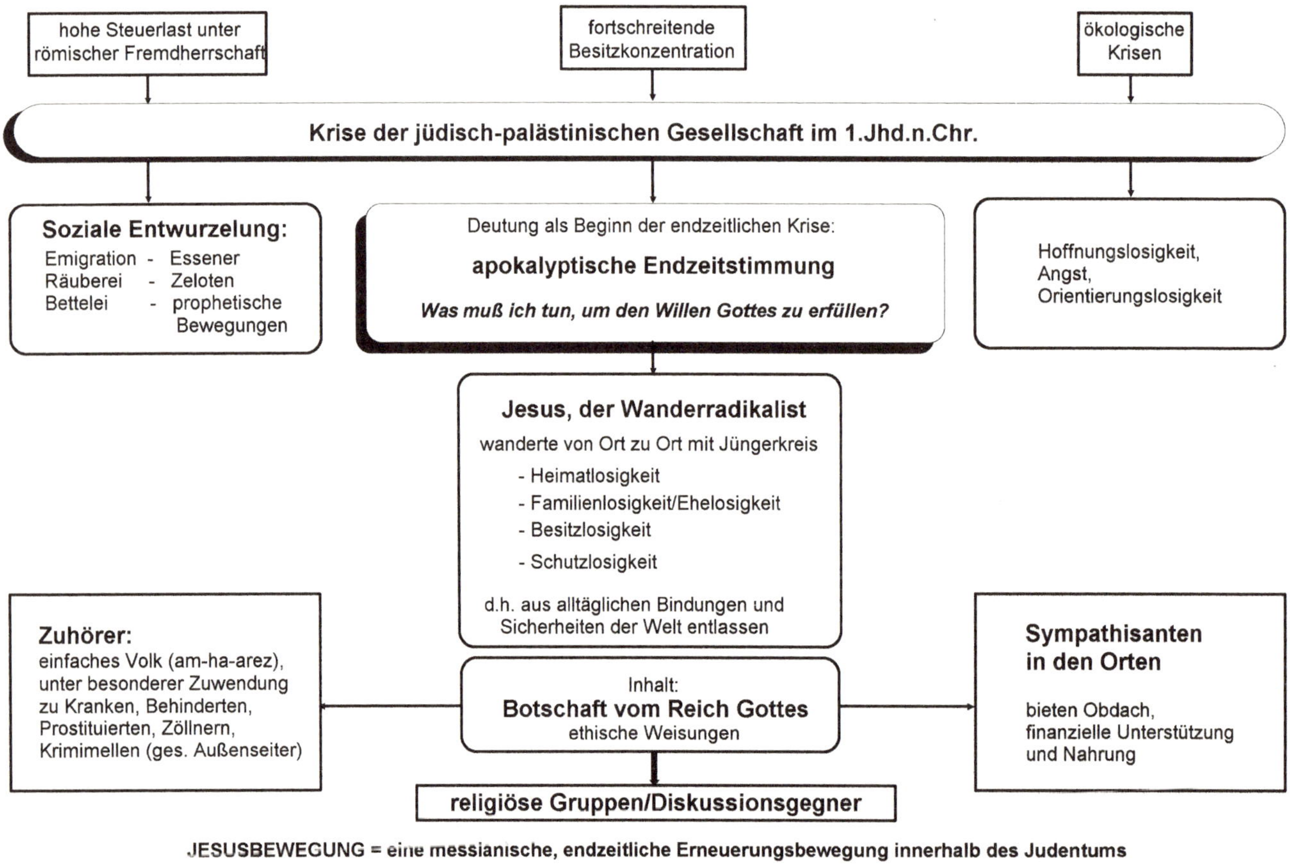

Die erste These, die an den Quellen zu überprüfen ist, besagt, daß Jesus nicht primär Ortsgemeinden gegründet, sondern eine Bewegung vagabundierender Charismatiker ins Leben gerufen hat. Die entscheidenden Gestalten des frühen Urchristentums waren wandernde Apostel, Propheten und Jünger, die sich von Ort zu Ort bewegten und sich in diesen Orten auf kleine Sympathisantengruppen stützen konnten. Diese Sympathisantengruppen blieben organisatorisch im Rahmen des Judentums. Sie verkörperten weniger deutlich das Neue des Urchristentums, waren sie doch in die alten Verhältnisse durch mannigfaltige Verpflichtungen und Bindungen verstrickt. Träger dessen, was sich später als Christentum verselbständigte, waren vielmehr heimatlose Wandercharismatiker. Der Begriff des »Charismatikers« hält fest, daß ihre Rolle keine institutionalisierte Lebensform war, der man durch eigenen Entschluß beitreten konnte. Vielmehr wurde sie durch einen unverfügbaren Ruf begründet. Sie prägte die Jesusbewegung.

(...) Wandercharismatiker waren keine Randerscheinung in der Jesusbewegung. Sie haben die ältesten Traditionen geprägt und bilden den sozialen Hintergrund für einen großen Teil der synoptischen Überlieferung, insbesondere für die Logienüberlieferung. Vieles, was hier zunächst befremdlich und exzentrisch erscheint, wird verständlicher, wenn man bedenkt, wer diese Worte tradiert und praktiziert hat. Am aufschlußreichsten sind hier ethische Normen, da sie sich direkt auf das Verhalten der Nachfolger Jesu beziehen, insbesondere das hier begegnende Ethos der Heimat-, Familien-, Besitz- und Schutzlosigkeit.

Heimatlosigkeit: Die Aufgabe der stabilitas loci gehörte konstitutiv zur Nachfolge. Die Berufenen verließen Haus und Hof (Mk 1,16; 10,25ff.), folgten Jesus nach und begleiteten ihn in die Heimatlosigkeit. Ihnen galt der Spruch: »Die Füchse haben Gruben und die Vögel des Himmels Nester, der Menschensohn aber hat nichts, wohin er sein Haupt legen kann« (Mt 8,20). Nun könnte man meinen, die Jünger seien nach dem Tode Jesu wieder zum seßhaften Leben zurückgekehrt. Aber abgesehen von den praktischen Schwierigkeiten – wer einmal seinen Heimatort verlassen hatte, konnte dort nur schwer wieder Wurzeln fassen –, wir hören nichts davon. Wir hören nur davon, daß sich einige in Jerusalem aufhielten (also nicht in ihrer galiläischen Heimat), und dürfen annehmen, daß die meisten ihr Wanderleben fortführten: die »Lebensweise des Herrn«, wie es die Didache nennt (11,8). Die Aussendungsrede (Mt 10,5ff.) macht das Wanderleben zur Pflicht. Und die Didache urteilt ganz eindeutig: »Ein Apostel, der länger als zwei Tage bleibt, ist ein Pseudoprophet« (11,5). Daß diese Heimatlosigkeit nicht immer nur freiwillig war, ist verständlich. In Mt 10,23 kommen verfolgte Wandercharismatiker zu Wort: »Wenn sie euch aber in dieser Stadt verfolgen, so fliehet in eine andere. Amen, ich sage euch, ihr werdet mit den Städten Israels nicht zu Ende kommen, bis der Menschensohn kommt.« Sie wurden verfolgt (vgl. Mt 23,34; Apg 8,1) und in vielen Orten abgewiesen (Mt 10,44).

Familienlosigkeit: Ein afamiliärer Zug prägt das Ethos urchristlicher Wandercharismatiker; sie hatten mit Haus und Hof auch ihre Familie verlassen (Mk 10,29). Der Bruch mit ihr schloß Pietätlosigkeit ein: Einem Nachfolger wurde verboten, seinen verstorbenen Vater zu beerdigen (Mt 8,22). Andere ließen ihren Vater bei der Arbeit zurück (Mk 1,20). Ja, der Haß aller Angehörigen konnte zur Verpflichtung gemacht werden:

»Wenn jemand zu mir kommt und nicht seinen Vater und seine Mutter und sein Weib und seine Kinder und seine Brüder und seine Schwestern und dazu auch sein Leben haßt, kann er nicht mein Jünger sein« (Lk 14,26). Auch das Lob der Kastration (Mt 19,10f.) spricht nicht für ausgeprägten Familiensinn. Man versteht, warum der urchristliche Prophet in seiner Vaterstadt, dort, wo die verlassenen Familien wohnten, nicht viel galt (Mk 6,4). Vielleicht ist Petrus in diesem Zusammenhang zu seinem Beinamen »Barjona« gekommen (Mt 16,17). In Joh 1,42 wird das zwar als »Sohn des Johannes« wiedergegeben, aber »Barjona« hieße »Sohn des Jona«. Bedenkenswert ist m.E. die Interpretation, die Barjona von »wüst, leer, öd« ableitet und den Beinamen im Sinne von »outlaw«, »outcast« versteht. In den Augen derer, die er verlassen hatte, war Petrus wahrscheinlich ein »Barjona«, jemand, der sich in Einöden aufhielt und am Rande der Gesellschaft ein Außenseiterdasein führte. Wahrscheinlich haben viele Familien über ihre Söhne, die sich der Jesusbewegung angeschlossen hatten, nicht anders geurteilt als die Familie Jesu über ihren »verlorenen Sohn«: Sie hielt ihn schlicht für verrückt (Mk 3,21). In der Aussendungsrede wird dies Urteil ausdrücklich verallgemeinert: »Der Jünger ist nicht mehr als sein Lehrer und der Sklave nicht mehr als sein Herr. Wenn sie den Hausherrn Beelzebub genannt haben, um wie viel mehr seine Hausgenossen« (Mt 10,25). Die Angehörigen der Jesusbewegung haben sich natürlich gegen den Vorwurf eines afamiliären Ethos verteidigt. Sie rechtfertigten sich z.T. damit, daß sie den Familienbegriff umprägten: Wahre Verwandte seien nicht die angeborenen Familienangehörigen, sondern die, die Gottes Wort hören und tun (Lk 8,19-21). Gepriesen wurde nicht die Mutter Jesu, sondern die Hörer des Wortes (Lk 11,28ff.). Ersatz für die verlassenen Familien fanden die Jünger hundertfältig bei den Sympathisanten der Jesusbewegung: »Häuser und Brüder und Schwestern und Mütter und Kinder und Äcker«, und zwar schon in diesem Äon (Mk 10,30). Die Überlieferung schweigt darüber, wo die verlassenen Familien Ersatz für die verlorenen Arbeitskräfte finden sollten, aber sie verschweigt nicht die unvermeidbaren Zerwürfnisse mit den Familien. Man tröstete sich damit, daß so etwas eben zu den Wehen der Endzeit gehöre und daher notwendig sei (Lk 12,52f., Mt 10,21).

Besitzlosigkeit: Ein drittes Merkmal urchristlichen Wandercharismatikums ist die Kritik an Reichtum und Besitz. Wer in demonstrativer Armut, ohne Geld, Schuhe, Stab und Vorräte, nur mit einem Kleid versehen über die Straßen Palästinas und Syriens wanderte (Mt 10,10), konnte Reichtum und Besitz kritisieren, ohne unglaubwürdig zu werden. Zumal dann, wenn er seinen Besitz verschenkt hatte. Denn das gehörte zur vollen Nachfolge. Deswegen konnte sich der reiche Jüngling nicht zu ihr entschließen (Mk 10,17ff.). Anders Barnabas: Er verkaufte einen Teil seiner Güter (Apg 4,36f.). Wer so handelte, konnte die Meinung vertreten, daß eher ein Kamel durch ein Nadelöhr komme als ein Reicher in die Gottesherrschaft (Mk 10,25), konnte dazu mahnen, daß man Schätze im Himmel statt auf Erden sammeln solle (Mt 6,19ff.), konnte warnen, daß man Gott und dem Mammon nicht zugleich dienen könne (Lk 16,13) und damit drohen, daß die nahe Weltenwende alle irdischen Verhältnisse umkehren werde:

Weh euch, ihr Reichen, ihr habt euren Lohn schon bekommen!

Weh euch, ihr Gesättigten, denn ihr werdet hungern!

Weh euch, die ihr jetzt lacht, denn ihr werdet trauern und weinen! (Lk 6,24f.).

In aggressionsgesättigten Phantasien malte man sich das schreckliche Ende des Reichen und das Glück des Armen im Jenseits aus (Lk 16,19-31). Gewiß haben sich so schon immer Benachteiligte getröstet. Hier aber war es mehr. Hier war Armut nicht nur Schicksal, sondern Aufgabe. Denn der Wandercharismatiker durfte sich nur mit der allernotwendigsten Tagesration versehen. So wollte es die »Lehre des Evangeliums« (Did 11,3ff.). Hinter seiner demonstrativen Armut stand ein unbedingtes Vertrauen in die Güte Gottes, der seinen Missionar nicht verkommen lassen würde:

»Deshalb sage ich euch: Sorget euch nicht um euer Leben, was ihr essen oder was ihr trinken sollt, noch um euren Leib, was ihr anziehen sollt! Ist nicht das Leben mehr als die Speise und der Leib mehr als die Kleidung? Sehet die Vögel unter dem Himmel an! Sie säen nicht und ernten nicht und sammeln nicht in Scheunen und euer himmlischer Vater ernährt sie doch. Seid ihr nicht viel mehr wert als sie?« (Mt 6,25-32)

Man darf in solche Worte nicht die Stimmung sonntäglicher Familienspaziergänge hineinlesen. Es geht hier nicht um die Freude an Vögeln, Blumen und Wiesen. Vielmehr spricht aus diesen Worten die Härte der heimat- und schutzlosen, vogelfreien Existenz wandernder Charismatiker, die ohne Besitz und Arbeit durch die Lande zogen. Und wenn es am Ende heißt: »Sorget nicht für den morgigen Tag, denn der Morgen wird seine eigene Sorge haben. Jeder Tag hat genug an seinem eigenen Übel« (Mt 6,34) – möglicherweise eine pessimistische Erfahrungsweisheit –, so ist solche Weisheit im Munde herumvagabundierender Charismatiker ebenso glaubwürdig wie die Bitte um das tägliche Brot, d.h. um die Tagesration. Diese Leute lebten von der unplanbaren Unterstützung durch Sympathisanten, denen sie als Gegenleistung Predigt und Heilungen zu bieten hatten (Lk 10,5ff.); und das war von außen gesehen nicht viel: Die Predigt bestand aus Worten, Heilungen waren keine alltäglichen Ereignisse, so daß die seßhaften Sympathisanten besonders motiviert werden mußten, um Wandercharismatiker zu unterstützen: »Wer einem dieser Kleinen einen Becher kühlen Wassers gibt, weil er mein Jünger ist, wahrlich, ich sage euch: Ihm soll sein Lohn nicht mangeln« (Mt 10,42). Im Klartext: Die Unterstützung geschah zunächst à fond perdu. Erst im zukünftigen Gericht sollte sie sich als nützlich erweisen. Dann würde der Friedensgruß der Apostel und Propheten magischen Schutz bieten, ihre Ablehnung sich jedoch rächen (Lk 10,5ff.). Auch wenn das keine normale Bettelei war, so war es doch Bettelei höherer Ordnung, charismatische Bettelei, die darauf vertraute, das Problem des Lebensunterhalts werde sich schon von selbst nach dem Motto erledigen: »Suchet … zuerst die Gottesherrschaft und ihre Gerechtigkeit, dann werden euch alle diese Dinge hinzugefügt werden« (Mt 6,33).

Schutzlosigkeit: Recht- und Schutzlosigkeit wurden bewußt riskiert. Wer ohne Stab auf antiken Straßen zog, verzichtete demonstrativ auf das geringste Mittel der Selbstverteidigung. In solch eine Situation gehört das Gebot, daß man dem Bösen nicht widerstehen soll, daß man die linke Backe hinhalten soll, wenn die rechte geschlagen wird (Mt 5,38f.). Die Mahnung »Wer dich nötigt, eine Meile weit zu gehen, mit dem gehe zwei!« (Mt 5,41) nimmt u.U. direkt auf die Situation wandernder Charismatiker Bezug: Wer ohnehin unterwegs ist, dem dürfte es gleichgültig sein, ob er zu einer oder zu zwei Meilen Dienstleistung gepreßt wurde. Dieser Verzicht auf Verteidigung wurde auch vor Behörden und Gerichten geübt. Man überließ es dem heiligen Geist, die richtigen Worte zu finden (Mt 10,17ff.).

Gerd Theißen

Die Krise der jüdisch-palästinischen Gesellschaft im 1. Jh. n. Chr. **ZM 7**

Die Krise der jüdisch-palästinischen Gesellschaft im 1. Jh.n.Chr. wurde durch politische, ökonomische und ökologische Faktoren verursacht.

- Seit Judäa direkt von Rom verwaltet wurde, vergrößerte sich für die Bevölkerung die Steuerlast, da die Steuereinziehung rigoroser durchgeführt und Steuererleichterungen kaum gewährt wurden.
- Nach der Absetzung des Archelaos 6 n.Chr. wurden große Ländereien, die unter Herodes konfisziert worden waren, verkauft. Da diese nur von den ohnehin schon Besitzenden erworben werden konnten, die dann durch vermehrte Produktion, Export und Handel ihren Reichtum noch vergrößerten, führte diese Spirale fortschreitender Besitzkonzentration zu noch schlechteren Existenzbedingungen für die mittleren und unteren Schichten.
- Die zunehmende Verarmung infolge der Besitzkonzentration wurde durch zahlreiche ökologische Krisen wie Dürre, Seuchen, Erdbeben, Hungersnöte u.a. noch verstärkt, so daß die Kleinbauern und Pächter von Verschuldung und Abhängigkeit noch härter bedroht waren, während wenige Reiche noch reicher geworden sind.

Diese alle Schichten betreffenden Aufstiegs- und Abstiegsprozesse führten zur ›Anomie‹. Der Begriff bezeichnet einen Zustand, in welchem Mitglieder einer Gesellschaft aufgrund von ökonomisch bedingten Veränderungen ihres sozialen Status ihr Leben nicht mehr nach den Normen ihrer angestammten sozialen Umwelt führen können. Entscheidend hierbei ist nicht der soziale Druck an sich, sondern die drohende Verschlechterung. Wer Maßstäbe eines besseren Lebens kennt, reagiert sensibler auf sozialen Abstieg als der, der im Elend geboren wurde. Analog dazu ist die zunehmende Bereicherung der Besitzenden zu sehen.

Diese soziale Anomie wurde nun mit Hilfe apokalyptischer Vorstellungen religiös als Beginn der endzeitlichen Krise gedeutet. Die Gesellschaft war gekennzeichnet von Hoffnungslosigkeit, Angst und Orientierungslosigkeit. Konkret spiegelte sich diese Krise in einer Verbreitung sozialer Entwurzelung. Einerseits handelte es sich um allgemein verbreitete Desintegrationserscheinungen wie Emigration (von Söldnern, kriegsgefangenen Sklaven, politischen Flüchtlingen und mittellosen Menschen), Räuberei und Bettelei (der Kranken und Besessenen, d.h. psychisch Kranken). Andererseits führte die aus der Anomie resultierende Suche nach neuen Lebensformen zu einem allgemein verbreiteten devianten Verhalten, das jedoch mit religiösem Sinn erfüllt wurde.

So griffen die Essener die evasive Verhaltensweise der Emigranten auf, verließen ihren Wohnort und siedelten in neuen Gemeinden unter neuen Lebensregeln außerhalb der Gesellschaft mit dem Anspruch, in der Wüste Gott den Weg zu bereiten.

Die aggressive Verhaltensweise der Räuber finden wir wieder bei den zelotischen Widerstandskämpfern, die sich ebenfalls in die Berge zurückzogen, um von dort Guerillakämpfe gegen Römer und wohlhabende Landsleute zu führen. Oft läßt sich nicht zwischen Kriminellen und Widerstandskämpfern, bei denen religiöse und politische Motive dahinterstehen, unterscheiden. Seine Ursache hatte der große Zulauf zur Widerstandsbewegung primär in der ökonomischen Not der Kleinbauern und Pächter, die ihre Steuern nicht mehr zahlen konnten und denen oft keine Alternative als die Flucht zu den Widerstandskämpfern in den Bergen blieb, um sich drohender Verelendung zu entziehen oder vor Schuldversklavung zu flüchten. Religiös legitimiert wurde die Daseinsform jedoch durch die apokalyptische Naherwartung in Verbindung mit einer Radikalisierung des ersten Gebotes, das die Befreiung des Volkes von der Fremdherrschaft und jeglichen Unterdrückern, also auch den einheimischen Besitzenden, als politische Konsequenz hatte. Das primäre Motiv des ökonomischen Drucks wude in der von den Zeloten praktizierten Steuerverweigerung sichtbar.

Die im NT zahlreich bezeugten subsiditiven, d.h. auf Hilfe von anderen hoffenden Verhaltensweisen wie Bettelei und Vagabundentum wurzelten ebenfalls in der fehlenden Existenzgrundlage, meist auf Arbeitslosigkeit infolge von Krankheit oder Behinderung, auch psychischer Behinderung, oder auf wirtschaftlicher Verelendung basierend. Dieses profane Verhaltensmuster des Angewiesenseins auf Spenden griffen zahlreiche prophetische Bewegungen im 1. Jh.n.Chr., so auch die Jesusbewegung, auf.

Während Essener, Zeloten und Jesusbewegung auf die apokalyptische Endzeitstimmung und die brennende Frage ›Was muß ich tun, um den Willen Gottes zu erfüllen?‹ jeweils religiös interpretierte, neue sozial abweichende Lebensformen als Antwort anboten, versuchten die Pharisäer als einzige Erneuerungsbewegung im Rahmen des normalen Lebens und der Alltäglichkeit eine Antwort zu geben. Entsprechend rekrutierten sich die Anhänger der ersten drei Bewegungen meist aus Randgruppen, wogegen die breite Masse der Bevölkerung das pharisäische Angebot annahm.

Das Konzept, das Jesus anbot, lehnte sich an die subsiditiven Strömungen an, war also eine ganz und gar am Rande der Gesellschaft stehende Bewegung, angeführt von einem unbürgerlichen Typ, der, getragen von seinem Sendungsbewußtsein und der zu vermittelnden Botschaft, das Herumziehen von Ort zu Ort unter extremen Lebensbedingungen zu seiner Lebensweise erhob. Gerd Theißen bezeichnet dieses jesuanische Lebenskonzept als Wanderradikalismus.

Als ich die Geschichte von Maria und Martha wieder las, erinnerte ich mich an meine Kindheit. In unserer evangelischen Kirche in einem Vorort von Köln gab es ein Glasfenster mit der Inschrift: »Eins aber ist not!« Selbstversunken, schmalgliedrig und zart saß Maria zu Jesu Füßen. An den Tisch gelehnt, breitbeinig, einen Rührtopf in der Hand, stand Martha dabei, eine Hand vorwurfsvoll erhoben. »Herr, stört es dich nicht, daß meine Schwester mich da so allein arbeiten läßt?« (Lk 10,40). Ich erinnere mich, daß ich die Geschichte nicht leiden konnte.

Die abendländische Tradition hat diese beiden Frauengestalten als Typen für das kontemplative und das aktive Leben angesehen. Beschaulichkeit und Wirksamkeit, das ruhige Hören des Wortes und die rastlose Sorge um die alltäglichen Nöte des Leibes, die vita contemplativa und die vita activa, wurden aber nicht nur einander gegenübergestellt, sondern in eine eher von Aristoteles als vom jüdischen Denken geprägte Rangordnung eingeordnet. Das kontemplative Leben gilt als höherwertig, es ist geistiger und wesentlicher, das tätig-praktische Leben ist notwendig, aber untergeordnet. Maria hat sich »den guten Teil erwählt« (Lk 10,42). Martha wird in dieser Tradition als nützlich, aber etwas beschränkt und eng angesehen. Zu den Grundlagen des abendländischen Denkens gehört es, »reine« Theorie als erhaben über die bloße Praxis anzusehen; sie verhalten sich wie Kopf- und Handarbeit. Die Reformation hat zwar die Kontemplation beschaulicher Klosterinsassen zugunsten des bürgerlichen praktischen Handelns zurückgedrängt, die Gestalt der Martha aber, der tätigen realistischen Frau, noch weiter herabgewürdigt. Luther sagte: »Martha, dein Werk muß bestraft und für nichts geachtet werden … Ich will kein Werk haben denn das Werk Marias, das ist der Glaube.« Gegen die Übermacht dieser spiritualisierenden und antijüdischen Auslegungstradition für Maria und zuungunsten Marthas hat nicht die Reformation, sondern eine ganz andere Seite Einspruch erhoben: die Mystiker. In einer radikalen Neu-Interpretation hat Meister Eckhart in seiner Predigt (28) die noch unfertige Maria an den Anfang des geistlichen Lebens gerückt und der reifen Martha aufgrund ihrer Erfahrung eine größere Nähe zu dem, was not tut, zugesprochen. »Martha fürchtete, daß ihre Schwester im Wohlgefühl und in der Süße steckenbliebe.« Martha wünscht sich, daß Maria wird wie sie selbst. Und, führt Eckhart in einer genialen christlichen, nicht klerikalen, den Geist der aufblühenden Frauenbewegung des späten Mittelalters spiegelnden Neudeutung (relecture) fort: »Deshalb sprach Christus und meinte: Sei beruhigt, Martha, auch sie hat den besten Teil erwählt. Dies hier wird sich bei ihr verlieren. Das Höchste, das wird ihr zuteil werden: Sie wird selig werden wie du!«

Frauen, die sich heute bewußt auf die christliche Tradition einlassen, sind dabei zu lernen, zwischen den unterdrückerischen frauenfeindlichen und den befreienden Zügen dieser Tradition zu unterscheiden. Für unsere Geschichte bedeutet das, zwei Schritte zu tun. Den ersten nenne ich: Martha wiederentdecken, den zweiten: Maria und Martha zusammenbekommen! Wir müssen Martha nicht nur »verstehen«, sondern sie aufwerten, ihre Stärke wahrnehmen, ihre Kraft uns zu eigen machen, sie nicht nur von Lukas 10 her zu sehen, sondern Johannes 11, die Geschichte von der Auferweckung des Lazarus, dazuzunehmen, eine Geschichte, in der Martha die Handelnde ist, die mit Jesus rechtet wie Ijob mit Gott. Sie ist die realistisch Handelnde, die weiß, daß ihr Bruder nach vier Tagen im Grab schon stinkt, und sie ist die theologisch Denkende, die das Bekenntnis zu Christus ausspricht: »Herr, ja, ich glaube, daß du bist Christus, der Sohn Gottes, der in die Welt gekommen ist« (Joh 11,27) – wie sonst nur Petrus. Diese Christin zu entdecken, hilft uns, die Hierarchie zu entmächtigen, auch die, die sich in uns selbst eingenistet hat. Hierarchie als die garantierte Herrschaft, die sich nicht zu begründen braucht, die Überlegenheit und Privilegien verleiht, ist immer gegen die tiefsten Interessen der Frauen gerichtet, auch wenn sie, wie in diesem Maria-Martha-Modell, unter Frauen selbst auftaucht. Das hierarchische Denken unterstützt immer die Frauenverachtung, die Lächerlichmachung oder Trivialisierung der Frauen – und ich glaube, das habe ich als kleines Mädchen gespürt. Martha tat mir leid, und sie war mir peinlich. Daß Frauen so sein können wie das Martha-Klischee, das ich ererbt hatte, schmerzte und störte mich.

Martha wieder entdecken – die starke, die selbstbewußte, nüchterne, klare Frau lieben lernen –, das hilft mir. In der Lazarusgeschichte wird auch erzählt, wie verschieden die beiden Schwestern auf den Tod ihres Bruders reagieren. Maria wirft sich weinend Jesus zu Füßen; Martha rechtet mit ihm, der ganz in der Nähe war und ohne Mühe eher kommen konnte! Sie ist vorlaut, gibt nicht klein bei, und sie ist es, die, ein weiblicher Petrus, die Wahrheit sagt. Kein Zufall, daß sie später als Drachentöterin dargestellt wird.

Es gibt heute in der reichen Welt ein großes Verlangen nach Spiritualität, nach Versenkung, nach Kontemplation und Mystik. Maria kann zum Sinnbild dieser hal-

Fra Angelico: Im Garten Gethsemane. Die Jünger schlafen. Im Vordergrund wachen Martha und Maria. Maria liest in einem Buch. Martha wacht und betet. Kloster San Marco, Florenz

ben, noch unreifen Spiritualität werden. Viele junge Menschen verzweifeln an den Handlungsmöglichkeiten in unserer Welt, sie sehen die Bäume sterben und die Kinder der Armen verhungern und ziehen sich in eine Innerlichkeit zurück, vor der die Mystiker gewarnt haben. Eckhart sagt über die Maria, daß sie damals, als sie zu Füßen Christi saß, »noch nicht Maria hieß. Denn sie saß noch im Wohlgefühl und süßer Empfindung und war in die Schule genommen und lernte erst leben. Martha aber stand ganz wesenhaft da.«

An diese Unterscheidung muß ich denken, wenn ich die starken Frauen meiner Generation sehe, die unbeirrt handeln und gegen die uns beherrschenden Drachen kämpfen. Sie haben klar und unmißverständlich mit dem Rassisten in Südafrika gebrochen, sie stehen vor den Großmärkten und reden mit den Leuten im kleinen Geschäft an der Ecke, sie besuchen die Bankdirektoren, sie sagen laut und unmißverständlich, was sie denken. In diesen Gruppen von Frauen, die den Boykott »Kauft keine Früchte der Apartheid« seit Jahren organisieren, sehe ich viele Marthas zusammen, genauso bei den Frauen, die den andern größten Drachen, der im Pentagon wohnt, umzingelt haben und anfangen, Widerstand zu leisten.

Wenn unsere Kirchen eines Tages Christus »beherbergen« und ihm Speise geben, dann werden solche Frauen Bischöfe und Lehrerinnen der Kirche sein. Die Martha in mir soll die Maria nicht verdrängen. Aus jeder Frau soll das junge Mädchen, das sie einmal war, hervorschauen. Aber auf das Entweder-Oder wollen sich die besten Frauen, die ich kenne, nun nicht mehr einlassen.

Dorothee Sölle

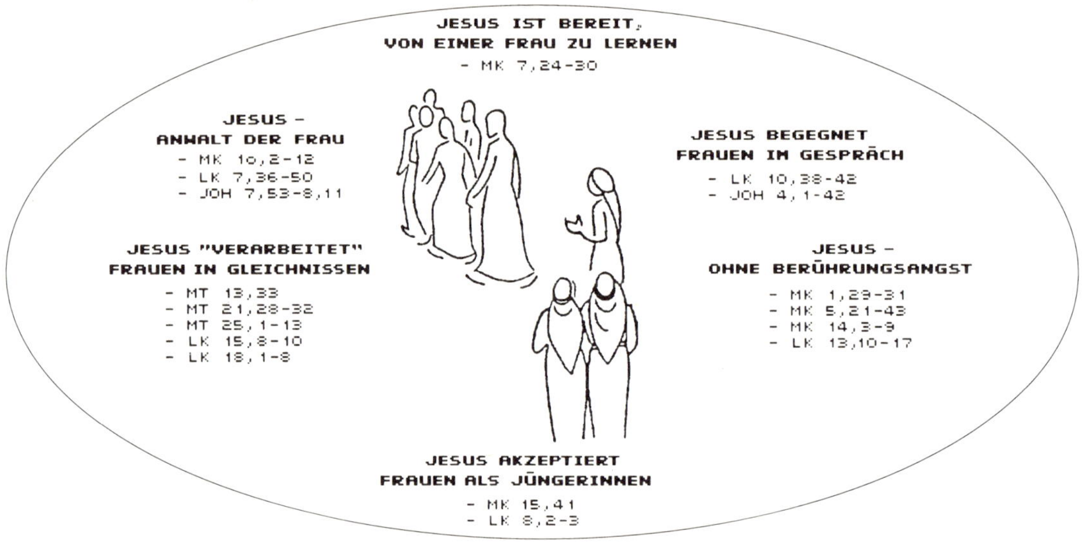

Maria von Magdala folgt Jesus offenbar als »Sprecherin« einer fünf- bis zehnköpfigen Frauengruppe in *Galiläa* (Mk 15,41; Lk 8,2f), sie begleitet ihn zusammen mit ihren Gefährtinnen nach *Jerusalem* hinauf (vgl. Lk 23,49.55). Auf *Golgota* ist sie mit dabei, als Jesus stirbt (Mk 15,40 par; Joh 19,25) und ins nahe *Grab* gelegt wird (Mk 15,45 par). Doch was ist all das, verglichen mit dem, was dann geschieht! Nach dem Zeugnis aller vier Evangelien ist sie es, die am ersten Tag der Woche das *leere Grab* entdeckt (Mk 16,1 parr; Joh 20,1); nach der joh Tradition, die von Mt 28,8 gestützt wird, *zeigt sich* (óphthe) ihr der Auferstandene gar vor Petrus (Joh 20,11.16.18; Mt 28,8). Der Textbefund ist eindeutig: Der Magdalenerin kommt unter den Frauen eine herausragende Rolle zu. Was Petrus im Zwölferkolleg, ist sie innerhalb der Frauengruppe. Als Augenzeugin der zentralen Heilsereignisse genügt sie selbst dem anspruchsvollen Kriterienkatalog, nach dem Lk in Apg 1,21f den Nachfolger für Judas gewählt sehen möchte. Sie darf mit Recht »Apostel« genannt werden.

Maria aus Magdala – Zeugin der zentralen Heilsereignisse

	Mk	Mt	Lk	Joh
IN GALILÄA			8,3	
BEIM KREUZ	15,40	27,56	vgl. 23,49	19,25
GRABLEGUNG	15,47	27,61	vgl. 23,55	
LEERES GRAB	16,1	28,1	24,10	20,1
ERSCHEINUNG		28,8		20,11.16.18

- *von Anfang bis Ende dabei*

APOSTEL

APG 1,21-22

- *Zeugin der Auferstehung*

Wer ist diese so bedeutende Frau, die man im Film und Roman immer wieder zur Geliebten Jesu macht? – Ihr Beiname verrät, daß sie aus Magdala kommt, einer griechisch-hellenistischen Stadt am Ausgang des so charakteristischen Taubentales. Seine günstige Lage an der Via Maris, nur 4-5 km von Tiberias entfernt, macht die Stadt zu einem pulsierenden Knotenpunkt am See Gennesaret. Nach Josephus zählt sie 40.000 Einwohner (Bell II 21,4), doch ist der jüdische Historiker für seine Übertreibungen bekannt. In ihrem Hafen liegt eine ansehnliche Flotte von 230 Fischerbooten (Bell II 21,8), was beweist, daß ihre Bewohner in der Hauptsache von der Fischerei leben. Jesus stößt auf Magdala, wenn er von Nazaret zum See wandert; er passiert es notwendigerweise, wenn er in umgekehrter Richtung vom 10 km entfernten Kafarnaum aus nach Untergaliläa hinaufsteigt. Daß er hier predigt, scheint sicher, auch wenn die Evangelien nicht ausführlich davon erzählen.

Nach Lk 8,2f gehört die Magdalenerin zu den vermögenden Frauen, die Jesus und seine Jünger mit ihrem Besitz unterstützen. Sicherer als diese Information ist die andere, daß sie – ehe sie von Jesus geheilt wird – an einer schweren Geistes- oder Gehirnkrankheit leidet. Der lk Hinweis auf sieben Dämonen deutet auf »einen besonders schweren Fall von Besessenheit« hin, hinter der wir eine hochgradige Hysterie, ein manisch-depressives Irresein, Tobsucht oder Epilepsie vermuten dürfen. Nach Lk 8,2f sind ihre beiden Gefährtinnen, Johanna und Susanna, gleich krank. Kaum jedoch wird man aus dieser Notiz schließen dürfen, daß es nur und in der Hauptsache psychisch kranke Frauen sind, die Jesus folgen.

Seit Gregor dem Großen wird Maria von Magdala mit jener stadtbekannten Sünderin aus Lk 7,36-50 gleichgesetzt, die Jesus im Haus des Pharisäers Simon mit Öl salbt. Zu dieser Identifizierung kommt es durch das *unmittelbare Nebeneinander* von Lk 8,2 und Lk 7,36-50, obwohl nirgends in den Evangelien eine Beziehung von *Besessenheit und lasterhaftem Lebenswandel* belegt ist. Mit dazu bei trägt auch die *unkritische Ineinssetzung unterschiedlicher Traditionsstränge*, konkret von Lk 7,36-50 (Salbung Jesu durch eine *stadtbekannte Sünderin* im Haus des Pharisäers Simon) mit Mk 14,3-9 (Salbung Jesu durch eine *Frau aus Betanien* im Hause Simons des Aussätzigen) und Joh 12,1-8 (Salbung Jesu durch *Maria aus Betanien*, die Schwester von Martha und Lazarus; vgl. Joh 11,2). »Die Identität der drei Frauen ist exegetisch nicht begründet ... psychologisch unwahrscheinlich und beruht offensichtlich auf Verwechslungen. Ein übriges tut die *Liturgie der lateinischen Kirche* (sie feiert das Fest der *Büßerin* Maria Magdalena am 22. Juli), ein übriges schließlich die *Kunst*.

»Daß Jesus Frauen in seiner Gefolgschaft duldet, ist gewiß im palästinensischen Raum ein äußerst anstößiges Verhalten«. Viele sind mit solch revolutionärer Praxis nicht einverstanden, fühlen sich provoziert. Das Studium der Tora ist Sache des Mannes. »Lieber möge die Tora in Flammen aufgehen, als daß sie den Frauen übergeben werde!«, meint Rabbi Eliezer. Um an einer anderen Stelle hinzuzufügen: »Wer seine Tochter Tora lehrt, lehrt sie Albernheit«.

Nicht unumstritten ist auch die Formulierung des *»Dienens«* (diakoneîn). Feministisch orientierte Auslegung wehrt sich verständlicherweise gegen jene Deutung, die »diakoneîn« auf den »Küchendienst« im weitesten Sinn einschränkt, damit den Frauen die Verkündigungskompetenz abspricht und sie so zu »Jüngerinnen zweiter Klasse« macht.

Doch ist dem wirklich so? Zeigt nicht gerade die Historie, daß die Frau um die Zeitenwende als kultisch minderwertig angesehen wird und gesellschaftlich im Abseits steht? In »Contra Apionem« stellt Josephus apodiktisch fest: »Die Frau steht in jeder Beziehung unter dem Mann« (II 24). Kaum schmeichelhafter klingt, was er zum Thema »Frau und Zeuge« meint: »Wegen der ihrem Geschlechte eigenen Leichtfertigkeit und Dreistigkeit soll das Zeugnis von Frauen nicht zulässig sein« (Ant IV 8,15).

An diesem seit Jahrhunderten fest geschriebenen Befund kann auch Jesus nicht vorbei. Es wäre nicht nur ein Zeichen von Blindheit, sondern auch von törichter Naivität, Frauen – den Jüngern gleich (Mk 6,6b-13 parr) – zur Predigt der anspruchsvollen Reich- Gottes-Botschaft auszusenden. Man darf hier nicht moderne Wunschvor stellungen in die Deutung hineintragen. Es gilt klar und nüchtern zu sehen, daß Frauen um die Zeitenwende im Verkündigungsbereich keine Chance haben. Diesen »Zeitgeist« berücksichtigt Jesus, ihm beugt sich auch die frühe Kirche, obwohl auf der historischen Ebene den Frauen in der Osterverkündigung mit Sicherheit eine größere Rolle zukommt, als die Evangelien erkennen lassen. So wird man – ob man will oder nicht – »diakoneîn« von Mk 15,41 mit dem »Tischdienst« verbinden müssen. Die begleitenden Frauen beherbergen und umsorgen, bewirten und verköstigen Jesus und seine Jünger – wie z.B. die Schwiegermutter des Petrus in Mk 1,31 (diakoneîn) und wie Marta in Lk 10,40 (diakonía/diakoneîn). Die Frauen sind die guten Geister der »Truppe«, sie übernehmen »die Aufgabe der täglichen Versorgung«.

Eine weitere Nuancierung deutet Lk an, wenn er in Lk 8,3 vermerkt, daß die Frauen »ihnen aus ihrem *Besitz* dienen« (diakoneîn), d.h. Jesus und die Jünger materiell unterstützen. Eine Gruppe von 10 bis 20 Personen zu ernähren, ist ein ganz praktisches Problem, das sich jeden Tag neu und mit sinkender Popularitätskurve um so dringlicher stellt. Zumindest Johanna dürfte hier mit ihrem Besitz geholfen haben, gehört sie doch als Frau des Chuza, eines Verwalters (epítropos) des Antipas, der vermögenden Oberschicht an.

Willibald Bösen

2.6 Der Bergprediger Jesus N.

2.6.1 Gewaltverzicht und Feindesliebe

Sachinformationen zu M 13

Die Forderungen nach Gewaltverzicht und Feindesliebe sind eng miteinander verbunden. Bei Lk wird die Feindesliebe durch drei Beispiele des Gewaltverzichts konkretisiert (Lk 6,27-35). Bei Mt ist der Zusammenhang lockerer: Gewaltverzicht (5,38-42) und Feindesliebe (5,43-48) bilden zwei, allerdings aufeinander folgende Antithesen. Da Lk und Mt inhaltlich weitgehend übereinstimmen, dürften beide Evangelisten ihren Stoff in der Logienquelle vorgefunden haben. Die antithetische Form allerdings wird auf Redaktionsarbeit von Mt zurückzuführen sein. Große Schwierigkeiten bereitet das Verhältnis der Antithesen zu der vorangegangenen Grundsatzerklärung Mt 5,17-20. Dort wird explizit erklärt, Jesus sei nicht gekommen, das Gesetz aufzulösen, sondern zu erfüllen. Das steht im Widerspruch zum herkömmlichen Verständnis der 5. und 6. Antithese, nach dem es zumindest hier um Überwindung und Aufhebung des Gesetzes gehe. Die Spannung zwischen der Grundsatzerklärung und den konkreten Antithesen ist schwer auflösbar, da die Positionen, von denen sich die Antithesen abzuheben versuchen, schwer bestimmbar und identifizierbar sind.

Nach herkömmlicher Meinung spiegelt die These »Auge um Auge« – Zahn um Zahn« den alttestamentlichen Geist der Rache wider, von dem sich die Liebesethik Jesu wohltuend abhebe. Das ist ein grobes Mißverständnis, weil hier ursprünglich nicht Vergeltung propagiert, sondern Schadenersatz und Wiedergutmachung geregelt werden. Mt bringt das von Jesus geforderte Verhalten auf den Nenner: »Leistet dem, der euch etwas Böses tut, keinen Widerstand.« Mit diesem Grundsatz werden die folgenden Beispiele zusammengefaßt. Sie »verdeutlichen ›brennpunktartig‹, was Jesus für einen viel weiteren Bereich des Lebens meint. Sie sind gleichsam verdichtete Bilder für ein Verhalten, das es in allen Bereichen des Lebens zu entdecken und zu verwirklichen gilt.« (U. Luz)

Das Wort vom Darbieten der anderen Backe (V. 39) findet sich bei Mt und Lk. Mt fügt hinzu, daß es sich um die rechte Backe handelt. Im Normalfall sind nur Linkshänder in der Lage, die rechte Backe einer ihr gegenüberstehenden Person zu treffen. Vorausgesetzt wird deshalb offensichtlich, daß es sich um einen Schlag mit dem Handrücken handelt. Dabei geht es weniger um die Zufügung von Schmerz als vielmehr um die Demonstration von Verachtung und um gezielte Verunglimpfung. Für diesen Fall ist daher nach den Ausführungen des Talmud doppelter Schadenersatz zu leisten.

Das Wort vom Überlassen des Mantels (V. 40) setzt die Situation des Pfändungsprozesses voraus. Wenn einem das Untergewand (Hemd) gepfändet werden soll, dann soll man sogar auf den wertvolleren Mantel verzichten. Im Pfändungsrecht war dagegen ausdrücklich geregelt, daß man einem Armen den Mantel lassen muß, damit er nachts in ihm schlafen kann. Gefordert wird deshalb, daß man sogar auf das Minimum des Armenrechts verzichten soll. Lk setzt eine ganz andere Situation voraus (6,29b). Er geht offensichtlich von einem Raubüberfall aus, bei dem einem der Mantel weggenommen wird. Er fordert, dem Räuber auch das Untergewand (Hemd) zu überlassen.

Das Wort von der zweiten Meile geht vom römischen Requisitionsrecht aus. Römische Soldaten und Beamte konnten die Bevölkerung in den von ihnen besetzten Provinzen zum Weggeleit und zum Lastentransport zwingen. Dieses Besatzungsrecht spiegelt sich auch in der Passionsgeschichte wider, wenn Simon von Kyrene gezwungen wird, das Kreuz zu tragen (Mk 15,21).

Bei Lk fehlt ein entsprechendes Wort. Kannte er diese römische Zwangsverpflichtung nicht, weil er in einer senatorischen Provinz oder in Rom selbst lebte? Oder hat er eine entsprechende Überlieferung ganz bewußt übergangen, um die römische Herrschaft nicht in einem ungünstigen Licht erscheinen zu lassen?

Das vierte Beispiel ist weniger radikal als die zuvor geschilderten Fälle. Es geht um so alltägliches Verhalten wie Borgen und Verleihen. Da Betteln im Orient recht penetrant sein kann und das Zinsnehmen beim Verleihen verboten war, handelt es sich um Zumutungen, denen man sich nicht entziehen soll.

Obwohl sich das Gebot der Feindesliebe auch bei Lk findet, dürfte die antithetische Form (Mt 5,43-48) auf Mt zurückgehen. Verständnisschwierigkeiten bereitet vor allem die These, von der das Gebot der Feindesliebe abgehoben wird. Zwar gehört Nächstenliebe sicherlich zu den zentralen Forderungen des AT, aber weder im AT noch im Judentum wird Feindeshaß gelehrt. Die Forderung »Du sollst deinen Feind hassen« ist vermutlich eine rhetorische Gegenformulierung zu dem vorangehenden Gebot: »Du sollst deinen Nächsten lieben.« Sie kann sich allenfalls auf einen vulgärethischen Commonsense berufen. Wahrscheinlich handelt es sich aber einfach um eine polemische Unterstellung. Die zunehmenden Auseinandersetzungen zwischen Christen und Juden in der Zeit nach dem Jüdischen Krieg könnten in dieser Formulierung ihren Niederschlag gefunden haben.

Feindesliebe ist für Mt sicher nicht eine »Forderung neben anderen, sondern Mitte und Spitze aller Gebote, die zur Vollkommenheit führt« (Luz, S. 313). Trotz dieser generellen Bedeutung ist erkennbar, daß Mt und Lk jeweils unterschiedliche Situationen im Auge haben. Bei Mt bekundet sich die Feindesliebe vor allem im Gebet für die Verfolger. Lk scheint mehr an Christen aus höheren Schichten zu denken, die auf ihr soziales Prestige angesprochen und denen Wohltätigkeit empfohlen wird. Sie sollen Gutes tun (Lk 6,27b; 33a; 35a); sie sollen beten für die, die sie beschimpfen (Lk 6,28); sie sollen leihen, wo sie nichts zurückerwarten können (Lk 6,34f.).

Jesu Forderungen des Gewaltverzichts und der Feindesliebe verweisen auf das Kommen der Herrschaft Gottes. So wie die Erfahrungen von Gewalt und Feindschaft die alte vergehende Welt kennzeichnen, so befähigt und ermutigt die Erwartung des kommenden Reiches Gottes schon jetzt zur Überwindung von Gewalt und Feindschaft.

2.6.2 Fünf Interpretationstypen der Bergpredigt

Sachinformationen

1. Die traditionelle *katholische* Deutung versteht die radikalen Gebote Jesu als Ratschläge für die Vollkommenen, die sich den Ordnungen eines asketischen Lebens unterwerfen. Die Bergpredigt wird auf diese Weise zur *Mönchsregel.*
2. Im Gegensatz dazu geht die *lutherische* Deutung davon aus, daß die Forderungen Jesu für alle Christen gelten. Sie decken die Sünde auf und treiben in die Buße. Die Bergpredigt ist ein einziger Bußruf und *Beichtspiegel.*
3. Im Gegensatz zum Judentum hat Jesus eine neue *Gesinnungsethik* vertreten. Die Deutung geht auf Immanuel Kant und die idealistische Philosophie zurück. Sie wird auch von den liberalen Theologen des 19. und 20. Jahrhunderts vertreten: Jesus will die *gute Gesinnung* und das *gute Herz.*
4. Die entgegengesetzte Deutung von Johannes Weiß und Albert Schweitzer geht von einer apokalyptisch-eschatologischen *Interimsethik* aus: Die radikalen Forderungen Jesu sind eine Art Ausnahmegesetzgebung und nur für die kurze Zeit vor dem nahen Weltende bestimmt. In der Zwischenzeit werden außerordentliche, heroische Leistungen gefordert.
5. Bis in unser Jahrhundert hinein wird eine *schwärmerisch-enthusiastische* Interpretation vertreten (z.B. Leo Graf Tolstoi der Ältere und z.T. die religiösen Sozialisten). Die Bergpredigt gilt als Entwurf einer neuen Gesellschaft der Liebe und des Friedens, des Reiches Gottes auf Erden.

2.6.3 Zur heutigen Diskussion um Anspruch und Geltungsbereich der Bergpredigt

Sachinformationen

Die gegenwärtige Situation ist durch eine neue eindringliche Diskussion um Anspruch und Geltungsbereich der Bergpredigt bestimmt. Dabei ist eines ganz deutlich geworden: Man kann die Bergpredigt im ganzen wie im einzelnen nicht verstehen, wenn man nicht den gesamten Rahmen und Hintergrund der Verkündigung Jesu mit heranzieht. Dieser allgemeine Rahmen aber ist die Verkündigung Jesu von der nahe herbeigekommenen Herrschaft Gottes, die Botschaft vom nahen Gottesreich. Damit kommt die spezifisch jesuanische Heilsbotschaft und das mit ihr verbundene Glaubens- und Heilsverständnis ins Spiel, daß es nämlich darum geht, aus dem unbedingten göttlichen Heilswillen heraus, aus der Heilsgewißheit der befreienden göttlichen Liebe heraus zu handeln und zu leben. Die programmatische Formulierung: »Erfüllt ist die Zeit; das Königreich Gottes hat sich genaht; kehrt um und glaubt an das Evangelium« (Markus 1,15) ist auch die grundlegende Voraussetzung für das Verständnis und die Praxis der Bergpredigt. Die Bewegung von Umkehr, Buße und Glauben, diese grundlegende Veränderung des Menschen und seines Denkens und Handelns, artikuliert sich in den Weisungen der Bergpredigt; umgekehrt ist die ethische Praxis der Bergpredigt irgendwie immer mit Umkehr und Glauben verbunden. In ihrem Grundsatz ist daher die Bergpredigt nicht »Gesetz«, sondern »Evangelium«; nicht einfach apodiktisches Gebot, sondern Geschenk, Gnade, neue Lebensmöglichkeit, Leben aus der Heilsgewißheit auf Heil und Vollendung des Menschen hin. An dieser Stelle wird auch der Begriff einer »Ethik Jesu« problematisch. Versteht man unter Ethik nämlich das Ganze der menschlichen Verpflichtungen unter dem Vorzeichen eines kategorischen Imperativs, dann wäre, nach diesem Modell gedacht, die Bergpredigt kaum als »Ethik« zu bezeichnen. Und zwar deshalb nicht, weil bei der Bergpredigt nicht das »Du sollst« am Anfang steht, sondern die Verheißung, die Zusage, eben die »Seligpreisungen«.

Josef Blank

2.6.4 Impulse für den Unterricht

1. Gewaltverzicht bedeutet im Sinne Jesu nicht Wehrlosigkeit. Nennen Sie Beispiele aus dem Neuen Testament dazu.
2. Die Rechtsformel »Auge für Auge …« entspricht zum Teil unserer Redensart »Wie du mir, so ich dir.« Suchen Sie Situationen, in denen eher Gewaltverzicht oder eher »Wie du mir, so ich dir« angebracht ist.
3. Stellen Sie Verbindungen zwischen Gewaltverzicht und Feindesliebe her. – Vergleichen Sie dann Mt 5 mit Lk 6,27-35.
4. Nennen Sie Beispiele für Gewaltverzicht und Feindesliebe aus dem Leben Jesu.
5. Die Forderung nach Gewaltverzicht und Feindesliebe ist heute für uns die intelligente Art, Frieden zu machen. Beurteilen Sie diese Auffassung.
6. Die Forderung Jesu Mt 5,38 entzückte Gandhi über alle Maßen. Er versuchte, diese mit ›Satyagraha‹ zu verwirklichen – zum ersten Mal im politischen Bereich. Vergleichen Sie Gandhi mit dem Bergprediger Jesus N.

Hinweise zu Gandhi:

a) Literatur:
- Burghard Bartos, Abenteuer Menschenrecht – Mahatma Gandhi. Ueberreuter, Wien 1989
- Gerald Gold, Gandhi – eine bebilderte Biographie. (Bastei-Lübbe- TB 13026), Bergisch Gladbach 1985
- Mike Nicholson, Mahatma Gandhi. (Reihe: Vorbilder), Arena, Würzburg 1989
- Heimo Rau, Gandhi. (rororo Bildmonographie 172), Reinbek 1970

b) Film: Gandhi (1982, Regie: Richard Attenborough, 180 min.)

c) zum Thema ›Gandhi‹: Unterrichtsentwurf von Christine Reents. In: Evangelischer Erzieher 4/1992

7. Erzbischof Oscar A. Romero wurde am 24. März 1980 am Altar der Kapelle des Krankenhauses der Göttlichen Versuchung in San Salvador von »Unbekannten« erschossen, weil er sich auf die Seite derer gestellt hatte, die für eine gerechtere und menschlichere Gesellschaft kämpften. Kurz vorher hatte er in einer Ansprache gesagt: »Die Befreiung in dieser Welt wird immer nur unvollständig und vorübergehend sein. Es lohnt sich aber, für sie zu kämpfen, denn sie spiegelt auf Erden die Gerechtigkeit des Reiches Gottes wider.«
Setzen Sie diesen Satz in Beziehung zum Bergprediger Jesus N.

»Die politische Dimension des Glaubens«

Der katholische Erzbischof Romero (1917-1980) zur Aufgabe der Kirche:

Es geht nicht darum, daß die Kirche sich als politische Institution versteht und in Konkurrenz zu anderen politischen Instanzen tritt, auch nicht darum, daß sie über eigene politische Mechanismen verfügt, es geht noch weniger darum, daß unsere Kirche eine politische Führungsrolle anstrebt. Es geht um etwas viel Wesentlicheres und Evangelischeres: Es geht um die Option der Kirche, für die Armen dazusein, sich in ihre Welt hineinzubegeben, ihnen eine gute Botschaft zu bringen, ihnen eine Hoffnung zu geben, sie zur Befreiungspraxis zu ermutigen, ihr Recht zu verteidigen und an ihrem Schicksal teilzuhaben. Diese Option der Kirche für die Armen bedingt die politische Dimension des Glaubens. Weil sie sich für die wirklich Ausgebeuteten und Unterdrückten entschieden hat, lebt die Kirche im Bereich des Politischen, und sie verwirklicht sich als Kirche auch im Bereich des Politischen. Das kann nicht anders sein, wenn sie sich wie Jesus an die Armen wendet.

Aus einem Vortrag von Oscar A. Romero anläßlich der Verleihung der Ehrendoktorwürde durch die Universität Löwen am 2. Februar 1980.

Von der Vergeltung

38 Ihr habt gehört, daß gesagt worden ist: *Auge für Auge*
und *Zahn für Zahn* (Ex 21,24). 39 Ich aber sage euch:
Leistet dem, der euch etwas Böses antut, keinen Wider-
stand, sondern wenn dich einer auf die rechte Wange
schlägt, dann halt ihm auch die andere hin. 40 Und wenn
dich einer vor Gericht bringen will, um dir das Hemd
wegzunehmen, dann laß ihm auch den Mantel. 41 Und
wenn dich einer zwingen will, eine Meile mit ihm zu
gehen, dann geh zwei mit ihm. 42 Wer dich bittet, dem gib,
und wer von dir borgen will, den weise nicht ab.

Mt 5,38-42

Von der Liebe zu den Feinden

43 Ihr habt gehört, daß gesagt worden ist: *Du sollst deinen Nächsten lieben* (Lev 19,18) und deinen Feind hassen.
44 Ich aber sage euch: Liebt eure Feinde und betet für die,
die euch verfolgen, 45 damit ihr Söhne eures Vaters im
Himmel werdet; denn er läßt seine Sonne aufgehen über
Bösen und Guten, und er läßt regnen über Gerechte und
Ungerechte. 46 Wenn ihr nämlich nur die liebt, die euch
lieben, welchen Lohn könnt ihr dafür erwarten?

Mt 5,43-46

»Auge für Auge, Zahn für Zahn« ist im Alten Testament eine Formel des Rechtes und kein religiöses oder ethisches Grundprinzip. Es sollen damit Schadenersatzansprüche geregelt und begrenzt werden: Es darf nicht mehr gefordert werden als einem Schaden zugefügt wurde. Ungezügelte Rache und maßlose Vergeltung werden damit ausgeschlossen. An vier Fällen wird illustriert, wie Rechts- und Gewaltverzicht aussehen können:

- gemeint ist der besonders entehrende Schlag mit dem Handrücken auf die rechte Backe;
- wenn jemand das Untergewand pfänden will, soll man ihm auch noch das Obergewand dazugeben, ohne das man nicht auf die Straße gehen kann (Beispiel aus dem Pfandrecht);
- wenn einer nach dem Besatzungsrecht der Römer zu Wegweiser- und Lastträgerdiensten gezwungen ist, soll er weit darüberhinaus gehen;
- bei Nachbarschaftshilfe sollte man keine Grenzen setzen und uneingeschränkt borgen.

Jesu Gebot der Feindesliebe wird von Matthäus in Gegensatz gebracht zu der Forderung, seinen Nächsten zu lieben, aber seinen Feind zu hassen. Die Forderung der Nächstenliebe ist ein zentraler Grundsatz des Alten Testaments (Lev 19,18). Feindeshaß aber wird weder im Alten Testament noch im Judentum gelehrt. Es soll wohl allgemein menschliches Verhalten zum Ausdruck kommen: Die Zuwendung zum Nahen und Nächsten schließt in der Regel die Abwendung von Fernen, Fremden und Feinden ein.

Otto Pankok (1893-1966)

Bertel Thorwaldsen (1768-1844)

2.7 Die Heilung des besessenen Geraseners (Mk 5,1-20)

2.7.1 Zur historisch-kritischen Exegese

Die Erzählung kann nach der historisch-kritischen Methode ausgelegt werden. Demnach läßt sie den klassischen Aufbau einer Wundererzählung erkennen:

1. Angaben zur Situation
2. Schilderung der Krankheit und vergebliche Heilversuche
3. Begegnung mit dem Wundertäter
4. Chorschluß: Die Wirkung der Wundertat

Im einzelnen ergibt sich folgende Exegese:

Die Heilung Besessener gehört in das Zentrum des Wirkens Jesu. Mk faßt das Anliegen Jesu treffend zusammen, wenn er ihn zu Beginn seines öffentlichen Auftretens sagen läßt: »Die Zeit ist erfüllt, das Reich Gottes ist nahe. Kehrt um und glaubt an das Evangelium!« (Mk 1,15) Der Anbruch der Gottesherrschaft setzt aber voraus, daß die Macht des Satans gebrochen ist. Wenn Jesus versichert: »Ich sah den Satan wie einen Blitz vom Himmel fallen« (Lk 10,18), so drückt sich in dieser Vision die Gewißheit aus, daß Gott damit begonnen hat, seine Herrschaft durchzusetzen. Jesus wollte diese anbrechende Gottesherrschaft nicht nur ansagen, vielmehr verschafft er mit seinem Wirken Geltung. Er sah sich selbst als Werkzeug Gottes im Kampf gegen die Macht des Satans und der ihm gehorchenden Dämonen: »Wenn ich aber die Dämonen durch den Finger Gottes austreibe, dann ist doch das Reich Gottes schon zu euch gekommen.« (Lk 11,20) Diese Exorzismen werden selbst von Gegnern Jesu nicht bestritten. Sie werfen ihm aber vor, daß er mit Hilfe Beelzebuls die Dämonen austreibe (Lk 11,15). So gewiß Jesus selbst Besessene geheilt hat und darin Gottes Macht am Werk sah, so sicher hat Mk dieses Anliegen von allen Evangelisten am authentischsten zum Ausdruck gebracht. Nicht die Worte Jesu, sondern seine Taten – vor allem auch die Heilung Besessener – stehen im Mittelpunkt seines Werkes. Er schildert Jesus vor allem als denjenigen, der die Freiheit von den widergöttlichen Mächten gebracht hat.

Obwohl Mk mit seinen Schilderungen durchaus ureigene Anliegen Jesu aufgegriffen und in die Mitte der Darstellung gerückt hat, dürfen die bei ihm erzählten Exorzismen nicht als Protokolle historischer Begebenheiten verstanden werden. Das gilt besonders für die Heilung des besessenen Geraseners (Mk 5,1-20), die man mit Recht »nicht nur die längste, sondern auch die ›anstößigste‹ Wundererzählung der Evangelien« (A. Weiser, Was die Bibel Wunder nennt, Stuttgart ^{2}1976, S. 93) genannt hat. Vergleiche mit hellenistischen und jüdischen Wunderberichten ergeben, daß diese Geschichte stark geprägt ist vom Schema antiker Austreibungserzählungen. Die individuellen Züge treten hinter typischen Bauelementen zurück und gestatten keine Rekonstruktionen des tatsächlichen Geschehens. Allerdings weicht die Wundergeschichte Mk 5,1-20 so sehr von allen bekannten Schilderungen ab, daß man mit erheblichen Ausschmückungen und Erweiterungen rechnen muß. Es bleibt hypothetisch, welche Urform der Geschichte zugrunde lag, und in welchen Schritten der Wachstumsprozeß abgelaufen ist.

Die Wundergeschichte setzt mit den Angaben zur Situation ein. Das Boot, das sich in der vorausgehenden Erzählung von der Sturmstillung (Mk 4,35-41) noch mitten auf dem See Genezareth befand, macht am Ostufer des Sees fest. Schwierigkeiten bereitet die Ortsangabe, weil sich die Stadt Gerasa nicht am Ufer des Sees befindet, sondern ungefähr 55 km südöstlich davon. Mt versuchte, diese Schwierigkeit zu beheben, indem er statt Gerasa Gadara einsetzte. Aber auch Gadara liegt noch ca. 10 km vom See entfernt und kommt deshalb kaum in Frage. Vielleicht war ursprünglich von einem Ort Gergesa (so Origenes) die Rede, der am Südostufer des Sees lag. Der relativ unbekannte Ortsname wäre dann später durch Gerasa, eine der bedeutendsten Städte der Dekapolis, ersetzt worden.

Typisch für die Wundergeschichte ist, wie der Zustand der Besessenen und die vergeblichen Versuche seiner Helfer geschildert werden. Diese Begleitumstände sollen die Schwere der Besessenheit unterstreichen, um das Wunder der Heilung um so deutlicher hervortreten zu lassen. Unverkennbar schwingen in diesen Schilderungen spezifisch jüdische Vorstellungen mit: Das Geschehen spielt in der hellenistisch geprägten Dekapolis, also in einem – für jüdisches Bewußtsein – heidnischen Land. Der Besessene wird als ein Mann »von einem unreinen Geist besessen« (V. 2) geschildert. Er hält sich in Grabhöhlen auf, d.h. an Orten höchster kultischer Unreinheit. Für jüdisches Empfinden fanden die ausgetriebenen Dämonen in den Schweinen den angemessenen Aufenthaltsort. Schadenfreude mag anklingen, wenn vom Untergang dieser unreinen, von Dämonen besessenen Tiere die Rede ist.

Die Begegnungen zwischen dem Exorzisten und dem Besessenen (V. 6) wird so geschildert, daß von vornherein die Überlegenheit Jesu anerkannt wird. Der Besessene wirft sich vor Jesus nieder, ohne daß es zu einem wirklichen Kampf kommt. Der Versuch, die Austreibung zu verhindern (V. 7), kommt verspätet und wirkt verzweifelt. Es handelt sich allenfalls um ein unbedeutendes Nachhutgefecht. Wenn der Dämon Jesus als »Sohn des höchsten Gottes« anruft, nimmt er mit diesen Worten schon ein Bekenntnis vorweg, das der christlichen Gemeinde erst nach Ostern möglich war. Der Ausfahrbefehl Jesu (V. 8) ist sicherlich nachgetragen. Er will explizit sicherstellen, daß die Wundertat allein auf die Initiative Jesu zurückging. Es gehört zum Exorzismus, daß der Dämon nach seinem Namen gefragt wird (V. 9). Die Preisgabe des Namens verleiht dem Exorzisten die Macht über den Dämon. ›Legion‹ weist darauf hin, daß der Besessene von einer Vielzahl von Dämonen heimgesucht ist. Wenn Jesus ihm erlaubt, in die Schweine zu fahren, und diese Schweine den Abhang hinab in den See stürzen (V. 11-13), so soll dieser dramatische Zug offensichtlich die Größe des Wunders demonstrieren.

Die Geschichte hat einen doppelten Schluß. Es entspricht einem Zug der antiken Wundererzählung, wenn abschließend die Wirkung des Wunders auf die unmittelbaren und mittelbaren Zeugen geschildert wird (V. 14-17). Furcht ergreift nicht nur die Hirten, sondern auch all die, die indirekt Zeugen des geschehenen Wunders wurden. Sie bitten Jesus, ihr Gebiet zu verlassen. Darüber hinaus wird die Reaktion des Geheilten selber berichtet (V. 18-20): Ihm wird zwar der Eintritt in die unmittelbare Nachfolge verwehrt, er wird aber zum Zeugen und Verkünder des an ihm geschehenen Wunders.

2.7.2 Tiefenpsychologische Deutung nach Drewermann (M 14)

Neben dieser historisch-kritischen Erschließung einer Wundererzählung bietet sich in diesem Falle in besonderer Weise die tiefenpsychologische Interpretation von Drewermann an, die in M 14 in gekürzter Fassung vorgestellt wird.

Impulse für den Unterricht

1. Interpretieren Sie das biblische Phänomen der Besessenheit als seelische Krankheit. Übertragen Sie den Vorgang der Dämonenaustreibung auf den therapeutischen Prozeß. (Man unterscheidet vier Phasen.)
2. Die tiefenpsychologische Exegese biblischer Erzählungen legt nach Drewermann die Angst als zentrales Problem der Menschen damals und heute frei. Diese belastende und entfremdende Angst in Vertrauen zu verwandeln, sei die wichtigste Aufgabe von Religion. Diskutieren Sie diese These.

Mk 5,1-20 in tiefenpsychologischer Deutung

Eine tiefenpsychologische Deutung nimmt die Einzelfragen der historisch-kritischen Auslegung nicht so wichtig. Entscheidend sind seelische Vorgänge, die ihren Niederschlag in der Geschichte gefunden haben. Die Tiefenpsychologie liest eine Erzählung wie diese als Geschichte von schwerer seelischer Krankheit und einem gelungenen Heilungsversuch durch Jesus.

Seelische Nöte damals wie heute (Mk 5,1-5)

Recht ausführlich schildert die Einleitung der Wundererzählung den Besessenen von Gerasa als einen Mann, der zutiefst an sich selbst leidet und dessen gesamtes Handeln und Verhalten von quälenden Gegensätzen geprägt ist. Augenblicklich tritt dann die Gestalt eines Mannes vor unser Auge, dessen ganzes Leben sich zu einem »Unleben« deformiert hat, ein lebendig Toter, einer, der längst gestorben ist und der dennoch physisch weiterleben muß. Es genügt, sich in das Leben so vieler Verzweifelter einzufühlen, deren Dasein, kaum daß es wirklich begonnen hat, von der düsteren Magie des Todes bis zur Unentrinnbarkeit heimgesucht wird: all die »langsamen Selbstmörder«, die Süchtigen, die Drogenabhängigen, die ohne Alternative Ausgestiegenen, die Haltlosen, die sich Verlierenden – sind sie nicht alle Höhlenbewohner der Verzweiflung, Kinder des Todes?
Dabei leidet ein Mensch in solchem Zustand keineswegs nur an sich selbst oder an den allgemeinen Zeitumständen, auch seine Mitmenschen bilden für ihn den Hintergrund einer nicht endenden seelischen Qual. Zu den furchtbaren Wahrheiten der Erzählung von dem Besessenen von Gerasa zählt es, daß gerade diejenigen, die der Hilfe anderer an sich am meisten bedürften, ihre Mitmenschen oft geradezu wie eine Bedrohung fürchten und daß die anderen mit ihren (oft sogar gut gemeinten) Hilfeversuchen immer wieder die soziale Angst und die Kontaktabwehr bei den Betroffenen nur verstärken. Dabei verhält es sich keinesfalls so, als ob der »Besessene« von Gerasa menschliche Hilfe und Begleitung von vornherein ablehnen würde; paradoxerweise hört man ihn des Tags und des Nachts in den Bergen laut schreien. Man kann bis zur Unerträglichkeit an der Einsamkeit leiden und doch zur Einsamkeit verurteilt sein, weil man am meisten fürchtet, was man am meisten herbeiwünscht: die Nähe anderer Menschen.

Die Frage nach dem Namen (Mk 5,6-10)

Von weitem schon, kaum, daß er Jesu gewahr wird, läuft der »Besessene« ihm entgegen und wirft sich flehend zu seinen Füßen, und jeder Leser des Neuen Testamentes muß an dieser Stelle erwarten, er werde inständig Jesus um Erlösung aus der Hölle seiner Einsamkeit und Verlorenheit anflehen. Statt dessen aber geschieht, was nirgends sonst in der Bibel berichtet wird: daß jemand kniefällig Jesus bestürmt, ihm *nicht* zu helfen und ihn, buchstäblich um Himmels willen, in Ruhe zu lassen. Wie aber überwindet man derart massive Angstbarrieren und Kontaktverweigerungen, wie der Besessene von Gerasa sie äußert?
»Wie heißt du?« – das bedeutet, nicht länger mehr von den Rollenzwängen und Erwartungen der Gesellschaft und der sozialen Umwelt auszugehen, sondern den »Besessenen« selber in den Mittelpunkt allen Interesses zu rücken. »Wie heißt Du?« – das eröffnet die Möglichkeit, einmal trotz aller Angst glauben zu können, daß der andere, der so fragt, bedingungslos akzeptieren wird, wie man sich selber fühlt, und sei es noch so chaotisch, noch so pervers und derart ungezügelt, daß man ehrlicherweise auf diese Frage glaubt antworten zu müssen: »Die Hölle ist in mir!« Nur wenn die Frage nach dem Wesen des anderen so einfühlend, so ernst und so geduldig gestellt wird, daß sie in ihrem Interesse als glaubwürdig und in ihrer Menschlichkeit als tragfähig erscheint, kann man damit rechnen, von dem Betroffenen eine wahre Antwort zu erhalten. Die Wahrheit des »Besessenen« freilich ist in der Tat furchtbar, und man versteht, wie schwer er sich tun muß, offen von sich zu reden.
Ganz ähnlich wird man sich dem Sinn nach die Antwort des »Besessenen« vorstellen müssen, wenn er auf die Frage Jesu: »Wie heißt du?«, erklärt: »Legion ist mein Name, denn wir sind viele.« (Mk 5,9) Es ist eine Antwort, die aufs Wort genau die ganze furchtbare Wahrheit des Besessenen enthält, die da lautet, daß es auf die Frage »Wer bist Du?« kein Ich gibt, das auf eine solche Frage antworten könnte. Das einzige, was der Besessene als Antwort auf die Frage nach seinem Namen zu geben vermag, besteht in der Schilderung der Zerrissenheit, in der er sich selbst erlebt; erklären muß er, daß er sich selbst gar nicht gehört, daß sein Ich besetzt gehalten wird von fremden Truppen, die mit breiten Stiefeln in seiner Seele herummarschieren und Befehlen gehorchen, die in sich unverständlich sind und dennoch einer übergeordneten geheimen Kommandostelle zu unterstehen scheinen – daß m.a.W. seine eigene Persönlichkeit in eine Vielzahl von »Besatzungstruppen« zerfällt.

Man darf annehmen, daß es vor allem diese Erfahrung innerer Zerrissenheit und Ausgeliefertheit ist, die als Kern dessen gelten muß, was in der Bibel als »Besessenheit« beschrieben wird und was als Erfahrung von einem jeden Menschen mehr oder minder mitempfunden werden kann.

Zu sich selbst finden (Mk 5,11-17)

Die Frage »Wer bist Du?« oder »Wie heißt Du?«, wandelt sich in der Antwort des »Besessenen« von der »Legion« im Grunde zu einer Frage nach den Menschen, die in so grauenhafter Weise, ob sie es wollten oder nicht, schon in der Zeit der frühen Kindheit das Ich eines solchen Menschen bis zur Unkenntlichkeit deformiert haben.
Gerade erst hat Jesus mit seiner Frage nach dem Namen des Besessenen erreicht, daß der Kranke ihm das ganze Ausmaß seiner Seelenzerrissenheit enthüllt, da wird es sogleich zu dem größten Problem, wie die ungeheuer aufgestauten Gegensätze im Herzen dieses Mannes sich lösen lassen. Es ist zum ersten Mal, daß man vollständig merkt, wie extrem gespannt das Verhältnis zwischen diesem Mann und seinen Mitmenschen gewesen sein muß, und wie zerstörerisch der ständige Machtkampf zwischen Selbstbehauptung und Vergewaltigung hin und her getobt haben wird. Die Wahrheit lautet, daß dieser »Besessene«, der all die Ängste und Widersprüchlichkeiten seiner Kindheit in sich aufgenommen hat, nur zu sich selber kommen kann, wenn er seine »bösen Geister« in einer enormen Orgie aggressiver Zerstörung nach außen abgibt; unterhalb dieser Schwelle gibt es offensichtlich keine Lösung noch Erlösung, und auch Jesus muß unter dem Eindruck dieser so zerstörerischen seelischen Entfremdung anerkennen, daß er die »unreinen Geister« nicht einfachhin, ohne konkrete Durcharbeitung, »außer Landes« schicken kann: sie würden siebenfach zurückkehren, wie er selbst es in Mt 12,45 (Lk 11,26) sagt. Von daher bleibt allein der Weg des aggressiven Ausagierens, des wirklichen Tuns nach außen, als Schritt einer tieferen Begegnung mit sich selbst und den anderen übrig.
Was muß ein Mensch tun dürfen, um aus dem Abgrund der Fremdgelenktheit, des seelischen Besatzungszustandes und der inneren Ausgeliefertheit zu sich selbst zurückzufinden? Im Sinne der Wunderheilung von dem Besessenen bei Gerasa kann man nur sagen: alles muß ein Mensch tun dürfen, was nötig ist, um zu sich selbst zu finden. Irgendwo muß offenbar für einen jeden Menschen ein Ort vorhanden sein, an dem es so etwas wie eine absolute Asylstätte, eine Art vorweggenommener Generalamnestie gibt, eine bedingungslose Zone der Erlaubnis in dem Vertrauen, daß alles, buchstäblich alles in der Seele eines Menschen berechtigt ist, zu leben, weil es von ganz allein schon sich selber reorganisieren und zu seiner vollendeten Schönheit entfalten wird, sofern man nur die alles entstellende und deformierende Last der Angst von seiner Seele nimmt.

Zurück in den Alltag (Mk 5,18-20)

Wie lebt ein Mensch, der, von den Dämonen der Angst befreit, sein eigenes Leben zu ahnen beginnt? Der unmittelbare und geradezu notwendige Wunsch wird, wie bei dem Besessenen selber, sich darauf richten, persönlich auf lebenslänglich demjenigen sich anzuschließen, der mit seiner Person einem selbst die eigene Person zurückgeschenkt hat. Wenn man jemals in seinem Leben einem Menschen begegnet, dessen Verständnis, Güte und Mut auch das eigene Leben mit Zuversicht, Freude und Liebe zu erfüllen vermochte, so ist es förmlich unvermeidbar, sein Herz für immer an diesen Menschen zu hängen. Gerade dieser Sensibilität Jesu für das, was im Einzelfall notwendig ist, scheint es nun nicht zu widersprechen, sondern ganz und gar zu entsprechen, wenn er, anders als in allen Fällen sonst, dem »Besessenen« von Gerasa an dieser Stelle nicht gestattet, sich der unsteten Lebensführung seiner Jünger anzuschließen, sondern ihm förmlich befiehlt, nach Hause zu seinen Angehörigen zurückzukehren. Darin vor allem wird das »Zeugnis« bestehen, das der vormals »Besessene« in alle Zeit für die Machttaten Gottes durch sein bloßes Dasein mehr noch als durch sein Reden ablegen wird; daß er die ehedem so verhaßte enge Welt der Fessel- und Kettenträger zu ertragen vermag, weil er seine Freiheit nicht mehr am Rande der Gräber und Grüfte zu verteidigen braucht; in alle Zukunft wird er wissen, daß seine Freiheit ihm von Gott geschenkt ist und an keines Menschen Weisung oder Weigerung mehr gebunden ist; und für immer wird er um den Wert und die Schönheit seines Wesens wissen, denn es gibt fortan in alle Zukunft einen »Namen«, der ihm allein gehört, weil Gott nur ihn mit diesem Namen in das Dasein rief und für die Ewigkeit bestimmt hat.

Eugen Drewermann

2.8 Die Bedeutung des Tempels

2.8.1 Didaktische Hinweise

Für die Botschaft Jesu, aber auch für sein Scheitern und sein Ende am Kreuz scheint neben anderen provokanten Worten und Handlungen die ›Tempelreinigung‹ und das ›Tempellogion‹ eine wesentliche Bedeutung gehabt zu haben. Um diesen Affront in seinem Stellenwert richtig erfassen zu können, ist es zunächst erforderlich, die Bedeutung des Tempels für das jüdische Volk zu untersuchen.
Besonders für den Aspekt der ökonomischen Bedeutung des Tempels leistete die zeitgeschichtliche und jüdische Forschung zum NT wesentliche Vorarbeit. Fast alle sozialgeschichtlichen Untersuchungen greifen auf die Standardwerke von J. Jeremias, J. Leipoldt/W. Grundmann, J. Klausner, J. Maier, S. Safrai u.a. zurück.

An neuerer Literatur zur Umwelt des NT sind vor allem zwei Werke von *Willibald Bösen* zu nennen:

- Galiläa als Lebensraum und Wirkungsfeld Jesu. Eine zeitgeschichtliche und theologische Untersuchung, Freiburg 1985
- Der letzte Tag des Jesus von Nazaret. Was wirklich geschah, Freiburg 1994

Leitfragen zu M 15

1. Nennen Sie die Einnahmequellen der Priester.
2. Erklären Sie das Anwachsen des Tempelschatzes.
3. Diskutieren Sie die unterschiedlichen Interessen der Jerusalemer Bevölkerung an der Erhaltung der Tempelordnung.

2.8.2 Sachinformation

Clévenot faßt die dreifache Rolle des Jerusalemer Tempels nahezu programmatisch zusammen: »Als Schatzkammer der öffentlichen Finanzen, Sitz des Sanhedrins, heilige Stätte schlechthin (...) ist er Symbol für die gesamte Gesellschaftsformation (...)« (Clévenot, Bibel, S.63).

Die politische Bedeutung
Politisches Zentrum war der Tempel insofern, als der Sitz des Synedriums, der höchsten Instanz der Nation, im Tempelhof war. Die 71 Mitglieder des Synedriums setzten sich aus dem Hohenpriester, Priestern, Schriftgelehrten bzw. Pharisäern sowie den Ältesten, d.h. Vertretern der Städte im Lande, zusammen. Die Kompetenzen des Synedriums erstreckten sich über mehrere Bereiche des Lebens:

- Sowohl in Zeiten der Fremdherrschaft als auch politischer Selbständigkeit bildete das Synedrium zur Zeit des zweiten Tempels die höchste politische Instanz nach innen und die Repräsentanz der Nation nach außen.
- Ferner war es die oberste Rechtsinstitution in religiösen Belangen, ausgenommen Kapitalverbrechen.
- Es war die gesetzgebende Körperschaft und hatte die »Exekutive in der Leitung des Volkslebens« inne.

Der Hohepriester, der an der Spitze des Tempelkultes stand, war damit de facto auch ausübendes politisches Oberhaupt von Judäa und besonders am Versöhnungstag bei der Sühnehandlung Repräsentant des ganzen jüdischen Volkes. (Vgl. zur Darstellung der politischen Bedeutung des Tempels: S. Safrai, Das jüdische Volk im Zeitalter des Zweiten Tempels, S. 63-72)

Die religiöse Bedeutung
Seine zentrale religiöse Bedeutung erhielt der Tempel durch die Vorstellung, daß das Allerheiligste, das innerste Zentrum des Tempels, in Anlehnung an das Bundeszelt nun die »Thronstätte des unsichtbaren Gottes« (J. Maier, Tempel und Tempelkult, in: Maier/Schreiner, S. 385) sei. Man glaubte an die Wirklichkeit der Gottesgegenwart, daran, daß die Schekhinah Gottes inmitten seines Volkes wohne. Damit wurde der Tempel zur Offenbarungsstätte schlechthin und zum »Brennpunkt des nationalen Lebens in all seinen Erscheinungen« (S. Safrai, Das jüdische Volk im Zeitalter des Zweiten Tempels, S. 55).
Dieser Glaube an die Präsenz Gottes fand seinen Ausdruck im Tempelaufbau und in der Kultordnung. Die besondere heilsstiftende Bedeutung des Tempelkultes bestand darin, daß durch den rituellen Kultakt Zustände der rituellen Unreinheit, die zugleich auch von »kosmischer und gesellschaftlich-kollektiver Relevanz« (Maier, Tempel, S. 383) waren, da man sich die Naturordnung und die Kultordnung »in einem Analogie- und Kausalitätsverhältnis« (ebd.) dachte, wieder aufgehoben werden konnten. Denn die intakte »gottverfügte Ordnung« und ihre Wiederherstellung durch die kultischen Riten wurde »als Voraussetzung für Bestand und Gedeihen in Natur und Gesellschaft

verstanden« (S. 378). »Ritus und Opferkult, die Beobachtung von Reinheitsvorschriften und der Vollzug der vorgeschriebenen Sühneriten für einmal erfolgte rituelle Verunreinigungen waren darum auch nicht einfach Sache der persönlichen Frömmigkeit, sie geschahen im Interesse der Gesamtheit, in deren kultisch gewährleisteter Ordnung sich auch das Individuum geborgen wußte« (ebd.).

Der Tempel hatte in dieser Funktion um so mehr an Bedeutung gewonnen, als im Zuge der Kultreform des Josia im Jahre 622 v.Chr. die Kultzentralisation eingeführt worden war und somit alle kultischen Opfer nur noch am Tempel in Jerusalem verrichtet werden durften. So gewann der Tempel – auch für die Juden in der Diaspora – den »Wert eines nationalen Symbols« (S. 389). Dokumentiert wurde diese enge Beziehung des gesamten jüdischen Volkes zum Tempel in der jährlichen Abgabe der Tempelsteuer, eines Halbschekels, für die Kosten des Kultes und die Wahrnehmung der vorgeschriebenen Wallfahrten (vgl. Ex 23,17; Ex 34,23; Dtn 16,16) an den drei Festen Pessach, Schawuot und Sukkot.

Die wirtschaftliche Bedeutung

Die Massen von Festpilgern (laut J. Jeremias ca. 125 000 bei einer Einwohnerzahl Jerusalems von 25 – 30 000 Menschen), die die Stadt Jerusalem anläßlich der Feste überschwemmten, bestimmten in hohem Maße die wirtschaftliche Situation der Stadt, so daß Theißen sagen kann: »Jerusalems Wirtschaft basierte auf dem religiös motivierten Fremdenverkehr« (Jesusbewegung, S. 51). Unterkunft wurde den Pilgern zwar unentgeltlich von der Jerusalemer Bevölkerung gewährt, aber ihre Bewirtung stellte bereits eine bedeutende Einnahmequelle dar. Zudem wurde »ihr Konsum (…) noch religiös gefordert« (Theißen, Studien, S. 153), indem neben dem an die Priester zu zahlenden Zehenten ein zweiter Zehenter in Jerusalem verzehrt werden sollte. Daneben waren die Pilger auf weitere Dienstleistungen der Bevölkerung angewiesen.

Die jährlich zu entrichtende Tempelsteuer von einem halben Silberschekel, die die Pilger zum Tempel mitbrachten, wurde aus Reinheitsgründen von der Tempelkasse nur in althebräischer Währung, die einen hohen Silbergehalt besaß, angenommen. Die Pilger mußten daher bei den eigens dafür im äußeren Tempelvorhof sitzenden Geldwechslern »ihre Landeswährung in kultisch reines und materiell wertvolles ›Tempelgeld‹ umtauschen« (Bösen, Galiläa, S. 246).

Da die darzubringenden Opfertiere auf den beschwerlichen Reisen nicht hatten mitgeführt werden können, wurde den Pilgern ebenfalls im äußeren Vorhof die Gelegenheit geboten, Opfertiere und die dazugehörigen Substanzen käuflich zu erwerben. Dieser Verkauf war nicht bloß durch die Tempelbehörde geduldet, sondern auch teilweise von ihr selbst organisiert. In jedem Falle flossen die »Lizenzgebühren für die Aufstellung der Gewerbestände (…) dem Hohenpriester zu« (Leipoldt/Grundmann, Umwelt des Urchristentums, Bd.1, Berlin 1965, S. 183). K. Füssel sieht in der Tatsache, daß die Opfertiere erst vom Tempel gekauft werden mußten, um sie ihm dann wieder als Gabe schenken zu können, eine zweifache Bereicherung des Tempels. Damit war der Tempel die entscheidende Institution, »um einen Großteil des vom Volk erwirtschafteten Mehrprodukts staatlich anzueignen und so das Volk auszubeuten« (Füssel, Drei Tage, S. 47).

So können in dreifacher Hinsicht direkte *wirtschaftliche Folgen des Kult- und Wallfahrtsbetriebes* festgehalten werden:

1. Die Jerusalemer Bevölkerung gewann durch die notwendigen Dienstleistungen eine Vielzahl von Arbeitsplätzen.
2. Durch die Einkünfte der Priester, die vor allem »den Zehent (…), Abgaben wie Erstlingsfrüchte und Erstgeburten, die verschiedenen Anteile an den Opfern und die Einkünfte aus Gelübden, Schenkungen etc.« (J. Maier, Tempel, S. 374) sowie den Profit durch die Standmieten der Gewerbestände umfaßten, war ihnen ein solider Lebensunterhalt sicher.
3. Die zahlreichen kultischen Abgaben und die Geschenke der Tempelbesucher ergaben im Laufe der Zeit eine beträchtliche Wertkumulation; der Tempel diente »als eine Art Depositenbank« und als »Staatsschatz«. Daraus erwuchs für die über den Tempel Verfügungsberechtigten, also die Tempelaristokratie, zugleich auch eine »politisch-wirtschaftliche Schlüsselposition« und eine außerordentliche Machtstellung. Nach J. Maier beliefen sich die Abgaben auf ein Drittel des Volkseinkommens, so daß »neben den Priestern nur mehr eine schmale Schicht reicher Laien an der wirtschaftlich-politischen Macht partizipieren konnte«. (Vgl. zu diesen Ausführungen: J. Maier, Tempel, S. 373-375)

Der Tempelschatz wurde wieder herangezogen, um kostenintensive Projekte wie den Tempelneubau unter Herodes I. und den langjährigen Ausbau zu finanzieren, durch die Tausende von gut bezahlten Arbeitsplätzen geschaffen wurden. Bei der Beendigung der Arbeiten nach 80jähriger Bauzeit waren 18 000 Bauarbeiter und Handwerker arbeitslos. Aus der Sicht der Jerusalemer Bevölkerung ist also die soziale Bedeutung des Tempels als des größten Arbeitgebers in Jerusalem hervorzuheben.

Folgen

Von den oben erläuterten Bedeutungsfeldern des Tempels her wird die empfindliche Reaktion der Jerusalemer Bevölkerung auf Versuche, die Heiligkeit Jerusalems anzutasten, verständlich. Die Existenzgrundlage der Jerusalemer, sowohl der Priester als auch der Bevölkerung, bestand in dem kultischen Tempelbetrieb und seinem Umfeld. »Jede Infragestellung des religiösen Status der Stadt mußte daher auch den materiellen Status ihrer Bewohner in Frage stellen« (Theißen, Studien, S. 154). Es ist also nur zu konsequent, wenn die Jerusalemer Bevölkerung jeden vermeintlichen Angreifer des Tempels und der Kultordnung auszuschalten versuchte – im Interesse der Erhaltung des status quo.

2.8.3 Tafelbild:

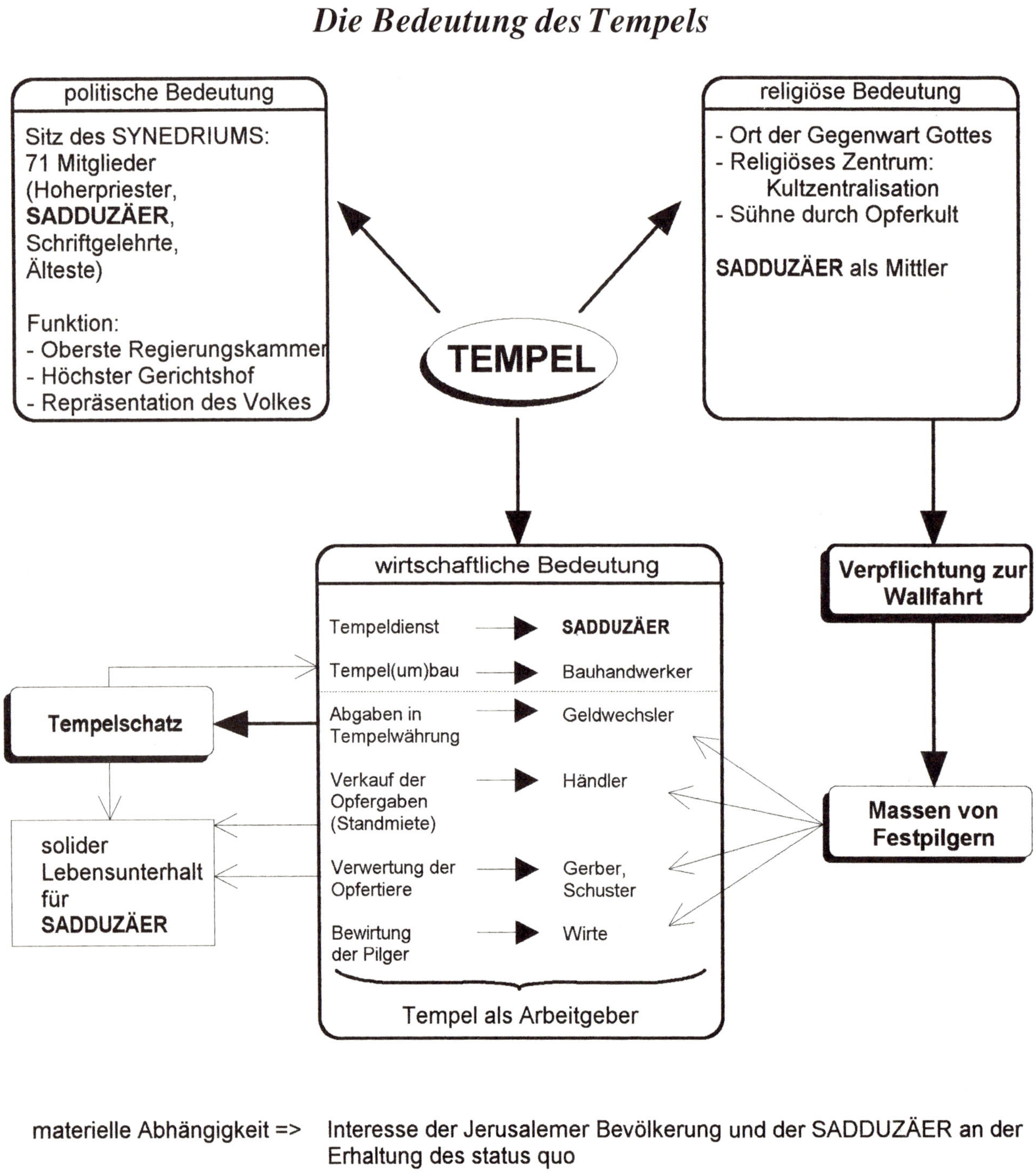

Der Tempel des Herodes

Die alte Jebusiterfestung, die David um 1000 v.Chr. erobert, mit der Tenne des Jebusiters Arauna im Norden, die der junge König für 50 Silberschekel erwirbt (2 Sam 24,24f), auf der Salomo wenige Jahre später seinen legendären Tempel erbaut (1 Kön 6ff).

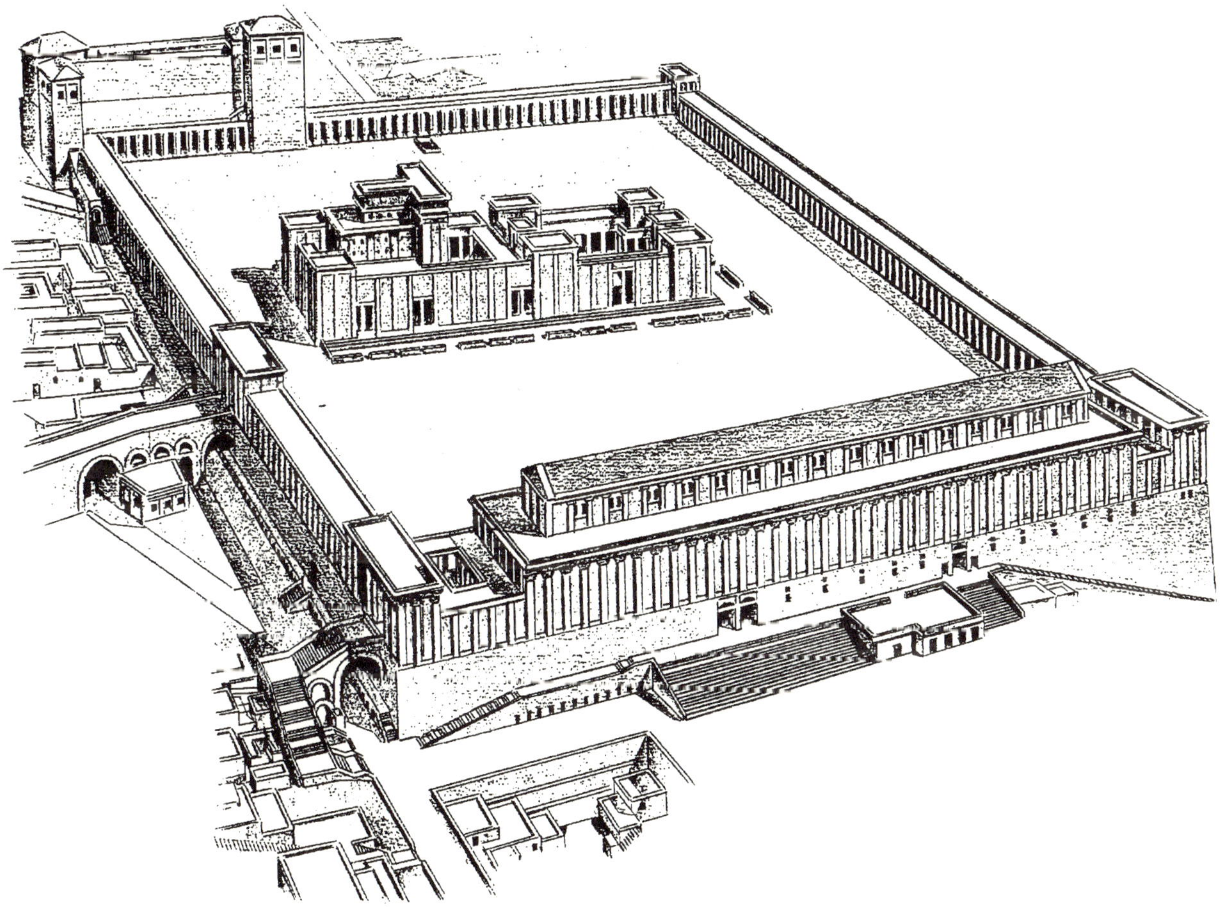

In der Mitte eines riesigen Plateaus erhebt sich auf einem etwa zehn Meter hohen Podest
das eigentliche Heiligtum mit seinen Vorhöfen für jüdische Männer, Frauen und Kinder.
Hier thront nach jüdischem Glauben, in einer dunklen und leeren Kammer, Jahwe, der Gott Israels;
hier berührt der Himmel die Erde, weshalb man keine Mühen und Gefahren scheut,
wenigstens einmal im Leben nach Jerusalem zu pilgern.
Heiden ist der Zugang zu dieser »Gottesburg« unter Todesandrohung verwehrt;
es stehen ihnen aber der riesige Vorhof und die umlaufenden Säulenhallen offen,
wo ein buntes Treiben im Stil eines Jahrmarktes herrscht. Einen von Sonne,
Wind und Regen geschützten Raum für Predigt und Diskussion finden Propheten,
Schriftgelehrte und auch Jesus in der sog. »Halle Salomos« im Osten des riesigen Tempelareals.
Schauplatz der »Tempelreinigung« dürfte die Königshalle im Süden gewesen sein.

Die Bedeutung des Tempels für die Jerusalemer Bevölkerung **M 15**

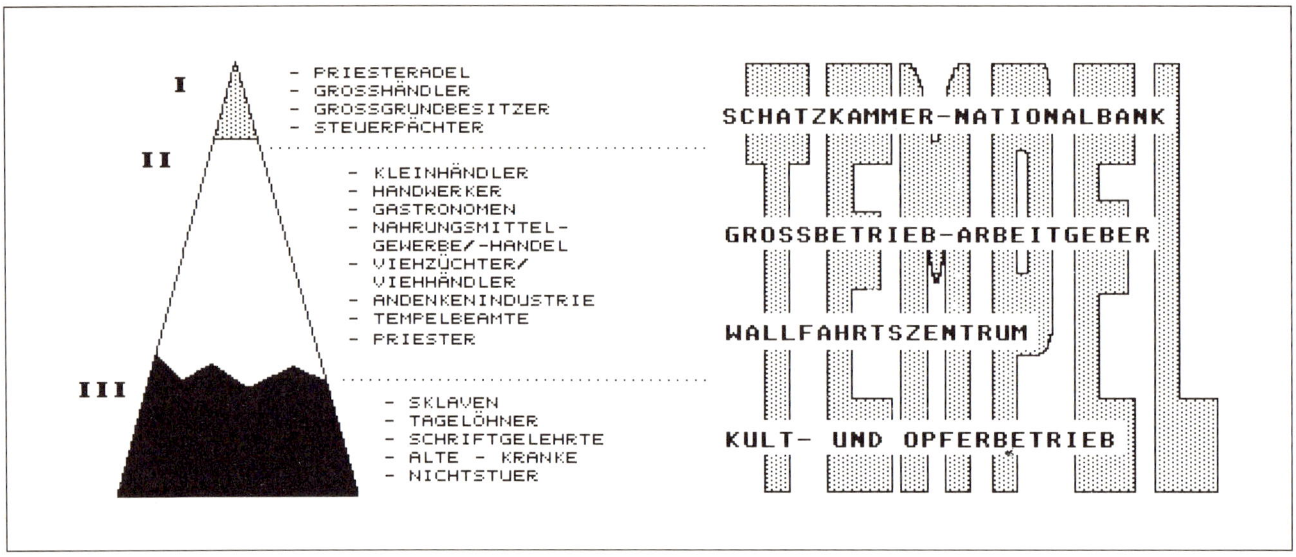

Auf die Offiziellen Jerusalems muß Jesu Tempelkritik, in welcher Ausdeutung auch immer, alarmierend wirken, nimmt sie doch eine Einrichtung ins Visier, die zur Zeit Jesu »nicht zweitrangig, sondern der besonders neuralgische Punkt des palästinischen Judentums« ist. Der Tempel ist um die Zeitenwende außer *kultisch-religiöser Institution* wesentlich auch *politisch-wirtschaftliches Machtzentrum* mit ungeheuren Einlagen aus Steuern, Spenden, Zinsen, Vermietungen und Verkäufen, das man gerne mit einer »Nationalbank« vergleichen darf. An ihm verdient *ganz Jerusalem.*

Vom Tempel und seinem Wallfahrtsbetrieb profitiert die *Unterschicht.* Nach jüdischer Überzeugung sind Almosen für die Armen verdienstvoll. »Brennendes Feuer löscht das Wasser und die Mildtätigkeit sühnt Sünden« mahnt der jerusalemer Schriftgelehrte Jesus Sirach um 200 v.Chr. in Sir 3,30. Und an einer anderen Stelle: »Wer Almosen gibt, schlachtet ein Dankopfer« (Sir 35,4). Zu einem Dankopfer aber sind nach gefahrvollen Wochen zu Wasser und zu Land bei der Ankunft in der heiligen Stadt viele bereit. Besonders großzügig ist man in der Zeit des Pascha, um auch dem Armen ein festliches Paschamahl zu ermöglichen. Nicht von ungefähr wird Jerusalem zu einem »Zentrum des Bettels«.

Vom Tempel abhängig ist aber auch die gesellschaftliche *Mittelschicht.* Ein komplizierter Kult- und Opferbetrieb beschäftigt ganzjährig ca. 7.000 Priester und rund 10.000 Leviten (Sänger, Musikanten, Diener und Wächter) aus dem ganzen Land. Am Opferdienst mit seinen regelmäßigen und außerplanmäßigen Opfern verdienen viele Viehzüchter und -händler ihren Lebensunterhalt. Noch Jahrzehnte nach der offiziellen Fertigstellung im Jahre 9 v.Chr. ist das Heiligtum Arbeitgeber für Hunderte von Maurern und Zimmerleuten. Ohne die ganzjährigen Ströme der Wallfahrer wären viele Jerusalemer brotlos, die Bauern und die Gärtner, die Gastronomen und die Lebensmittelproduzenten, die Weber und die Schneider, die Gerber und die Töpfer, die Andenkenhersteller, die Geldwechsler und die Schreiber.

Erster und größter Nutznießer des Tempels aber ist der sadduzäische *Priesteradel* mit dem Hohenpriester an der Spitze. Durch Beteiligung an den Einnahmen aus kontinuierlich fließenden Steuern (Halbschekelsteuer, Zehntabgaben), aus Spenden und Weihegaben, aus Konzessionsgebühren für den Verkauf von Opfertieren, aus Grundbesitz in ganz Israel und zinsgünstigen Anlagen sichert er sich Wohlstand und Luxus.

Kurz: Wer den Tempel »anrührt«, bringt ganz Jerusalem gegen sich auf. Er macht sich nicht nur zum *theologischen* Umstürzler, sondern auch zum *politisch-wirtschaftlichen* Revolutionär. Durch die verdunkelnde »Brille« der im Synedrium vertretenen Hohenpriester und Ältesten besehen, wirkt Jesu Tempellogion in dieser Stunde wie eine *politische Provokation* und ein *ökonomischer Boykott.* Erstickte man einen solchen Brandherd nicht im Keim, konnte er sich rasch ausweiten und zu einem Flächenbrand werden. Nein, Jesu kritische Tempelaussagen spielen in diesem Verhör nur scheinbar eine Nebenrolle. In Wirklichkeit führen sie »zum entscheidenden Konflikt. Denn für die Behörden war offenbar damit der Tatbestand einer gefährlichen Agitation erfüllt«. Und auch für Mußner ist die Tempelreinigung der »unmittelbare Anlaß«, für Pesch der »Hauptanlaß« bzw. »eine entscheidende Voraussetzung« für das behördliche Vorgehen gegen Jesus. Seine Tempelkritik macht Jesus in den Augen vieler Synedristen zu einem gefährlichen Störenfried.

Willibald Bösen

2.9 Eskalation des Konflikts und Tod Jesu im Spannungsfeld der Interessen

2.9.1 Sachinformationen

Eine zentrale Szene für die weitere Bestimmung des Schlüsselverhältnisses Jesus-Sadduzäer ist die Tempelreinigung. Diese prophetische Symbolhandlung (Mk 11,15-17), die in Mk 11,17 gedeutet wird, war nach Karlheinz Müller ursprünglich durch ein älteres Wort gedeutet worden, das hier jedoch verdrängt wurde. Dieses verdrängte Wort Jesu glaubt Müller in dem mehrfach überlieferten ›Tempellogion‹ (Mk 14,56-61 par.) gefunden zu haben (vgl. K. Müller, Jesus und die Sadduzäer, in: Biblische Randbemerkungen, Schülerfestschrift für R. Schnackenburg, Würzburg 1974, (3-24), S. 15).
Die tempelkritische Prophetie Jesu und ihre Deutung mußten zum Eingreifen der sadduzäischen Obrigkeit führen, da die ökonomische und ideologische Grundlage des sadduzäischen Tempelstaates angegriffen war.
Die schwierige Materie erschließt sich dem Schüler, wenn die Vorgehensweise der Sadduzäer bei vergleichbaren messianischen Vorkommnissen mit herangezogen wird. Denn offensichtlich lag dabei ein »fest etablierter Instanzenzug« (ebd.) zugrunde, wie das bei Josephus überlieferte Beispiel des Unheilspropheten Josua ben Ananja (62 n.Chr.) zeigt:

- »der sadduzäische Adel bemächtigt sich gewaltsam des Unheilspropheten,
- verhort ihn unter Schlägen
- und liefert ihn schließlich an den Prokurator aus,
- der den Delinquenten geißeln läßt
- und ihn gleichermaßen einer offiziellen Befragung unterzieht« (nach K.H. Müller, S. 17).

Hier spiegeln sich unmittelbar die aus der Passionsgeschichte bekannten Phasen.

Es bleibt also festzuhalten, daß Jesu Zeichenhandlung der Tempelreinigung die Gegenreaktion der Sadduzäer herausforderte, da sie

- »eine Infragestellung des auf den Tempel konzentrierten Sühnewesens schlechthin,
- eine grundsätzliche Verwerfung der gesamten priesterlich-kultischen Gesinnung
- sowie der auf ihr ruhenden derzeitigen Herrschaftsstrukturen, wie sie von den Sadduzäern repräsentiert und von den Römern verbürgt wurden« (ebd., S. 20),

bedeutete.

2.9.2 Didaktische Hinweise

Die Schüler sollen in diesem Themenkomplex

- erkennen, daß das provokante Leben Jesu die Interessen der verschiedenen machtausübenden Gruppen gefährdete
- die religiösen Intentionen untersuchen, die Jesus mit der prophetischen Zeichenhandlung ›Tempelreinigung‹ verfolgte,
- diesen religiösen Intentionen die Deutung der Handlung durch die Sadduzäer vor dem Hintergrund der ökonomischen Abhängigkeit vom Tempel gegenüberstellen und den Stellenwert des Konflikts für den Tod Jesu ermessen
- sollen die Schuldfrage problematisieren, indem sie das Spannungsfeld der verschiedenen Interessen beleuchten.

Die religiöse Intention Jesu in Zusammenhang mit der ›Tempelreinigung‹ können die Schüler bereits der Schriftstelle Jer 7, auf die Mk 11,17 Bezug nimmt, entnehmen. (M 16)
Die machtpolitische Deutung der Tempelreinigung durch die Sadduzäer läßt sich anhand von M 19 ›Die Wirkung der Tempelreinigung‹ herausarbeiten. Hier können die SchülerInnen auch auf ihre Kenntnisse aus der Einheit ›Die Bedeutung des Tempels‹ zurückgreifen.

Leitfrage zu M 16
Welche Wirkung hat die Tempelreinigung Jesu bei den Sadduzäern hervorgerufen?

Ein Andeutung der sadduzäischen und römischen Zusammenarbeit bei der Kreuzigung Jesu wird geleistet durch die

Leitfrage zu M 17
Suchen Sie die Stationen, die im Vorgehen gegen Josua ben Ananja offenbar werden, in den Passionsgeschichten der synoptischen Evangelien auf.

Der zweite Teil des Interviews mit G. Theißen (M 18) weitet die Diskussion um die Schuld am Tode Jesu auf weitere beteiligte Gruppen aus.

Leitfragen zu M 18
1. Legen Sie den tieferen Grund des Konfliktes in Jerusalem dar.
2. Diskutieren Sie die Frage nach der Schuld am Tode

Jesu! Beachten Sie dabei die Rolle der drei wichtigsten Instanzen.

M 20 ›Wer war schuld?‹ ist ein Auszug aus Kap. 17 von ›Der Schatten des Galiläers‹. In einem Dialog zwischen der Rahmenfigur Andreas und einem Römer werden die Motive und Interessen der Römer im Zusammenhang mit dem Tode Jesu deutlich. Außerdem wird die Schuldfrage aufgelöst in die Betrachtung der verschiedenen Spannungsfelder, in denen Jesus zerrieben wurde.

Leitfragen zu M 20

1. Legen Sie dar, welches Interesse die Römer am Tode Jesu hatten.
2. Wie wird die Frage ›Wer war schuld?‹ im Text beantwortet?

Das Zusatzmedium ›Tempelsäuberung auf modern‹ (ZM 10) veranschaulicht die Tragweite des damaligen Geschehens durch einen Vergleich mit einem ähnlichen Affront in heutiger Zeit gegenüber dem Vatikan.

2.9.3 Tafelbild:

Eskalation des Konflikts und Tod Jesu im Spannungsfeld der Interessen

religiöser Aspekt

Leben Jesu als Provokation

- Zuwendung zu gesellschaftlichen Außenseitern
- Kritik an Verquickung von KULT und GESCHÄFT
- Kritik am AUSSCHLIESSLICHKEITSANSPRUCH des Tempels bei der Heilsvermittlung
- Hinweis auf den ÜBERGANGSCHARAKTER des Tempels angesichts der im Durchbruch begriffenen Gottesherrschaft

⇓

Tempelreinigung = prophetische Zeichenhandlung

(spektakuläre Handlungen als Vorankündigung des Kommenden)

Inhalt: tempelkritische Prophetie

machtpolitischer Aspekt

Deutung durch die SADDUZÄER:
Angriff auf die religiös - politisch - wirtschaftliche Ordnung, die von den SADDUZÄERN repräsentiert und von den RÖMERN unterstützt wird, und die den Lebensunterhalt der BEVÖLKERUNG sichert

Reaktion
Plan zur TÖTUNG JESU zur Erhaltung des status quo

Deutung durch die Römer:
Gefahr messianischer Unruhen in der Passahzeit

Reaktion
Zusammenwirken mit den Sadduzäern bei der AUSSCHALTUNG JESU

⇓

Verhaftung Jesu

Anklage vor dem röm. Gericht als politischer Rebell (vgl. Titulus)

⇓

Bevorzugung des Zeloten "Barrabas" bei Amnestie ⟶ **Kreuzigung** ⟵ Verurteilung durch Pilatus (juristische Verantwortung)

= römische Hinrichtungsart bei Kapitalverbrechen

Schriftstellen zur Tempelreinigung M 16

Die Tempelrede

Das Wort, das vom Herrn an Jeremia erging: [2]Stell dich an das Tor des Hauses des Herrn! Dort ruft dieses Wort aus und sprich: Hört das Wort des Herrn, ganz Juda, alle, die ihr durch diese Tore kommt, um dem Herrn zu huldigen. [3]So spricht der Herr der Heere, der Gott Israels: Bessert euer Verhalten und euer Tun, dann will ich bei euch wohnen hier an diesem Ort. [4]Vertraut nicht auf die trügerischen Worte: Der Tempel des Herrn, der Tempel des Herrn, der Tempel des Herrn ist hier! [5]Denn nur wenn ihr euer Verhalten und euer Tun von Grund auf bessert, wenn ihr gerecht entscheidet im Rechtsstreit, [6]wenn ihr die Fremden, die Waisen und Witwen nicht unterdrückt, unschuldiges Blut an diesem Ort nicht vergießt und nicht anderen Göttern nachlauft zu eurem eigenen Schaden, [7]dann will ich bei euch wohnen hier an diesem Ort, in dem Land, das ich euren Vätern gegeben habe für ewige Zeiten. [8]Freilich, ihr vertraut auf die trügerischen Worte, die nichts nützen. [9]Wie? Stehlen, morden, die Ehe brechen, falsch schwören, dem Baal opfern und anderen Göttern nachlaufen, die ihr nicht kennt –, [10]und dabei kommt ihr und tretet vor mein Angesicht in diesem Haus, über dem mein Name ausgerufen ist, und sagt: Wir sind geborgen!, um dann weiter alle jene Greuel zu treiben. [11]Ist denn in euren Augen dieses Haus, über dem mein Name ausgerufen ist, eine Räuberhöhle geworden? Gut, dann betrachte auch ich es so – Spruch des Herrn. [12]Geht doch zu meiner Stätte in Schilo, wo ich früher meinen Namen wohnen ließ, und schaut, was ich ihr angetan habe wegen des Bösen, das mein Volk Israel verübt hat. [13]Nun denn, ihr habt genau das gleiche getan – Spruch des Herrn. Als ich immer wieder zu euch redete, habt ihr nicht gehört; als ich euch rief, habt ihr nicht geantwortet. [14]Deshalb werde ich mit dem Haus, über dem mein Name ausgerufen ist und auf das ihr euch verlaßt, und mit der Stätte, die ich euch und euren Vätern gegeben habe, so verfahren, wie ich mit Schilo verfuhr. [15]Verstoßen werde ich euch von meinem Angesicht, wie ich alle eure Brüder, alle Nachkommen Efraims, verstoßen habe.

Jer 7,1-15

Die Tempelreinigung

[15]Dann kamen sie nach Jerusalem. Jesus ging in den Tempel und begann, die Händler und Käufer aus dem Tempel hinauszutreiben; er stieß die Tische der Geldwechsler und die Stände der Taubenhändler um [16]und ließ nicht zu, daß jemand irgend etwas durch den Tempelbezirk trug. [17]Er belehrte sie und sagte: Heißt es nicht in der Schrift: Mein Haus soll ein Haus des Gebetes für alle Völker sein? Ihr aber habt daraus eine Räuberhöhle gemacht. [18]Die Hohenpriester und die Schriftgelehrten hörten davon und suchten nach einer Möglichkeit, ihn umzubringen. Denn sie fürchteten ihn, weil alle Leute von seiner Lehre sehr beeindruckt waren. [19]Als es Abend wurde, verließ Jesus mit seinen Jüngern die Stadt.

Mk 11,15-19

Die Ankündigung der Zerstörung des Tempels

Als Jesus den Tempel verließ, sagte einer von seinen Jüngern zu ihm: Meister, sieh, was für Steine und was für Bauten! [2]Jesus sagte zu ihm: Siehst du diese großen Bauten? Kein Stein wird auf dem andern bleiben, alles wird niedergerissen.

Mk 13,1-2

[58]Wir haben ihn sagen hören: Ich werde diesen von Menschen erbauten Tempel niederreißen und in drei Tagen einen anderen errichten, der nicht von Menschenhand gemacht ist.

Mk 14,58

Die Unheilsprophetie des Josua ben Ananja M 17

Vier Jahre vor dem Krieg, als die Stadt noch im höchsten Maße Frieden und Wohlstand genoß, kam ein gewisser Josua, der Sohn des Ananias, ein ungebildeter Mann vom Lande, zu dem Fest, bei dem es Sitte ist, daß alle Gott eine Hütte bauen, in das Heiligtum und begann unvermittelt zu rufen: »Eine Stimme vom Aufgang, eine Stimme vom Niedergang, eine Stimme von den vier Winden, eine Stimme gegen Jerusalem und den Tempel, eine Stimme gegen Bräutigam und Braut, eine Stimme gegen das ganze Volk!« So ging er in allen Gassen umher und schrie Tag und Nacht. Einige von den vornehmen Bürgern, die sich über das Unglücksgeschrei ärgerten, nahmen ihn fest und mißhandelten ihn mit vielen Schlägen. Er aber gab keinen Laut von sich, weder zu seiner Verteidigung noch eigens gegen die, welche ihn schlugen, sondern stieß beharrlich weiter dieselben Rufe aus wie zuvor. Da glaubten die Machthabenden, was ja auch zutraf, daß den Mann eine übermenschliche Kraft treibe und führten ihn zu dem Landpfleger, den die Römer damals eingesetzt hatten. Dort wurde er bis auf die Knochen durch Peitschenhiebe zerfleischt, aber er flehte nicht und weinte auch nicht, sondern mit dem jammervollsten Tone, den er seiner Stimme geben konnte, antwortete er auf jeden Schlag: »Wehe dir, Jerusalem!« Als aber Albinus – denn das war der Landpfleger – fragte, wer er sei, woher er komme und weshalb er ein solches Geschrei vollführe, antwortete er darauf nicht das geringste, sondern fuhr fort, über die Stadt zu klagen und ließ nicht ab, bis Albinus urteilte, daß er wahnsinnig sei, und ihn laufen ließ.

Josephus Flavius

W.-R. Schmidt interviewt Gerd Theißen

WRS: Nun ist Jesus mit seiner Botschaft, die Sie eben beschrieben haben, gescheitert. Auf jeden Fall ist er gescheitert, als er nach Jerusalem zog. Weiß man etwas Historisches zu den Motiven, warum er am Ende seines dreijährigen Wirkens nach Jerusalem zog?
GT: Ich gäbe viel darum, wenn ich das wüßte. Alles, was mit Kreuz und Auferstehung zusammenhängt, ist stark durch die nachösterliche Sicht bestimmt. Daher tappen wir gerade hier im dunkeln. Folgendes kann man allerdings mit Gewißheit sagen: Er zog nach Jerusalem, weil dort ein Passahfest war und viele aus Palästina und aus der ganzen Diaspora zusammenkamen. Er mußte das Schicksal seines Lehrers, Johannes des Täufers, vor Augen haben. Der war hingerichtet worden. Und klar wird aus den Quellen auch, daß die Jünger große Erwartungen hatten. Wahrscheinlich kommt jetzt das »Reich Gottes«, vermuteten sie. Es ist möglich, aber nicht sicher, daß Jesus diese Erwartung auch hatte.
WRS: Statt dessen kam es in Jerusalem zunächst zu einem Konflikt mit denjenigen, die den Tempel verwalteten. Ein Konflikt mit der Tempelaristokratie. Wie konnte es dazu kommen?
GT: Er war für die Tempelaristokratie gewiß eine Bedrohung. Nicht nur dadurch, daß er das Gesetz relativierte. Das Gesetz war immerhin die Grundlage für alle Abgaben an den Tempel, für das ganze Leben. Ich denke konkret noch mehr an einen Zug, der ihn mit Johannes dem Täufer verbindet. Der Täufer verkündet die Sündenvergebung, gebunden an die Taufe. Bei Jesus finden wir den Zuspruch der Sündenvergebung ohne entsprechende Haltung, losgelöst sogar von der Taufe. Sünden konnten bisher durch Opfer gesühnt werden, spätestens am Versöhnungstag. Bei Jesus und beim Täufer wird ein Angebot zur Sündenvergebung unabhängig vom Opferkult des Tempels gemacht. Der Tempel als zentrale Institution wird, ohne daß dies direkt gesagt wird, in seiner Funktion ausgehöhlt. Ich glaube, darin liegt der tiefere Grund des Konfliktes in Jerusalem.
WRS: Es kommt zur Kreuzigung. Die historische Frage, wer an der Kreuzigung schuld war, wird seit Jahren intensiv diskutiert.
GT: Eindeutig kann man sagen, daß die Römer die juristische Verantwortung für die Hinrichtung Jesu haben. Der römische Historiker Tacitus stellt unzweideutig fest: Pontius Pilatus hat ihn hinrichten lassen. Das wird aber auch bestätigt durch Züge in unserer Überlieferung. Jesus wird gekreuzigt. Die Kreuzigung ist eine römische Todesstrafe. Bei Juden hätte die Steinigung nähergelegen. Daß die juristische Verantwortung bei den Römern liegt, wird ferner durch den Anklagepunkt gegen Jesus bestätigt, er sei »König der Juden«. Das heißt, er habe nach der Macht gegriffen. So etwas tut nur ein politischer Anwärter. Das wäre aber eine Sache der Römer. Ein Königsprätendent macht den Römern die Macht streitig. Ein drittes Argument ist: Die Römer haben sich das Recht der Todesstrafe vorbehalten. Die Ausnahmen, die es in Palästina gegeben hat, haben sich alle sehr gut erklären lassen. Sie haben aber recht, es sind neben den Römern noch andere beteiligt. Wenn die Passionsgeschichte sagt, daß Jesus von den Hohepriestern und Schriftgelehrten, d.h. von der jüdischen Aristokratie – nicht vom jüdischen Volk, sondern von der Gruppe der dort im Tempel Verantwortlichen – ausgeliefert wird, so trifft dies den historischen Sachverhalt. Jesus ist wohl von den für den Tempel verantwortlichen jüdischen Behörden angezeigt worden. Das war eine Anzeige mit dem Ziel, ihn hinzurichten. Ein richtiger Prozeß wird vor den jüdischen Behörden gegen ihn nicht stattgefunden haben. Eine dritte Instanz sollte ich noch erwähnen. In der Barabasszene ruft das Volk »kreuzige ihn«. In unserer Passionsgeschichte wird aber noch deutlich, daß es auf Anstiften der Aristokratie geschieht. Ansonsten ist ziemlich klar, daß das Volk auf seiten Jesu steht. Die Hohepriester haben Angst vor dem Volk und lassen Jesus deswegen in einer Nacht- und Nebelaktion verhaften. Noch einmal: Verantwortlich sind letztlich die Römer.
WRS: In der Geschichte hat dieser Punkt eine große Rolle gespielt: Die Juden haben den »Herrn« gekreuzigt. Eine solche Sicht muß sich auch auf das Neue Testament oder das Interesse der Überlieferungen stützen können.
GT: Man kann im Neuen Testament die Tendenz beobachten, die Römer zu entlasten. Die Römer waren in den Bereichen, wo die Evangelien geschrieben wurden, die großen Herren. Man spürt das Interesse, die Juden stärker zu belasten. Aber das kann man mit guten Argumenten heute durchschauen und zurückweisen. Auch Paulus wird wegen Entweihung des Tempels angeklagt. Dies wird in der Apostelgeschichte berichtet. Die Römer nehmen ihn dann in Schutzhaft. Sie hätten ihn durchaus hinrichten lassen können. Aber sie schicken ihn nach Cäsarea. Eine solche Alternative hätte Pilatus bei Jesus durchaus auch zur Verfügung gestanden. Er hätte ihn inhaftieren und nach Cäsarea schicken lassen können. Daß Pilatus letztlich verantwortlich ist, ist keine Frage.

Die Wirkung der Tempelreinigung M 19

Doch Metilius fuhr fort: »Warum hat sich das Volk in Jerusalem für Barabbas ausgesprochen und nicht für Jesus?«

Ich zuckte die Achseln. Ich wußte es wirklich nicht. Metilius sagte:

»Ich habe inzwischen mehr über jenen merkwürdigen Vorfall im Tempel erfahren. Jesus hat ein Orakel über den Tempel geäußert: ›Dies mit Händen gemachte Haus wird zerstört werden und ein anderes, nicht mit Händen gebautes errichtet werden.‹ Die Vertreibung einiger Geldwechsler und Opfertierverkäufer aus dem Tempel sollte eine Illustration dieser Weissagung sein. Aber mit solchen Orakeln und Provokationen hat er sich keine Freunde in Jerusalem geschaffen. Von der Heiligkeit des Tempels lebt fast die ganze Stadt. Alle Priester und Hohenpriester, die von den Abgaben an den Tempel profitieren. Alle Tempelhandwerker, die an ihm bauen. Alle Gastwirte, die die vielen Besucher beherbergen. Alle Händler mit Opfertieren bis hin zu den Gerbern, welche die Häute der geopferten Tiere weiterverarbeiten. Wer die Heiligkeit des Tempels angreift, tastet die wirtschaftliche Grundlage dieser Handwerker und ihrer Familien in Jerusalem an. Pilatus hat es bitter erfahren müssen, als er Kaiserbilder in Jerusalem einführen und Geld aus der Tempelkasse zu profanen Zwecken verwenden wollte.«

Mir fiel ein, daß auch Jesu Lehre von rein und unrein viele verunsichern konnte: Wenn es keine reinen Speisen mehr gab, keine reinen Geräte, keine reine Ware, keine reinen Menschen – dann konnte alles genausogut von Heiden wie von Juden gekauft werden. Ich dachte an unser einträgliches Geschäft mit reinem Olivenöl in den Diasporagemeinden der syrischen Städte. Aber ich lenkte das Gespräch auf einen anderen Punkt:

»Der jüdische Staatsrat, das Synhedrium, hat Jesus ausgeliefert. Hätten sie ihn nicht einfach laufen lassen können? Warum haben sie es getan?«

Metilius meinte, auch dazu gebe es nur Vermutungen: »Ganz gewiß profitieren viele Mitglieder im Synhedrium vom Tempel. Alle Hohenpriester lebten von den Zehnten und anderen Abgaben an den Tempel, wie sie im Gesetz vorgesehen waren. Sie waren deshalb an der unantastbaren Heiligkeit von Tempel und Gesetz interessiert. Jesus aber war kritisch gegenüber dem Tempel eingestellt und hielt sich nicht an alle Gesetzesvorschriften. Mußten sie nicht fürchten, daß das Gesetz, also ihre Existenzbasis, aufgelöst wurde?«

Gerd Theißen

Von Reinheit und Unreinheit
Die Pharisäer und einige Schriftgelehrte, die aus Jerusa-
lem gekommen waren, hielten sich bei Jesus auf. 2Sie
sahen, daß einige seiner Jünger ihr Brot mit unreinen,
das heißt mit ungewaschenen Händen aßen. 3Die Phari-
säer essen nämlich wie alle Juden nur, wenn sie vorher
mit einer Handvoll Wasser die Hände gewaschen haben,
wie es die Überlieferung der Alten vorschreibt. 4Auch
wenn sie vom Markt kommen, essen sie nicht, ohne sich
vorher zu waschen. Noch viele andere überlieferte Vor-
schriften halten sie ein, wie das Abspülen von Bechern,
Krügen und Kesseln. 5Die Pharisäer und die Schriftge-
lehrten fragten ihn also: Warum halten sich deine Jünger
nicht an die Überlieferung der Alten, sondern essen ihr
Brot mit unreinen Händen? 6Er antwortete ihnen: Der
Prophet Jesaja hatte recht mit dem, was er über euch
Heuchler sagte:
Dieses Volk ehrt mich mit den Lippen,
sein Herz aber ist weit weg von mir.
7*Es ist sinnlos, wie sie mich verehren;*
was sie lehren, sind Satzungen von Menschen.
8Ihr gebt Gottes Gebot preis und haltet euch an die Über-
lieferung der Menschen. 9Und weiter sagte Jesus: Sehr
geschickt setzt ihr Gottes Gebot außer Kraft und haltet
euch an eure eigene Überlieferung. 10Mose hat zum Bei-
spiel gesagt: *Ehre deinen Vater und deine Mutter!* und:
*Wer Vater oder Mutter verflucht, soll mit dem Tod be-
straft werden.* 11Ihr aber lehrt: Es ist erlaubt, daß einer
zu seinem Vater oder seiner Mutter sagt: Was ich dir
schulde, ist Korbán, das heißt: eine Opfergabe. 12Damit
hindert ihr ihn daran, noch etwas für Vater oder Mutter
zu tun. 13So setzt ihr durch eure eigene Überlieferung
Gottes Wort außer Kraft. Und ähnlich handelt ihr in
vielen Fällen.
14Dann rief er die Leute wieder zu sich und sagte: Hört
mir alle zu und begreift, was ich sage: 15Nichts, was von
außen in den Menschen hineinkommt, kann ihn unrein
machen, sondern was aus dem Menschen herauskommt,
das macht ihn unrein.

Mk 7,1-15

»Aber er wurde doch aus politischen Gründen hingerichtet, als Messiasanwärter?«
Metilius bestätigte: »Das stimmt. Das Orakel gegen den Tempel und seine Haltung in religiösen Fragen haben vor Pilatus keine Rolle gespielt. Pilatus hat ihn als jemanden verurteilt, der als Königsanwärter die römische Herrschaft gefährdete. Das war der entscheidende Grund.«
»Und mit dieser Anklage hat ihn der jüdische Staatsrat an die Römer ausgeliefert? Warum?«
»Die Motive des Staatsrates sind ganz deutlich: Er ist wie jede politische Instanz an der Erhaltung seiner Macht interessiert. Er weiß, daß sie begrenzt ist. Er hat seine Existenzberechtigung für uns Römer nur dadurch, daß er bessere Ruhe im Lande schafft, als wenn wir alles selbst in die Hand nehmen. Er muß also um jeden Preis Unruhen vermeiden. Das ist sein entscheidendes Interesse. Denn die Römer würden sofort eingreifen, wenn er die Lage nicht mehr kontrolliert. Notfalls würden wir den Staatsrat abschaffen.«
»Aber war diese Befürchtung gegenüber Jesus berechtigt? War er wirklich ein Unruhestifter?«
»Vielleicht war er ganz harmlos. Aber seine Bewegung hätte leicht zu Unruhen führen können. Leute, die mit ihm vom Land nach Jerusalem zum Passa geströmt waren, haben ihn als Messias begrüßt. Er hat im Tempelhof die Händler gestört. Er hat die Erwartung geweckt, jetzt müsse etwas Entscheidendes geschehen. Die Herrschaft Gottes werde kommen. Die Lage war gespannt!«
»Hielt man ihn selbst gar nicht für so gefährlich?«
»Nein, gefährlich war die große Menge beim Passafest. Wir haben unsere Erfahrungen. Wegen dieser großen Menge kommt der römische Präfekt an Festtagen mit einer Kohorte zur Verstärkung der ständig anwesenden Soldaten, um von vornherein Unruhen zu dämpfen. Kennst du nicht die Geschichte von jenem Furz, der fast einen Krieg ausgelöst hätte?« (Der folgende Zwischenfall – ereignete sich unter dem Prokurator Cumanus (48-52 n.Chr.)).
Ich schüttelte den Kopf. Metilius erzählte: »Als sich einmal die Menge zum Fest der ungesäuerten Brote in Jerusalem versammelt und die römische Kohorte auf dem Dach der Säulenhalle um das Heiligtum Aufstellung genommen hatte – wie gesagt bewachen sie immer an Festtagen in voller Bewaffnung das versammelte Volk, damit es keinen Aufstand beginne – da erhob ein Soldat sein Gewand, bückte sich und kehrte in unanständiger Weise den Juden den Hintern zu; zugleich gab er einen entsprechenden Laut von sich. Darüber geriet das Volk in hellen Zorn und forderte mit Geschrei vom Präfekten die Bestrafung des Soldaten. Einige junge Männer, die wenig beherrscht waren, und andere aus dem Volk, die ohnehin zum Aufstand neigten, schritten zum Kampf, hoben Steine auf und begannen, auf die Soldaten zu werfen. Der Präfekt fürchtete nun, das ganze Volk wolle ihn angreifen; er ließ daher noch mehr Schwerbewaffnete anrücken. Als sich diese in die Hallen ergossen, befiel die Juden ein unwiderstehliches Erschrecken; sie wandten sich um und versuchten, aus dem Heiligtum in die Stadt zu fliehen. Die Gewalt der sich an den Ausgängen zusammengedrängten Masse war so groß, daß sie sich untereinander niedertraten und erdrückten, wobei 3000 getötet wurden.
So etwas kann jederzeit bei Festen passieren. Die Leute sind erregt. Zwar wird ihr Übermut durch die Soldaten im Zaum gehalten. Andererseits aber reizt die Anwesenheit von Soldaten erst recht die Leute auf. Besonders wenn die Soldaten antisemitische Provokationen begehen. Deshalb meine ich, der Kaiser solle diese Soldaten abziehen und gegen römische Soldaten eintauschen. Solche unnötigen Provokationen wie dieser Furz würden gewiß seltener.«
»Aber Jesus hat die Leute ja nicht in dieser Weise provoziert!«
»Diese Störungen der Opfertierverkäufer und Geldwechsler waren eine Provokation, gewiß ganz anderer Art. Aber wenn aus einem Furz fast ein Krieg entsteht, was kann dann aus einer Provokation gegen Händler im Tempelvorhof entstehen! Der jüdische Staatsrat, das Synhedrium, hat daher richtig gehandelt, als er Jesus auslieferte.«
»Hat man ihn gleich bei diesen Störungen im Tempelhof inhaftiert?«
»Nein, das wäre unklug gewesen. Das hätte erst recht zu Unruhen geführt. Wir wußten ja: an sich war dieser Jesus ganz harmlos. Aber wenn eine erregte Menge dabei war, dann konnte er unabsehbare Folgen hervorrufen. Das Synhedrium hat ihn deswegen bei Nacht und Nebel inhaftiert, als er mit seinen engsten Anhängern allein war.«
»Woher wußte man denn seinen Aufenthaltsort?«
»Ein Anhänger hat ihn gegen Geld verraten!«
Ich fragte Metilius: »Hältst du diesen Jesus für schuldig? Hat er zu Recht den Tod erlitten?« Metilius zögerte: »Ich glaube, er war unschuldig! Er hätte vielleicht Schwierigkeiten bereitet. Aber das ist kein Verbrechen!«
»Und wer ist dann deiner Meinung nach schuld am Tod Jesu?«

Wieder dachte Metilius lange nach: »Es ist falsch, nach Schuldigen zu suchen. Vielleicht ist es überhaupt falsch, nach einer Schuld zu fragen. Sein Tod hat viele Ursachen. Eine Ursache sind die Spannungen zwischen Syrern und Juden. Ohne den Antisemitismus in den römischen Kohorten bis hin zum Präfekten wäre alles anders verlaufen. Ursache sind die Spannungen zwischen Juden und Römern. Ohne die Angst der Römer vor messianischen Unruhen wäre Jesus nicht inhaftiert worden. Ursache sind ferner Spannungen zwischen Stadt- und Landbevölkerung: Vielleicht hätte das Jerusalemer Volk den andern freigebeten, wenn es nicht gegenüber allen Propheten vom Lande mißtrauisch wäre, die ihren heiligen Tempel angreifen. Ursache sind aber auch die Spannungen zwischen Aristokratie und einfachem Volk: Die Aristokratie will ihre Macht aufrechterhalten. Deswegen liefert sie verdächtige Unruhestifter an die Römer aus. Und sie will die Juden beherrschen. Deshalb wacht sie argwöhnisch über dem Gesetz, das ihre Einkünfte und Macht begründet. Alles kommt hier zusammen: Dieser Jesus ist zwischen die Räder geraten. Er wurde von den Spannungen zerrieben, unter denen das ganze Volk leidet.«
»Aber hat nicht Pilatus die Hauptverantwortung? Ist er nicht schuld?«
»Wenn man nach einem bestimmten Verantwortlichen sucht, dann ist es Pilatus. Er hat das Urteil gefällt. Er ist im juristischen Sinne verantwortlich.«
»Warum hat er ihn verurteilt? Warum hat er ihn nicht als einen Wirrkopf laufen lassen?«
»Ich glaube, Pilatus hatte Angst, daß ihn all diese Spannungen und Konflikte erdrücken würden. Er zog es vor, Jesus sterben zu lassen, um selbst zu überleben.«
»Meinst du, daß er erfolgreich sein wird? Daß er jetzt unbesorgt weiterregieren kann?«
Metilius zuckte mit den Achseln: »In diesem Land ist noch viel möglich. Wie oft habe ich meine Einschätzung der Situation ändern müssen! Wie viel mußte ich hinzulernen! Ich wage keine Voraussagen mehr. Ich bin noch nicht einmal sicher, daß die Sache mit Jesus jetzt ausgestanden ist.«
»Was soll denn noch kommen, wo er doch tot ist?«
»Er hat Anhänger. Auch nach dem Tod Johannes des Täufers dachte man zuerst: Jetzt ist die Sache erledigt. Aber dann trat Jesus auf.«
»Weißt du irgend etwas über seine Anhänger?«
»Sie haben sich in Jerusalem versammelt. Sie glauben, Jesus sei nicht tot. Sie wollen ihn in Visionen lebendig gesehen haben!«

Gerd Theißen

Als der Sabbat vorüber war, kauften Maria aus Magdala, Maria, die Mutter des Jakobus, und Salome wohlriechende Öle, um damit zum Grab zu gehen und Jesus zu salben. 2 Am ersten Tag der Woche kamen sie in aller Frühe zum Grab, als eben die Sonne aufging. 3 Sie sagten zueinander: Wer könnte uns den Stein vom Eingang des Grabes wegwälzen? 4 Doch als sie hinblickten, sahen sie, daß der Stein schon weggewälzt war; er war sehr groß. 5 Sie gingen in das Grab hinein und sahen auf der rechten Seite einen jungen Mann sitzen, der mit einem weißen Gewand bekleidet war; da erschraken sie sehr. 6 Er aber sagte zu ihnen: Erschreckt nicht! Ihr sucht Jesus von Nazaret, den Gekreuzigten. Er ist auferstanden; er ist nicht hier. Seht, da ist die Stelle, wo man ihn hingelegt hatte. 7 Nun aber geht und sagt seinen Jüngern, vor allem Petrus: Er geht euch voraus nach Galiläa; dort werdet ihr ihn sehen, wie er es euch gesagt hat. 8 Da verließen sie das Grab und flohen; denn Schrecken und Entsetzen hatte sie gepackt. Und sie sagten niemand etwas davon; denn sie fürchteten sich.

Mk 16,1-8
(Mt 28,1-8; Lk 24,1-12; Joh 20,1-13)

Pinchas Lapide: Ich lese dieses Neue Testament jetzt seit 30 Jahren mit allen Mitteln der theologischen Wissenschaften, und ich muß Ihnen gestehen, ich hab bis jetzt diesen Rabbi Jesus aus Nazareth noch bei keinem, auch nicht dem winzigsten Gesetzesbruch erkannt. [...]
Moderator: Wie konnte er dann trotzdem mit der jüdischen Umwelt in einen letzten Endes tödlichen Konflikt kommen?
Pinchas Lapide: Ich glaube, das ist leicht aus dem Neuen Testament zu entnehmen. Eines der wenigen Ereignisse im Leben Jesu, das wir vier Mal belegt haben, ist die sogenannte Tempelsäuberung. Nehmen wir das auf modern. Stellen Sie sich vor, eine Gruppe von Katholiken aus Lateinamerika, alles fromme Christen, die nach Rom pilgern, in den Vatikan gehen, dort mit einer Peitsche die Papstbilderverkäufer, die Weihrauchverkäufer und die Taufwasserverkäufer rausjagen, hierauf die Leute, die ihnen auf Schwarzmarktkurs ihre US-Dollar oder D-Mark in Lire umwechseln wollen, mit Fußtritten hinaustreiben und sich dann mitten auf den Peterplatz stellen und mit einem Mikrophon in der Hand den Herrn Kardinälen lautstark die Lehrgewalt absprechen. Wenn Sie sich das klar vergegenwärtigen und dann die unvermeidliche Reaktion der Curia Romana hinzudenken, haben Sie eine Fotokopie dessen, was Rabbi Jesus mit den Seinen der Curia in Jerusalem im Frühjahr des Jahres 30 angetan hat. Alle vier Evangelisten berichten einstimmig, daß er das Vieh mit der Peitsche rausgejagt hat – das rüttelte an einer der beiden Säulen der hohepriesterlichen Macht, denn der Tempelvorhof war nichts anderes als ein Schlachthof, in dem tagtäglich hunderte von Rindern, Tauben, Schafen verkauft wurden. Die Geldwechsler waren armselig bezahlte Beamte der Sadduzäer, deren Arbeit es war, das Gold und Silber der jüdischen Pilger dort umzuwechseln in Schekel-Münzen, die einzige Valuta, in der die Tempelherrn die alljährliche Tempelsteuer zu akzeptieren bereit waren. Aber damit nicht genug, stellte er ihnen die Frage, von wem die Taufe des Johannes war. Eine wunderschöne Frage, deren einziges Resultat es sein konnte, die Herrn Sadduzäer vor der gesamten Volksmenge bloßzustellen. Und genau das geschah. Nach diesem dreifachen Affront, den Jesus im Tempel vor seiner Curia fertigbrachte – wenn diese Herrn nicht am selben Abend zusammenkamen, um in größter Eile zu consultieren, wie man diesen für sie lebensgefährlichen Wanderprediger loswird, dann waren Kaiphas und die Seinen eigentlich keine Menschen, sondern verkappte Engel mit weißen Fittichen zwischen den Schulterblättern.

Pinchas Lapide

Die Enthauptung des Täufers

17Herodes hatte nämlich Johannes festnehmen und ins Gefängnis werfen lassen. Schuld daran war Herodias, die Frau seines Bruder Philippus, die er geheiratet hatte. 18Denn Johannes hatte zu Herodes gesagt: Du hattest nicht das Recht, die Frau deines Bruders zur Frau zu nehmen. 19Herodias verzieh ihm das nicht und wollte ihn töten lassen. Sie konnte ihren Plan aber nicht durchsetzen, 20denn Herodes fürchtete sich vor Johannes, weil er wußte, daß dieser ein gerechter und heiliger Mann war. Darum schützte er ihn. Sooft er mit ihm sprach, wurde er unruhig und ratlos, und doch hörte er ihm gern zu. 21Eines Tages ergab sich für Herodias eine günstige Gelegenheit. An seinem Geburtstag lud Herodes seine Hofbeamten und Offiziere zusammen mit den vornehmsten Bürgern von Galiläa zu einem Festmahl ein. 22Da kam die Tochter der Herodias und tanzte, und sie gefiel dem Herodes und seinen Gästen so sehr, daß der König zu ihr sagte: Wünsch dir, was du willst; ich werde es dir geben. 23Er schwor ihr sogar: Was du auch von mir verlangst, ich will es dir geben, und *wenn es die Hälfte meines Reiches wäre.* 24Sie ging hinaus und fragte ihre Mutter: Was soll ich mir wünschen? Herodias antwortete: Den Kopf des Täufers Johannes. 25Da lief das Mädchen zum König hinein und sagte: Ich will, daß du mir sofort auf einer Schale den Kopf des Täufers Johannes bringen läßt. 26Da wurde der König sehr traurig, aber weil er vor allen Gästen einen Schwur geleistet hatte, wollte er ihren Wunsch nicht ablehnen. 27Deshalb befahl er einem Scharfrichter, sofort ins Gefängnis zu gehen und den Kopf des Täufers herzubringen. Der Scharfrichter ging und enthauptete Johannes. 28Dann brachte er den Kopf auf einer Schale, gab ihn dem Mädchen, und das Mädchen gab ihn seiner Mutter. 29Als die Jünger des Johannes das hörten, kamen sie, holten seinen Leichnam und legten ihn in ein Grab.

Mk 6,17-29
(Mt 14,3-12; Lk 3,19f)

3 Bedeutung Jesu für das gegenwärtige Lebens- und Weltverständnis

Jesusinterpretationen und Christologien sind von allgemeinen kultur- und geistesgeschichtlichen Tendenzen, von der persönlichen Lebensgeschichte, der eigenen religiösen Erfahrung und auch der angewandten wissenschaftlichen Methode geprägt. So wie die Frage »Wer war Jesus wirklich?« exegetisch nicht vollständig und abschließend beantwortet werden kann, müssen auch alle wirkungsgeschichtlichen und christologischen Auslegungsversuche offenbleiben für neue Interpretationen und Zugänge. Die Pluralität verschiedener Zugänge und die Interpretation einzelner Entwürfe sollen dem Schüler dieses Problem bewußtmachen (vgl. dazu Kapitel 1).
Ähnlich wie in Kapitel 1 könnte in einem Unterrichtsblock »Jesusdeutungen und Christologien« verfahren werden. Die SchülerInnen sollten angeregt werden, Motive und Entstehungsfaktoren, die zu einer Jesusdeutung oder zu einem christologischen Entwurf geführt haben, herauszuarbeiten und die Auswirkungen auf die Adressaten und die weitere Wirkungsgeschichte zu untersuchen. Ein solcher Unterrichtsgang konfrontiert den Schüler mit Auseinandersetzungen der Frage »Was bedeutet Jesus Christus für uns heute?«. Dabei wird zugleich die Rückfrage notwendig: Auf welche historisch gesicherten Aussagen des Neuen Testamentes kann sich eine Deutung berufen? Oder fehlt jeder Begründungszusammenhang? (vgl. Kapitel 2: Jesus aus Nazaret).

Mögliche Lernziele

- Aus der Pluralität der Jesusdeutungen und Christologien einige Beispiele skizzieren und im Vergleich charakterisieren.

Im einzelnen können dabei folgende Schritte zurückgelegt werden:

- Grundlegende Ereignisse und / oder Zusammenhänge aus dem Neuen Testament nennen, auf die sich die Autoren berufen
- die Deutung dieser Ereignisse bzw. Zusammenhänge durch die jeweiligen Autoren beschreiben
- die Argumentation bzw. Beweisführung referieren
- die Grundaussagen der Autoren über Jesus bzw. Christus formulieren
- die Schlußfolgerungen der jeweiligen Jesusdeutungen oder Christologie für die Lebenspraxis diskutieren
- als Ursache für das Zustandkommen der verschiedenen Deutungen unterschiedliche Vorkenntnisse, Erfahrungen und methodische Ansätze herausstellen (Bedingungsfaktoren und Tendenzen).

Methodisch empfiehlt sich zunächst die Arbeit am Text anhand der Arbeitsanregungen. Im fragend-entwickelnden Unterrichtsverfahren können dann die genannten Elemente erarbeitet und an der Tafel festgehalten werden. Alternative: Arbeitsgruppen zu den ausgewählten Texten und Diskussion der Ergebnisse im Plenum.

3.1 Thomas der Zweifler und die Glaubwürdigkeit der Osterbotschaft (M 21)

3.1.1 Auferstehung (Sachinformation)

Zum besseren Verständnis der Auslegung der Erscheinung des auferstandenen Jesus vor Thomas und zur Vorbereitung einer Diskussion mit Schülern über »Auferstehung« sollte der Lehrer sich zuvor die verschiedenen, auch kontroversen Erklärungsversuche vergegenwärtigen, die im folgenden knapp zusammengefaßt werden:

- Die Betrugshypothese erhielt neuen Auftrieb durch H.S. Reimarus im 18. Jahrhundert: um den Schock des Karfreitags zu überwinden, hätten die Jünger den Leichnam Jesu beseitigt und Erscheinungen mit Worten des Auferstandenen erfunden ... Der Betrugsverdacht ist im übrigen mindestens so alt wie die Evangelien (Mt 27,62-66 und 28,11-15).
- Der Theologe D.F. Strauss im 19. Jahrhundert behauptete, die Jünger hätten Halluzinationen gehabt, weil Jesu schändlicher Tod am Kreuz in ihnen ›das psychologische Bedürfnis‹ geweckt hatte, ›den Widerspruch der letzten Schicksale Jesu mit ihrer früheren Ansicht von ihm aufzulösen‹ ...
- Der Theologe A. von Harnack erklärte in den zwanziger Jahren dieses Jahrhunderts, es handle sich um Legitimationsaussagen der führenden Leute in der Urkirche.
- R. Bultmann sieht die historisch faßbare Behauptung der Jünger, visionäre Erlebnisse gehabt zu haben – was von ihrer persönlichen Verbundenheit mit Jesus her begreiflich sei –, als für den christlichen Osterglauben unerheblich an; von seinem existentialphilosophischen Ansatz aus ist der Glaube an das Wort der Verkündigung (Kerygma), in dem uns Christus als der Gekreuzigte und Auferstandene begegnet, der Osterglaube, und allenfalls seine Entstehungszeit sei mit den visionären Erlebnissen im Blick, aber nicht sein Entstehungsgrund.
- Für Bultmanns Schüler W. Marxsen ist die Erscheinungsaussage eine (nachträgliche) Darstellung der zunächst unerklärlichen Erfahrung der Jünger, gerade vom gekreuzigten Jesus zur Verkündigung gesandt zu sein (›die Sache Jesu geht weiter‹); dieses ›Widerfahrnis‹ des ›Sehens‹

Jesu habe durch Nachdenken auf die Auferstehungsaussage geführt.
- Demgegenüber wird bis heute – so etwa von J. Jeremias oder H. Schlier – nicht nur die Erscheinungsaussage wörtlich verstanden, sondern auch das, was sie offenläßt, von anderswoher ergänzt (Lichtglanz, geistgewirkte Auferstehungsleiblichkeit).
- Eine ›mittlere‹ Position nimmt U. Wilckens ein, der jedenfalls die Ersterscheinung vor Petrus als ›ein wirkliches Erlebnis‹ versteht, und zwar als eine Vision, wie sie Paulus in Gal 1,15 für sich beansprucht; als dritte nicht gut zu bestreitende Vision wird die vor Jakobus eingeschätzt; wegen der ›Schwierigkeit, sich die Vision einer Gruppe vorzustellen‹, wird die ›Historizität‹ der übrigen in 1 Kor 15,5-8 genannten ›Visionen‹ bestritten.
- Demgegenüber scheint – im Anschluß an A. Vögtle – 1 Kor 15,5 gerade unter Berücksichtigung des paulinischen Selbstzeugnisses in keiner Weise konkretisierbar zu sein; umgekehrt will die ›Erscheinungs‹-Aussage – wiederum besonders von Paulus her – glaubwürdig ein Geschehen behaupten, das den Osterglauben der Jünger und damit die Auferstehungsbotschaft überhaupt in Gang brachte … (Funkkolleg Religion, Studienbegleitheft 5, S. 63f.).

Genauso umstritten wie die Erscheinungs-Aussage ist die Frage nach der Historizität des leeren Grabes. Als Beispiel der gegensätzlichen Positionen seien drei Meinungen wiedergegeben:

- »Entgegen manchen Bemühungen in der Forschung, auch die Geschichten vom leeren Grab als historisch ursprünglich anzusehen, wird man wohl die Erscheinungsgeschichten als die geschichtlich ursprünglichen anzusehen haben.« (Dembowski, Tod und Leben, in: Kakuschke, Auferstehung – Tod und Leben, S. 29)
- »Es spricht vieles für und nichts Durchschlagendes gegen sie (die Tradition vom leeren Grab); sie ist also wahrscheinlich historisch.« (Von Campenhausen, Der Ablauf der Osterereignisse und das leere Grab, S. 42)
- Sieht man die Existenz des »Auferstehungsleibes« als unabhängig von der biochemischen Substanz des irdischen Leibes an, so können auch ernsthafte Verteidiger der Osterbotschaft die These vertreten, Jesu Grab sei wahrscheinlich nicht leer oder zumindest nicht als leeres Grab bekannt gewesen. Einige Exegeten halten jedoch an der Zuverlässigkeit der biblischen Aussage über das leere Grab fest (vgl. Kremer, Die Osterevangelien, S. 49-50).

3.1.2 Impulse für den Unterricht (M 21)

1. Lesen Sie das Auferstehungszeugnis Joh 20,19-29.
2. Charakterisieren und vergleichen Sie die fünf Positionen zu der Frage der Auferstehung Jesu (historisch-kritisch; symbolisch; esoterisch; aufklärerisch; kreativ).
3. Übernehmen Sie in einer Diskussion eine der fünf Positionen und bringen Sie diese in einen Dialog mit den anderen Positionen.
4. Vergleichen Sie Theißens Auslegung im Interview (M 18) mit der Predigt. – Bewerten Sie die Vereinbarkeit.

Antikes Rollensteingrab im heutigen Israel

Thomas der Zweifler und die Glaubwürdigkeit der Osterbotschaft **M 21**

Was bleibt von einem historisch und archäologisch untersuchten Jesus aus Nazareth übrig? Hat ein sozialgeschichtlich analysierter Galiläer Bedeutung für eine (christliche) Existenz heute? Kann er für einen modernen Menschen auferstehen?
Auszüge aus einer Predigt von Gerd Theißen über Joh 20,19-29 geben Aufschluß.

Thomas der Zweifler ist in uns oft lebendiger als Jesus der Auferstandene. Denn Zweifler sind wir alle, wenn auch in verschiedenem Maße. Zweifler sind auch alle Glaubende. Da gibt es Menschen mit einem Glauben, der mehr im Zweifel daran besteht, ob die verbreitete Ablehnung des Glaubens recht hat. Da sind Anfänger im Zweifeln. Da gibt es Fortgeschrittene. Die zweifeln der Reihe nach an allem, aber für sie ist die Frage interessanter geworden, was sie trotzdem am christlichen Glauben festhält. Und dann gibt es reife Zweifler. Sie haben wenig Gewißheiten. Aber diese geben ihnen Halt genug, um viele Fragen offen zu lassen. Für manche gehört auch die Osterbotschaft zu diesen offenen Fragen. Es ist unbestreitbar. Man kann wie Thomas Jesus nachfolgen, von seinem Geist ergriffen sein, und ratlos vor den Ostergeschichten stehen. So einen modernen Thomas wollen wir heute durch verschiedene Lektionen des Zweifels begleiten.

I

Die erste Lektion beginnt damit, daß unser Thomas beschließt, Theologie zu studieren. Denn er sagt sich: Man muß einer Sache auf den Grund gehen. Von Ostern wissen wir nur durch die Texte des Neuen Testaments. Also muß man sie studieren; in Griechisch, mit Konkordanz, Lexikon, Grammatik, Kommentar. Das Ergebnis lautet in Kurzfassung: Die Ostergeschichten sind so schlecht nicht bezeugt. Die bekanntesten Einzelzeugen stehen zu Jesus in einem besonderen Verhältnis: Petrus verleugnete Jesus, Paulus verfolgte seine Anhänger, Jakobus war sein Bruder. Außerdem werden Frauen genannt, deren Zeugnis damals wenig galt und deshalb heute um so mehr wiegt. Alt sind die Überlieferungen auch. Paulus sagt, er hätte sie von anderen empfangen und weitergegeben, als viele Augenzeugen noch lebten. Über das leere Grab lassen die Gelehrten viel Gras wachsen. Die einen sagen so, die anderen anderes, die meisten gar nichts dazu.
Da er keine Zeit hat, noch einmal 120 Bücher zu dieser Frage zu lesen, beruft er sich auf seine Alltagserfahrung: Wir merken die Wirklichkeit daran, daß sie weh tut. Wer sich an einer Kante eine Wunde schlägt, hat in diesem Augenblick keine philosophischen Probleme, die Realität der Außenwelt nachzuweisen. Wenn etwas störend und verletzend – als Krankheit oder Unrecht – in unser Leben eingreift, dann sind wir überzeugt, es mit etwas Wirklichem zu tun zu haben. Thomas wird bewußt: Er sucht nach den Schmerzen, die Wirkliches erkennbar machen. Wundmale sind nicht nur die Erkennungszeichen des Herrn, sondern der Wirklichkeit überhaupt. Das hat ihm in der Welt der Bücher gefehlt, in denen er nur abgedämpft den Spuren menschlichen Schmerzes begegnete. Dort lebte er in der Welt der Annahmen und Vorstellungen, aber nicht in der Welt, wo man leidet, wo Menschen gefoltert und gekreuzigt werden. Jedoch erkennt Thomas auch, daß es in der Welt der Bücher eine Analogie zum schmerzhaften Zusammenstoß mit der Realität gibt: Auch in ihr spüren wir am intensivsten, daß wir uns nicht nur mit unseren eigenen Gedanken, sondern mit der Realität auseinandersetzen, wenn wir eine Annahme korrigieren, wenn wir eine Theorie unter dem Druck der Tatsachen aufgeben müssen. Auch das tut weh. Auch das schmerzt. Thomas hat damit die erste Lektion des Zweifels absolviert, die historisch-kritische Lektion. Er ist zur Einsicht gekommen: Er muß ins Leben hinaus, da, wo es richtig weh tun kann.

II

Einige Mitstudenten haben Verständnis für sein Problem und führen ihn in Kreise ein, in denen man über seine historisch-kritische Phase lächelt. Ihr Verein nennt sich »Seele und Symbol«. Ihre zentrale Lehre ist, die Aussagen der Bibel seien Teil einer allgemeinen Bildersprache der Menschen, die unbewußte Tiefen in uns erschließt. Dort liege die eigentliche Realität. Der Eingeborene, der auf seinem Weg zum Schamanen von einem Ungeheuer verschlungen wird, um sich dessen Kräfte anzueignen, mache dieselben Erfahrungen wie Jona, der vom Walfisch verschlungen und zu einem neuen Leben ausgespuckt wird. Die Erfahrung des Jona wiederhole sich in Tod und Auferstehung Jesu und in allen Christen, die sich mit ihm kreuzigen und begraben lassen, um ein neues Leben zu beginnen. Alle diese Bilder und Symbole verkörperten dieselbe universale Wahrheit: Wir werden nur wir selbst, wenn wir uns mit Schmerzen und Todesangst von unserem alten Leben trennen. Das neue Leben aber melde sich im Traum. Im Traum spreche Gott zum Menschen mit Hilfe der universalen Symbolsprache. Und weil die historisch-

kritischen Gelehrten diese Bildersprache nicht kennen, blieben sie bei Oberflächlichem stecken.
Thomas der Zweifler war zunächst fasziniert: Wenn Tod und Auferstehung Jesu Bilder von Prozessen in uns sind – Bilder einer radikalen Veränderung des Lebens, die Unbewußtes umgreift und bewußter Steuerung entzogen ist –, dann können wir unmittelbar ihre Wahrheit erfahren. Wir spüren sie in uns. Wir haben Gewißheit. Denn diese Wahrheit ist ein Teil unserer selbst.
Thomas der Zweifler hatte nur ein Problem, das seine Symbolfreunde nicht lösen konnten. Er träumte nicht so schöne Träume, wie man sie in ihren Kreisen erwartete. Seine Träume waren wirr, abgehackt, oft blutrünstig, meist obszön, häufig voller Todesangst. Noch lange klangen Kindheitserinnerungen an Bombennächte in ihnen nach. Nur selten hatte er einen Traum, der ihm wie eine Offenbarung erschien. Ein solcher Traum war der folgende:
Er mußte durch einen langen, dunklen Tunnel. Er spürte sofort: Das war der Tod. Und da sah er durch den Tunnel den Tod ihm entgegenkommen. Er war ein großes Insekt mit einem riesigen Stachel, dem Stachel des Todes, der ihn durchbohren würde. Er hatte wahnsinnige Angst, konnte nicht weglaufen. Da merkte er plötzlich, wie das Unwesen unsicher wurde. Die Angst in ihm schien auf das Untier überzugehen. Es drückte sich ängstlich zur Seite, als sei er von einer unsichtbaren Schutzwand umgeben. Und er wurde immer mutiger, als sei er immun gegen den Stachel des Todes. Er passierte das Untier und sah in der Ferne des dunklen Tunnels ein Licht größer werden. Er erwachte. Es war hell. Das Merkwürdige war: In der nächsten Nacht träumte er wieder einen Traum wie zur Korrektur des ersten Traumes. Da sagte ihm ein Arzt, daß er unheilbar krank sei. Und der Stein der Todesangst lag schwer auf seinem Herzen, und er konnte ihn nicht wegwälzen.
Und Thomas lernte: Die Schmerzen, die uns bis in die Träume hinein quälen, sind nicht nur Schmerzen der Selbstverwirklichung. Tod und Endlichkeit sind äußerst harte Gegebenheiten – nicht nur innere Prozesse. Gewiß muß die Osterbotschaft eine Bildersprache sprechen, die bis ins Innerste dringt. Aber sie muß selbst von außen kommen – so wie Tod und Endlichkeit von außen auf uns zukommen. Deshalb machte sich Thomas erneut auf die Suche nach der Realität, nach einer äußeren Realität. Er suchte nicht nur die Schmerzen seiner Selbstverwirklichung, sondern den Schmerz, die die absolute Realität offenbart: die »Wundmale des Herrn«.

III

Im dritten Stadium seines Zweifelns geriet er in einen Kreis von Esoterikfreunden, die ihm Kontakt mit einer außermenschlichen Realität verhießen. Sie erzählten ihm von Gedankenübertragung, Telepathie, zweitem Gesicht, prognostischen Ahnungen und betonten, das sei nur für Anfänger. Thomas hörte mit roten Ohren zu. Daß sich Verstorbene im Leben ihrer Angehörigen bemerkbar machen, war hier das Allergewöhnlichste. Hier kam sich Thomas mit seinen Zweifeln wie ein Häretiker, ein Außenseiter vor. Manches, was ihm erzählt wurde, klang absolut glaubwürdig. Er wollte nicht ausschließen, daß es eine für uns undurchschaubare Informationsübertragung von Sterbenden (und Verstorbenen) auf ihnen Nahestehende gab. Als man ihn aber einlud, an einer Sitzung teilzunehmen, wo man einen solchen Totengeist erscheinen lassen wollte, lehnte er entsetzt ab: Zwischen spontan sich ereignenden »Zeichen« und einer solchen Manipulation des Außernormalen durch Menschen war ein gewaltiger Unterschied. Fluchtartig und verwirrt verließ er den Esoterikerkreis.

IV

Daher schloß er sich einem Klub radikaler Aufklärer an. Hier galt die These: Wer nach Sinn sucht, hat sich verlaufen, sei Opfer einer psychischen Fehlentwicklung oder körperlichen Disfunktion. Menschliches Leben sei ein winziges Krustenphänomen auf einem kleinen Planeten. Je klarer der Mensch seine Stellung im riesigen Weltall durchschaue, um so schmerzlicher werde ihm die Sinnlosigkeit seines Daseins bewußt, einer Zufallserscheinung, bei der sich Materie überkompliziert selbst organisiert habe, so daß sie manchmal zuviel über sich nachdenke. Die menschlichen Organismen seien auf Selbsterhaltung programmiert, und daher trügen sie in sich Programme für Werte und Maßstäbe. Diese seien für das Funktionieren der Gesellschaft und die psychische Balance des einzelnen notwendig, ansonsten aber eine Illusion, die suggeriere, alle Mühe lohne sich irgendwann einmal, wo doch alles unaufhaltsam dem kosmischen Wärme- oder Kältetod entgegentreibt. Der Weise durchschaue diese Illusion. Auch er, Thomas, sei eingeladen, dem privilegierten Kreis der illusionslosen Weisen beizutreten. Man müsse zugeben: Der Verlust aller Illusionen täte am Anfang weh. Aber dafür tausche man etwas unvergleichlich Besseres ein: einen Blick auf die Wirklichkeit, wie sie wirklich ist, jenseits unserer Wünsche und Träume. Mit dieser Botschaft entließ man ihn.
Thomas fragte sich: War das der Schmerz, der ihn die letztgültige Wirklichkeit spüren lassen sollte? Bestand er darin, alle Illusionen zu kreuzigen, damit die nackte Wahrheit aus ihrem Scheitern auferstehen könne? War der Weltprozeß ein riesiger Strom, der in den Abgrund stürzt – die Menschen schwimmen darauf und wissen nichts davon? Eine wohltätige Totalillusion bewahrt sie vor dem Blick ins Nichts. Nur einige Gelehrte wissen es. Aber sie verbreiten ihre Einsicht mit leiser Stimme.

Denn sie haben nichts anzubieten, was ihren Nihilismus menschlich erträglich macht – abgesehen von der privilegierten Lust, ein Gelehrter zu sein und alles zu durchschauen.

V

Hier unterbreche ich die Erzählung von Thomas, um mich in seinen inneren Dialog einzuschalten. Ich meine: Was die radikalen Aufklärer sagen, ist eine authentische Möglichkeit, die Welt zu erleben und zu deuten. Sie ist mir selbst viel zu vertraut, als daß ich sie weginterpretieren könnte. Sie ist »Nihilismus« – die Entdeckung, daß nichts in der erfahrbaren Welt unbedingten Halt im Leben und im Sterben geben kann. Ich finde in dieser Welt zwar viel Anlaß zu einem begrenzten Vertrauen – einem Vertrauen, das an die Bedingung gebunden ist, daß mein Körper funktioniert, daß die Gesellschaft nicht aus den Fugen gerät, daß wir etwas Glück haben. Gott sei Dank wachsen wir alle mit solch einem bedingten natürlichen Vertrauen auf. Aber in der Konfrontation mit der Wirklichkeit wird dieser Mut zum Leben gekreuzigt. Er stirbt einen vielfachen Tod – durch Erfahrungen der unvermeidlichen Niederlagen des Lebens, aber auch durch Einsichten in das, was ist. Aber immer wieder geschieht ein Wunder. Dieser Mut zum Leben ersteht neu aus dem Nichts. Ich kann ihn letztlich so wenig begründen und erklären wie die Existenz der Welt überhaupt. Ja, dieser neue, unbedingte Mut zum Leben ist selbst eine Schöpfung aus dem Nichts. Nirgendwo spüre ich die Macht, die das Nichts ins Sein ruft, die Totes lebendig macht, die das Dasein in jedem Augenblick bewirkt und erhält, deutlicher als in diesem Mut zum Leben. In ihm erlebe ich Gottes schöpferische Macht. Ohne Nihilismus würde ich nie verstehen, was creatio ex nihilo bedeutet: Schöpfung aus dem Nichts.

Die Osterbotschaft sagt uns allen: Diese aus dem Nichts schaffende Macht ist in euer Leben getreten. Sie ist stärker als das Nichts, in dem der Strom der Wirklichkeit verschwindet. Sie ist dieselbe Macht, aus der dieser Strom kommt. Die Osterbotschaft will nicht primär einige esoterische Hinterzimmer der Welt oder die unbewußten Keller des Herzens aufschließen – das alles tut sie, all das kann sie, all das sei unbestritten –, aber sie konfrontiert uns vor allem mit dem, der alle Wirklichkeit schafft und erhält – von den fernsten Galaxien bis zu den kleinsten Pantoffeltierchen, von den Rhythmen des Lebens bis zu unserem Atmen, Denken und Sein. Diese Macht ruft euch zu: Wer meinen Ruf hört, der ist schon vom Tod zum Leben hinübergegangen. Er erhält neuen Lebensmut, der aus dem Nichts erschaffen ist.

Sie ruft: Bringt Liebe in diese Welt. Denn nur daran könnt ihr erkennen, daß ihr vom Tod zum Leben hinübergegangen seid. Wer nicht liebt, der bleibt im Tod. So der erste Johannesbrief. Sie haucht euch ihren Geist ein, wie sie dem leblosen Adam ihren Geist einhauchte und gibt euch den Auftrag, Schuld zu vergeben, Kranke zu heilen, Traurige froh zu machen.

Sie wälzt den Stein der Todesangst immer wieder von eurem Herzen und nimmt dem Tod seinen Stachel. Sie verläßt euch nicht in den Tunneln des Schreckens, und im finsteren Tal ist sie bei euch.

Diese Macht gibt sich an ihren Wundmalen zu erkennen. Sie begegnet euch mitten in den Schmerzen des Lebens, wo Verzweiflung und Nihilismus sich breitmachen.

Zu dieser Macht spricht der zum Glauben gekommene Thomas, wenn er zu Jesus sagt: »Mein Herr und mein Gott« – und ihn so nennt, wie Jesus nur am Anfang des Johannesevangeliums genannt wird: Gott. Denn diese Macht umgibt uns immer und überall. Oder wie das Johannesevangelium sagt: Alle Dinge sind durch sie geworden und ohne sie ist nicht geworden, was geworden ist. – Sie ist das Licht für die Menschen, und in ihrem Lichte sehen wir das Licht.

Laßt mich mit einem Bild abschließen, mit dem ich mir in sehr unvollkommener Weise die Gegenwart dieser Macht vor Augen führe. Sie erscheint mir wie ein riesiges Feld aus elektromagnetischen Wellen, für das wir keine natürlichen Organe haben – das wir aber an seinen Wirkungen spüren, etwa wenn wir durch Eisenspäne seine Struktur vergegenwärtigen oder durch Funken seine Macht sichtbar machen. Es ist überall vorhanden. Nur manchmal schlägt ein Funke in unsere begrenzte Alltagswelt. Die Ostererscheinungen sind ein solcher Funke. Nicht die Erscheinungen sind wichtig. Wichtig ist das Kraftfeld, aus dem sie stammen und das uns überall umgibt. Dieses Kraftfeld können wir immer spüren, auch wenn die Ostererscheinungen in der Vergangenheit verblassen. Keiner von uns konnte ihr Zeuge sein. Aber in jeden von uns kann der Funke eines unbedingten Mutes zum Leben und zum Sterben fliegen. Und dann darf jeder von uns die Seligpreisung auf sich beziehen: »Selig sind die, die nicht gesehen und doch geglaubt haben!«

Und der Friede Gottes, welcher höher ist als alle unsere Vernunft, bewahre unsere Herzen und Sinn in Jesus Christus, unserem Herrn. Amen.

Gerd Theißen

3.2 Auferstehung als Metamorphose

3.2.1 Sachinformationen/Impulse zu M 22

Beuys' Werke und Aktionen regen zu einer Neubestimmung des Verhältnisses zwischen Theologie und Kunst, junge Menschen insbesondere zum Nachdenken über Lebens- und Gesellschafts(re)formen heute an. Seine Bilder sind zugleich Aktionen des Widerspruchs, provozieren Gegenbilder, schöpferische Zwischenfälle und Vorausentwürfe neuer Existenzformen. Besonders anregend für ein Gespräch mit Schülern über »Auferstehung« sind Beiträge von Beuys aus einem Gespräch, das der Jesuit Friedhelm Mennekes mit Beuys am 30. März 1984 führte. Sie lassen Beuys' Entwurf einer kosmologischen Christologie im Ansatz erkennen.

Literaturhinweis
Friedhelm Mennekes: Beuys zu Christus. Eine Position im Gespräch. KBW, Stuttgart 1989

Impulse für den Unterricht

- Erläutern Sie das Verständnis von Auferstehung in dem Interview mit Beuys.
- Unterscheiden Sie »historisch« und »präsent«.
- Aus seinem Verständnis von Auferstehung fällt auf die Bergpredigt bei Beuys ein neues Licht.
- »Der Mensch muß sich selbst mit seinem Gott aufraffen«. Diskutieren Sie diesen Satz.

3.2.2 Sachinformationen zu den Bildern (M 22)

Joseph Beuys:
- Symbol des Opfers (1951)
- Symbol der Erlösung II (1951)
- Sonnenkreuz (1947/48)

Zwar entstammen die Kreuze einer frühen Schaffensperiode, aber sie lassen bereits erkennen, wie Beuys Opfer, Leiden und Sterben Jesu transformiert in den nachösterlichen Christus als den Kern des Lebens und der Welt.
Ausgehend von der traditionellen ikonografischen Form des Kreuzes verwandelt Beuys sukzessive das Symbol des Opfers in das Symbol der Erlösung (Christus als Wirkkraft und Hoffnungsprinzip), der Bewegung und des Aufbruchs in die Nähe der kosmischen Christologie des Kolosserbriefes: Das Sonnenkreuz von 1947/48 zeigt Christus mit erhobenen Armen, über denen ein Sonnenrad rotiert. Die Dornenkrone verwandelt sich in eine Weintraubenkrone. Das Victory-Zeichen unterstreicht die kosmische Bewegung und Veränderung.
Der Karfreitag (vgl. Symbol des Opfers 1951) ist überwunden durch Auferstehung (vgl. Symbol der Erlösung II 1951) und ins Kosmische erweitert und überhöht (vgl. Sonnenkreuz 1947/48). Die Bilder deuten nicht nur das Kunstverständnis von Beuys an, sondern weisen im Ansatz auf eine Neubestimmung des Verhältnisses zwischen Kunst und Theologie hin. Auf SchülerInnen wirken sie erfrischend unkonventionell und regen an, ein Gespräch über Lebens- und Gesellschafts(re)formen zu führen.

Impulse für den Unterricht

- Vergleichen Sie die Bilder. – Beachten Sie besonders die Verwandlung des Kreuzmotivs.
- Ordnen Sie die Bilder Aussagen im Interview und folgenden biblischen Texten zu: Kol 1,15-20; Phil 2,6-8 und Phil 2,9-11. Begründen Sie Zuordnung.
- Diskutieren Sie die These: »Jeder Mensch ist ein neuer Christus.«

J.B.: ... Erst wenn man ein ganz neuer Mensch geworden ist, wird man auch zu Dingen fähig werden, die bisher dem Menschen unmöglich erschienen sind. Das heißt im Grunde aber auch, den Menschen ein Bild vom Leben zu zeigen, durch das sie aus ihren ganzen Frustrationen herauskommen. Das Leben ist doch ein so interessanter Schauplatz und zeigt dem Menschen so viele geistige Erlebnisse auf, die er nur zu ergreifen braucht, um so ein inhaltreiches und von Entfremdung befreites Leben im Geiste führen, wie es keine Menschheit von der Vorgeschichte bis heute hatte. Niemals ist das Hereindrängen geistiger Kraft, also das sich Anbieten geistiger Hilfestellung für den Menschen, so gewaltig gewesen wie in dieser Zeit. Aber ohne diese Erkenntnisschritte zu machen wird man diese Kraft, die hineindrängen will, nicht aufnehmen können und in irdische Verhältnisse hineinbringen können. Denn diesmal geht es nicht mehr so, daß ein Gott dem Menschen hilft, wie das durch dieses Mysterium von Golgatha war, sondern diesmal muß diese Auferstehung durch den Menschen selbst vollzogen werden. Der Kredit ist gegeben, d.h. nach diesem Kredigt muß die Rückzahlung des Wechsels vom Menschen kommen. Also von diesem Standpunkt aus ist es ja wieder ganz interessant, sich den Spruch ›Gott ist tot‹ vorzuhalten. Er ist tot insofern, als er nie mehr von selbst kommt und den Menschen da irgendwie unter die Arme greift. Das tut er nicht. Sondern das ist ja längst im Menschen drin. Der Mensch muß sich gewissermaßen selber mit seinem Gott aufraffen. Er muß gewisse Bewegungen vollziehen, gewisse Anstrengungen machen, um sich in Kontakt zu bringen mit sich selbst. Und das ist ja der wahre wissenschaftliche Sinn des Wortes ›Kreativität‹. Jede andere Erklärung des Begriffes ›Kreativität‹ hat nur modischen Charakter. Nur wenn er dieses Verhältnis herstellt, kann er von seiner Schöpferkraft sprechen. Nur unter diesen Voraussetzungen kann er auch von dem Begriff der Selbstbestimmung sprechen. Denn Selbstbestimmung kann nur ein freies Wesen ausführen. Und dieses Wesen ist ja frei geworden durch die Entwicklung, nicht zum wenigsten sondern zum meisten durch die Inkarnation des Christuswesens in die physischen Verhältnisse der Erde. Also ein reales Mysterium, ein kosmisches Ereignis hat sich da vollzogen, kein nur historisches. Da hat sich ein Kraftfluß von absoluter Realität vollzogen. Und nun vollzieht sich mit dem Menschen eine Metamorphose, mit der er sehr große Mühe hat. Ganz große Mühe. Sehr schwer fällt es dem Menschen, aus eigener Kraft diese Selbstbestimmung auch wirklich in Anwendung zu bringen. Es fällt ihm ungeheuer schwer. Er möchte viel lieber frech mal was geschenkt bekommen. Er kriegt aber nichts mehr. Er kriegt nichts, gar nichts, von keinem Gott, von keinem Christus. Dennoch bietet sich diese Kraft an und will mit Gewalt hinein. Aber unter der Voraussetzung, daß der Mensch sich selbst aufrafft.

F.M.: Ich habe mit Ihren Ausführungen keine Schwierigkeiten. Ich möchte aber doch eine Unterscheidung versuchen zwischen historisch und präsent. Sie sagen immer: Christus ist nicht historisch.

J.B.: Nein, das ist er nicht.

F.M.: Aber es gab ihn doch historisch. Damit ist freilich der andere Aspekt nicht aufgehoben. Durch die Auferstehung bleibt er präsent. Aber es gab doch das Fundament, also seine historische Präsenz: daß er gelebt hat, daß er gekreuzigt wurde und auferstanden ist. In diesem Sinn ist er doch eine historische Persönlichkeit.

J.B.: Ja, aber es erschöpft sich nicht mit diesem historischen Ereignis. Sicher, als das geschehen ist, gab es rundherum historische Daten: Pontius Pilatus, das Römische Reich. Aber nun ist Christus kein besonders großer Profet, ein großer Mann, wie viele sagen, ein ungeheuer großer Profet mit einem besonders großen moralischen Konzept, dem die Menschen folgen wollen und sollen – sondern er ist eine Kraft, eine menschliche Kraft selbst, eine göttlich-menschliche Kraft selbst, die in dem Augenblick in den historischen Kontext gerät, für einen Moment.

F.M.: Gibt es für Sie bestimmte Einzelheiten aus dem Leben Jesu, die Ihnen etwas sagen, etwas, das Ihnen gefällt? Bestimmte Begegnungen, Geschichten, Erzählungen, Schicksale?

J.B.: Ja, was mir am Nächsten liegt, sind die immer wieder vorkommenden Heilungen, und dann natürlich die Bergpredigt. Das steht bei mir im Vordergrund.

F.M.: In der Bergpredigt, was wäre da so konkret für Sie wichtig? Ich meine, es ist ja viel, was da steht.

J.B.: Ja, das ist viel. Aber in der Bergpredigt ist für mich das Wichtigste, daß hier ein entscheidender Hinweis auf die Möglichkeit des Menschen gegeben wird. Auf die Möglichkeit des Menschen selbst. Hier wird ja nicht an irgendwelche Dogmen oder Glaubenssätze appelliert, sondern es sind eigentlich unendliche Möglich-

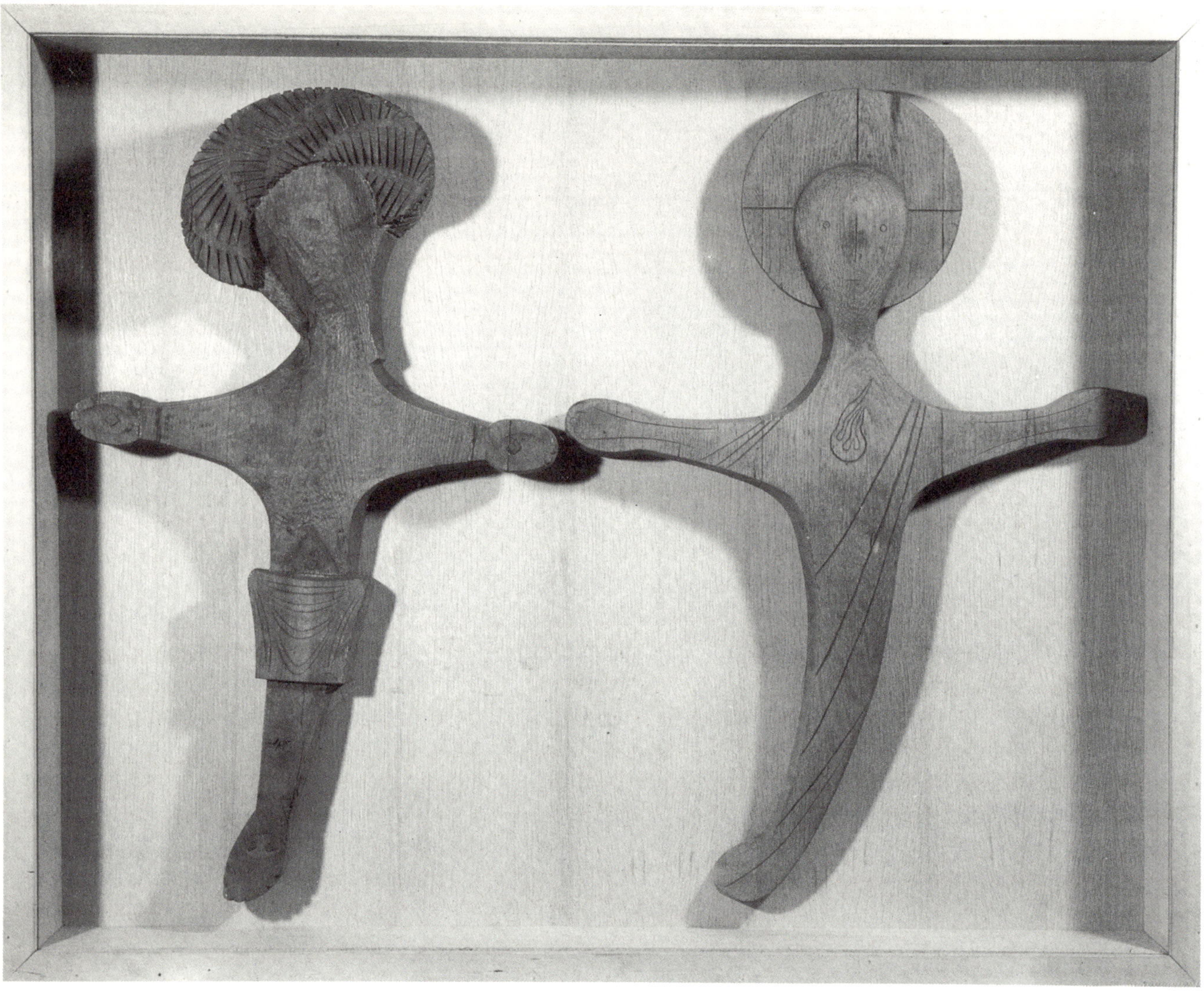

Joseph Beuys: Symbol des Opfers, 1951 / Symbol der Erlösung II 1951

keiten des Menschen auf seinem Gipfel. Deswegen ist es auch eine Bergpredigt. Da ist der Mensch auf der Höhe seines Bewußtseins. Also dieses Element des Gipfelgespräches ist mir wichtig. Der Gipfel ist immer das Höchste im Menschen, in seinem Innern, es ist die absolute Klippe, das Oben. Das ist das, was mich an der Bergpredigt am allermeisten interessiert: sich völlig ablösen aus der Tradition, die Eigenständigkeit des Menschen.

F.M.: Die Seligpreisungen sind ein Weg zu einer visionären Utopie, ein Aufstieg zu den Möglichkeiten des Menschen, wahrhaft seine Seligpreisungen.

J.B.: Ja, das ist es, was Utopie ist; was aber nichts anderes ist als der Plan. Utopie heißt ja: der Plan. Manchmal ist es ein Langzeitplan, kürzer oder länger, je nach Anstrengungen, die gemacht werden auf diesem Weg. Und am Ende ist dieses utopische Ziel erreicht.

F.M.: Sie würden auch in der Bergpredigt eine Art Vorabschattung dessen sehen, was er dann später nach der Auferstehung begonnen hat zu realisieren. Und die Auferstehung ist die Ermächtigung des Menschen, die Bergpredigt einzulösen, sie mit der inneren Kraft des Christlichen zu realisieren.

(...)

F.M.: Das Thema unserer Ausstellungen ist: Das Christusbild in unserer Zeit, also die Frage nach der zeitgemäßigen Figuration dieses rettenden, erlösenden, befreienden Prinzips im Sinne etwa der Auferstehungstheologie gedeutet. Was sind für Sie Leitorientierungen für ein solches Christusbild? Wenn ich Sie richtig verstanden habe, dann geht es Ihnen ja um ein Weitertasten und Weitersuchen nach einer solchen Figuration.

J.B.: Mann kann die Figuration nicht mehr so nehmen, wie sie in irgendeiner Vergangenheit tradiert wurde. Dann fielen wir zurück. Bei mir gab es ja diese Ablösung, wie wir zu Anfang unseres Gespräches schon feststellten. Ab einem bestimmten Zeitpunkt treten bei mir bestimmte tradierte Zeichen nicht mehr auf. Das Ganze hat sich aufgelöst in ein Gewebe, sagen wir ruhig: in ein Gewebe von Kraftzusam-

Joseph Beuys: Sonnenkreuz 1947/48

menhängen in der Welt. Dieses Bild von Christus kann ja heute nicht mehr mit äußeren Augen wahrgenommen werden, sondern es muß mit einem inneren Auge wahrgenommen werden. Und in diesem inneren Auge zeigt sich, was aus der Auferstehung Christi geworden ist. Der ist ja nicht irgendwo verdampft oder hat sich irgendwie verflüchtigt. Die Frage ist doch: wo ist der jetzt? Wer mit dem inneren Auge zu sehen sucht, der sieht, daß er längst wieder da ist. Nicht mehr in einer physischen Form, aber in der bewegten Form einer für das äußere Auge unsichtbaren Substanz. Das heißt, er durchweht jeden einzelnen Raum und jedes einzelne Zeitelement substantiell. Also ist er ganz nah da. Und die Schwelle zum Einbruch in den Menschen ist so gewaltig, wie nie in der Geschichte. Nur: es fehlt noch die offene Zuwendung, das zu erleben und sich dann als Mensch von Grund auf zu verändern.

F.M.: Nun gibt es aber verschiedene Medien, die diese Nachricht vermitteln. Ein Medium wäre das Wort und ein Medium wäre das der künstlerischen Figuration oder Darstellung. In welche Form würden Sie jetzt diesen Gedanken umsetzen?

J.B.: Ein Stichwort muß als erstes fallen: das der Bewegung. Es muß das Bewegungselement sehr stark betont werden. Wie man das jeweils macht, ist eine andere Frage. Die wahre Begründung der Aktionskunst ist das Bewegungselement. Und zwar nach Möglichkeit überallhin. Es ist auch das Moment der Bewegung gemeint, wenn Bäume gepflanzt werden, nämlich daß sich ein Zeitwesen, ein Lebenszeitwesen, eine Zeitmaschine, wie es ein Baum ist, in jeder Sekunde bewegt gegenüber einem starren Gebilde. Der steht ja auch daneben, der Stein. Der ruht, aber sein Wesen daneben verändert sich, entfaltet sich, vom Wind bewegt. Ist anfällig, auch hinfällig gegenüber höheren Einflüssen. Wichtig ist vor allem das Bewegungselement. Die Form, wie diese Verkörperung Christi sich in unserer Zeit vollzieht, ist das Bewegungselement schlechthin. Der sich Bewegende. Die rein geistige Gestalt – wenn man mal ein vergleichsmäßiges Bild nehmen kann – so eine Gestalt ist da, wie ein Mensch ja auch da ist, wenn er tot ist. Da ist ja sein Leib, der im historischen Kontext gestanden hat, nicht mehr da, aber er ist dennoch da. Wieso ist er da? Das wirft natürlich ein Licht auf das Wesen des Menschen. Heute haben wir ein biologisches Bild vom Menschen. Das wird uns beigebracht. Der Mensch wird geboren, dann stirbt er, gut. Dann hat er was hinterlassen, der eine vermacht seiner Familie was, der andere hat ein Werk geschrieben. Aber man denkt nicht weiter. Es wird zwar viel gepredigt: der Mensch kommt in den Himmel und so. Diesen Zinnober hasse ich wie die Pest, daß wir nicht fähig sind, daß die Kirche nicht fähig ist zu einem Dauerdiskurs, dem Menschen eine Folgerichtigkeit des Christentums hinzustellen in einer verbindlichen Sprache und nicht in diesem verdammten Predigerton, in diesem Gelabere da. Das ›Wort zum Sonntag‹ ist doch jedes Mal der Witz der Woche. Das ist doch keine Art, den Menschen das Ungeheure dieses Vollzuges der Zeit, in der wir heute leben, zu vermitteln. Das ist doch kein Mittel, dem Menschen die ungeheuren Möglichkeiten zu zeigen, die er heute hat. Allerdings, wenn diese Möglichkeiten für den Menschen nicht gewollt sind, gibt es keine bessere Strategien als den Antichristen so auftreten zu lassen.

F.M.: Gibt es neben der Bewegung noch andere Ausdrucksmöglichkeiten für Sie als Künstler, die Christusgestalt für unsere Zeit zu vermitteln?

J.B.: Das Element der Bewegung zu vermitteln ist die Hauptaufgabe. Denn in dem Augenblick, wo etwas in Bewegung gerät, kommt etwas in Fluß. Während in der Gegenwart der Mensch in seiner seelischen Konfiguration in einer tiefen Erstarrung liegt, liegen auch die Gesellschaftssysteme, Kommunismus und Kapitalismus, in einer Erstarrung. Denen ist eine tiefe Erstarrung übergestülpt mit der materialistischen Gesinnung, ob im Westen oder Osten.

F.M.: Aber wie kommen wir aus dieser Erstarrung heraus? Wie kommt die Bewegung zustande?

J.B.: Die Bewegung kommt zustande durch eine Provokation, durch eine Einweihung, durch eine Initiation zum Zwecke der Bewegung. Man ruft etwas hervor, das Bewegungsprinzip selbst. Und hier zeigen sich andere Pole, zeigt sich der Pol des Willens, der Energie – daß man weiß, woher die Bewegung ihre Nahrung hat – und es zeigt sich sofort der Formpol, d.h. daß es sich darum handelt, für alle Menschen etwas zu gestalten. Und das ist eine andere Gestalt als die alte. Es ist also das Auferstehungsprinzip: die alte Gestalt, die stirbt oder erstarrt ist, in eine lebendige, durchpulste, lebensfördernde, seelenfordernde, geistfördernde Gestalt umzugestalten. Das ist der erweiterte Kunstbegriff.

3.3 Dieser Mann am Kreuz (zu M 23)

3.3.1 Ansatzpunkte feministischer Christologie

Nach dem Ansatzpunkt feministischer Christologie verdient die Herausstellung Jesu als Befreier der Frauen besondere Beachtung.
Jesus hat Menschen, besonders Frauen, befreit – *von* der religiös geforderten Unterordnung, von den typischen Frauen-Rollen und aus den gesellschaftlich unterdrückenden Zwängen, von eingeschliffenen Vorurteilen und den damit internalisierten Selbstunterwerfungen der Frauen, von vielfältigen Krankheiten und von Ängsten vor der aussichtslosen Zukunft eines Frauendaseins. Jesus hat Menschen, besonders Frauen, befreit – *zu* eigenen Lebensexperimenten und einem neuen Aufeinanderzugehen von Frauen und Männern, von Kindern und Eltern, Ausgestoßenen und Anerkannte ..., zur Veränderung der bestehenden Mann-Frau-Hierarchien und zu einem sanften, matriarchalen Umgang mit der Schöpfung Gottes. Jesus befreit Frauen aus ihrer Definition durch den Mann, von ihrem Winkel- und Bindestrich-Dasein zu selbständigen, humanen Lebensperspektiven. Diese Befähigung Jesu, »als Befreier zu sprechen, hat nichts mit der Tatsache zu tun, daß er ein Mann ist, sondern damit, daß er dieses System der Beherrschung ablehnt und nun versucht, in seiner Person die neue Menschlichkeit von Dienst und gegenseitiger Bevollmächtigung zu verkörpern« (R.R. Ruether, 1985, 168).
Dieses Aufbrechen von verkrusteten Herrschaftsstrukturen im gesellschaftlichen und religiösen Leben durch Jesus und seine Aktion der »Vermenschlichung« schließt besonders die Befreiung von Frauen zu autonomen und ganzheitlichen Menschen ein. »Diese fortlaufende Menschwerdung Gottes« (C.I.M. Halkes, 1980, 41), wie sie damals exemplarisch und vorbildhaft mit Jesus begonnen hat, verwirklicht sich in der Menschwerdung aller Menschen. Der männliche Erlöser Jesus kann Frauen (und Männer) erlösen, weil seine Inszenierung der »neuen Menschlichkeit von Dienst und gegenseitiger Bevollmächtigung« Frauen und Männer befreit: *voneinander*, sofern sie sich im patriarchalischen Stil begegnen, *füreinander*, um gemeinsam ganzheitliche Menschen zu werden. Als »Repräsentant befreiter Menschlichkeit und des befreienden Wortes Gottes« hebt Jesus das Patriarchat, hebt er die Normativität des Mannseins für das Menschsein auf und befreit Frauen aus ihrem Leben als Menschen zweiter Klasse. Jesus befreit, so muß man im Sinne feministischer Kritik an Theologie und Kirche zugespitzt sagen, von den kirchlichen Herrschaftsinteressen und Unterdrückungsmechanismen der gängigen katholischen und evangelischen Mann-Christologie, die frauenfeindlich ist, Frauen von Ämtern ausschließt, die Erlösungstat auf den gott-männlichen Gottessohn einschränkt und das Verhältnis zwischen Gott und uns Menschen autoritär und ohne Gegenseitigkeit, auf Gehorsam und nicht auf Liebe gründend praktiziert.

Uwe Gerber

3.3.2 Christusbild und Lebensbezug

Der Text, der die Lebensgeschichte einer Frau thematisiert, bietet die Möglichkeit, die Frage des Christusbildes und seines Lebensbezuges in verdichteter Form durch den Eindruck einer konkreten Biographie aufzugreifen. Der biographische Ansatz hat in letzter Zeit für die Religionspädagogik große Bedeutung gewonnen. Ausgangspunkt dafür ist die Wahrnehmung, daß Religion »biographisch vermittelt« wird. Religiöse Tradition/Symbolik wird subjektiv angeeignet im Verlauf der individuellen Sozialisation. Glaubenserfahrungen, Situationen, in denen sich die Wahrheit des christlichen Zeugnisses dem einzelnen erschließt oder aber Glaubensgewißheit radikal ins Wanken gerät, bestimmen die Lebensgeschichte ganz entscheidend, indem sie eine neue Perspektive auf Wirklichkeit freisetzen, identitätsbildend wirken. In der Lebensgeschichte teilt sich die Glaubenserfahrung eines Menschen mit, in ihr kann sich Glaubenswahrheit für andere erschließen. Identität ist dabei nicht als statische, abschließend erreichbare Größe aufzufassen, sondern muß verstanden werden als »prinzipiell fragmentarisch«, als dynamische, unabschließbare Entwicklung, aufbauend auf Brüchen, Enttäuschungen und über sich hinausweisend (H. Luther: Identität und Fragment. Praktisch-theologische Überlegungen zur Unabschließbarkeit von Bildungsprozessen. In: Theologia Practica 20/1985, S. 317-338).
Indem in Biographien die Fragmentarität von Identität deutlich wird, verweisen sie auf die Grenzen der Eigenmächtigkeit des Menschen und den tragenden Grund unseres Lebens. Trotz der Unverwechselbarkeit jeder individuellen Geschichte bieten Biographien Vergleichbares und Typisches für die Erfahrungswelt jedes Menschen. Eine geschriebene oder erzählte Lebensge-

schichte ist nicht ein bloßer Faktenbericht, sondern bietet einen momentanen Zwischenentwurf des eigenen Lebens aus der Perspektive der Gegenwart. Ein solcher Zwischenruf reizt zur Reflexion der eigenen Biographie, indem strukturelle Bedingtheiten, Erlebnisweisen als vergleichbar erfahren werden. Zudem kann man sich der Punktualität und Vorläufigkeit solcher Entwürfe bewußt werden, indem im Blick auf einen großen Lebensabschnitt deutlich wird, daß ursprüngliche Lebensentwürfe überholt, vollkommen umgestaltet weitergeführt werden, ohne ihre Bedeutung für die Gesamtpersönlichkeitsentwicklung zu verlieren. Krisen und Brüche müssen also wie glückliche Lebensphasen als notwendige Elemente einer Biographie begriffen werden.

3.3.3 Didaktische Hinweise

Die besonderen Aspekte der Lebensgeschichte von Marion Miller liegen in der prägnanten Reflexion eines großen biographischen Bruches, der eng zusammenhängt mit Knotenpunkten religiöser Sozialisation in der Auseinandersetzung mit dem Christusbild. Es wird exemplarisch deutlich, wie der kritische Umgang mit biblischer Tradition nach schmerzhaftem Durchgang durch existentielle Erschütterung, Zweifel, Haß, Auflehnung zu neuer Hoffnung, einer »Neugeburt«, neuem Leben unter der Perspektive christlicher Verheißung und im Vertrauen auf Gottes Zuwendung führen kann. Eine Texterschließung in schrittweisem Nachvollzug dieser Entwicklung unter Herstellung entscheidender Knotenpunkte legt sich nahe. Das läßt die SchülerInnen unwillkürlich Verbindungen zur eigenen Lebensgeschichte herstellen, sei es, daß sie Parallelen im äußeren Bedingungsgefüge oder in persönlichen Empfindlichkeiten oder Verhaltensweisen der erzählenden Person zu sich selbst entdecken.

Marion Miller (Pseudonym), geb. 1932 in Karlsruhe, Jurastudium, Staatsexamen, drei Kinder. Lebt in Köln, arbeitet in der Jugendhilfe. Ein Roman, ein Lyrikband; zahlreiche Veröffentlichungen in Zeitungen, Zeitschriften, Hörfunk, Fernsehen.

Impulse für den Unterricht

1. Lesen Sie den ersten Teil des Textes. Skizzieren Sie Selbst-, Christus- und Elternbild von Marion Miller in der ersten Lebensphase.
2. Stellen Sie Zusammenhänge zwischen Vater- und Christusbild heraus.
3. Formulieren Sie eine Definition für Frausein und Mannsein nach Marion Miller. Vergleichen Sie mit Ihrer eigenen Definition.
4. Lesen Sie den zweiten Teil des Textes. Analysieren Sie die Bedingungsfaktoren, die bei Marion Miller zu Veränderungen der Lebenseinstellung geführt haben.
5. Tragen Sie die Veränderungen im Selbst-, Christus- und Elternbild zusammen.
6. Skizzieren Sie ein Weltbild, das Marion Miller als »androzentrisch« umschreibt. Entwerfen Sie unter Einbeziehung eigener Erfahrungen ein ganzheitliches Weltbild.
7. Der Crucifixus hat im Leben Marion Millers eine dreifache (symbolische) Bedeutung (zur Zeit der Kommunion, in einer Lebenskrise, zur Zeit der Abfassung der Biographie). Bewerten Sie den Wandel.
8. In der Erziehung vermittelte Christusbilder können sich im Lebenslauf auswirken. Zeigen Sie diesen Zusammenhang an der Situation heutiger Jugendlicher auf.

I

Beim Umzug habe ich es entdeckt: es lag, in Watte und Plastik verpackt, in der hintersten Kellerecke. Jahrelang hatte es da gelegen, vergessen wie ein altmodisches Kleid: das Kreuz, zur Erstkommunion mir vor über vierzig Jahren von meinen Eltern geschenkt.

Ein kostbares Stück, fünfundsechzig Zentimeter hoch, handgeschnitzt vom Salzburger Herrgottsschnitzer, wertvolles Einzelstück. Dunkel, von schöner Maserung durchzogen, die Kreuzbalken; der Corpus in hellerem Holz, dunkle Locken und Lendentuch, und hellrot gemalt die Herzwunde, das Blut an Händen und Füßen und die Knie, aufgeschlagen vom Fall.

Zu diesem Mann am Kreuz waren alle Kindergebete aufgestiegen; Schauer der Ehrfurcht durchzitterten das Kind, und das Gefühl himmel- und höllenweiter Distanz und Sündhaftigkeit drückten mich zu Boden. Der Mann am Kommunionskreuz, das ich nun, nach so vielen Jahren, wieder in der Hand halte, war mir der Inbegriff von Hoheit, Jenseitigkeit, von Macht und Herrlichkeit – die Idee vom Mann schlechthin. Noch im Tod ist er von edelster Schönheit; der schlanke Körper kräftig und muskulös; das schmale Gesicht, von Schmerzfalten durchzogen, trotz Folter und Qual hoheitsvoll- überirdisch, umrahmt von dunklen Locken in Haaren und Bart, erscheint ungebrochen in männlicher Energie. Die Erinnerung an das »Eli, lama sabachtani« taucht da lediglich als dramaturgischer Trick der Passionsgeschichte auf. Diese geschnitzte Figur ist bereits eine – noch leidende – Version des Helden der Auferstehung, keiner, dem man den blutigen Angstschweiß am Ölberg glaubt, ist kein Mensch, sondern der Mann, als den ich Gott erlebte als Kind: Gottsohn. Und zugleich erlebte ich die ältere, noch würdigere Variante: Gottvater.

Dieser weißhaarige und weißbärtige Übermann, allwissend und allmächtig, ein Magier, der die Welt an Fäden zog, wußte alles, sah dem gläubig-ängstlichen Kind noch in die versteckteste Ecke des sündigen Herzens. Vor diesen Röntgenaugen gab es kein Entrinnen, gab es nur das »mea culpa, mea maxima culpa«. Vor diesem allmächtigen Superrichter konnte man sich nur in den Staub werfen und um Gnade betteln.

Dem leiblichen Vater sah dieser – bestenfalls alttestamentarische – Gottvater zum Verwechseln ähnlich, oder vielmehr dem Bild, das das Kind in seinen von der Mutter genährten Phantasien sich von ihm, dem frühgestorbenen, zurechtgezimmert hat. Mehr noch: Gottvater war eine Mischung von Vater und Großvater, dessen Bild, in Öl gemalt und lebensgroß, eine Wand des Eßzimmers zierte: preußischer General der Infanterie, stern- und ordensgeschmückt, hochaufgerichtet, die mächtigen Hände gestützt auf den edelsteinbesetzten Degenknauf. Von diesem Großvater (mütterlicherseits) wußte ich nur durch die idealisierenden Erzählungen meiner Mutter. So war Gottvater ein weiser Staatsmann wie der Vater, ein oberster Kriegsherr wie der Großvater. Herr der Mächte und Heerscharen, riesig, ausgestattet mit allen Attributen der Macht, verkörperte diese Projektion kindlicher Phantasie auch den obersten Richter, der am jüngsten Tage Gericht halten würde über seine widerspenstigen Geschöpfe. Daß dieser Gott ein Gott der Liebe sei, hörte ich wohl, aber »Liebe« war allenfalls Gnade und Amnestie – und insofern umsomehr Ausdruck richtender Allmacht. Um diesen strengen, alleswissenden Richter gnädig zu stimmen, bedurfte es ständig sich wiederholender Rituale: Gebete, Messen, Andachten, Wallfahrten, der Fürbitte der Heiligen, und, vor allem, regelmäßiger Beichten. Gebeichtet habe ich als Kind alle vierzehn Tage; auch meine Mutter ging regelmäßig zur Beichte, und es blieb mir ein ewiges Rätsel, was diese Frau wohl zu beichten hätte. Wenngleich sie mir oft genug als grausam und ungerecht erschien, so hätte ich doch nie gewagt, solches als Sünde zu qualifizieren, war es doch mit göttlicher Autorität legitimiert: sie habe vor Gott einmal Rechenschaft für mich abzulegen, bedeutete sie mir, und diese Tatsache war Rechtfertigung für alles, was sie mir tat und antat.

Freilich, mein ewiges Sündenaufsagen im Beichtstuhl alle vierzehn Tage hatte nicht die befreiende Wirkung, die ihm so oft nachgerühmt wird, es belastete mich im Gegenteil von Mal zu Mal mehr. Denn die Beichte konnte ja nur dann ihre segensreiche Wirkung entfalten, wenn man fest entschlossen war, die Sünden keinesfalls zu wiederholen; ich wußte aber, daß ich wieder lügen, streiten und schlimme Wörter sagen würde, so daß meine Sünden mir nie wirklich vergeben werden konnten. So setzte ich auf den Trick namens »Ablaß«; damit konnte man, ganz bestimmte Bedingungen vorausgesetzt, wenn nicht der Sündenschuld, so doch der Sündenstrafe entgehen. Ablässe gab es für jeweils ganz bestimmte Zeiträume, und ich rechnete und addierte, bis ich meine Lebenszeit zusammenhatte. Ablaß, das bedeutete, nicht in die Hölle zu kommen, die andernfalls unweigerlich drohte. Kein noch so schlauer Kaufmann hätte erfinderischer sein können, um seinen Gläubigern zu entgehen.

Daß mich dieser Glaube bis an die Wurzeln vergiftete, erwies sich erst viel später. Vorerst lebte ich, vierte von fünf Töchtern – der einzige Bruder fiel in Rußland, siebzehnjährig – im Frauenhaus: mit Mutter, Schwestern und weiblichem Hauspersonal. Das war nach dem Tod des Vaters, ab 1943. So wurde meine Mutter die allesbeherrschende Person in meiner Entwicklung, eine überaus vitale, wenngleich in ihrer eigenen weiblichen Entwicklung gehemmte und beschnittene Person. Den Mann – Vater, Bruder, Großvater, Gott – erlebte ich als Abwesenden, der mächtig war und immer mächtiger wurde eben durch seine Abwesenheit und Unüberprüfbarkeit. Die Frau hingegen erfuhr ich als ungemein nah, unentrinnbar, beängstigend, mich beherrschend noch bis in die Träume. Gleichwohl herrschte die Mutter nicht durch sich selbst; sie berief sich auf den Namen des Vaters, des Großvaters, Gottvaters selbst, des Sohnes und Märtyrer-Bruders und des Heiligen Geistes der Weltordnung. Frau und Mutter – das hieß Stellvertreterin und Vermittlerin des Männlichen; diese Rolle war fest und unumstößlich und zwang mir mein eigenes Bild auf. Dieses Selbstbild war indes so widersprüchlich, daß ich ihm nur um den Preis totalen Selbstverlustes gerecht werden konnte: Frau, »nur«- Frau, wollte ich nicht sein, denn das hieß Passivität, Ja-sagen zu den Geboten fremder, männlicher Autoritäten, hieß, Dienende und Vermittlerin zu sein. So mußte die andere, männliche Seite in mir entwickelt werden, die allein mir eine gewisse Art von Selbstachtung zu ermöglichen schien. Für mich bedeutete das: zu lernen, abstrakt, analytisch zu denken, hieß das später das Studium der Rechte. Ich träumte davon, eines Tages hinter dem Richtertisch zu thronen, Recht zu sprechen und das Gute vom Bösen zu unterscheiden – eine gottähnliche Position.

Ehe und die Geburt von drei Kindern ließen es nicht dazu kommen. In der Geburt des ersten Kindes hätte ich meine eigene, weibliche Potenz erfahren können; ich erfuhr ein weiteres Mal nichts als weibliche Ohnmacht. Seine Geburt war ein fürchterlicher Absturz in Qual, in die unauslöschliche Erfahrung des Zerrissen- und Zerstörtwerdens durch die Epiphanie des Männlichen aus meinem Fleisch. Ich nannte den Sohn Markus, gab ihm diesen urmännlichen Namen des allesbedrohenden Löwen. Aber dieser Sohn entzückte mich auch; ich hatte den Mann geboren und fand Legitimation und Rechtfertigung darin. Die Tochter, das zweite Kind, bedeutete und verursachte das Ende meiner Juristerei; ich brach die Ausbildung ab, ein Jahr vor dem zweiten, großen Staatsexamen. In narzißtischer Verblendung sah ich in dem unschuldigen Wesen nur mich selber, die Frau, der man schon als Kind das eigene Leben streitig gemacht und es gewaltsam angepaßt hatte an eine rigide, patriarchalische Welt: die Tochter Stephanie, das war ich selber, der Mensch, der nicht selbst sein und werden durfte. Die Tochter machte mich zum »Nur«: Nur-Hausfrau, Nur-Mutter.

Und Gottvater schwieg: er thronte hoch über den Wolken, sah und registrierte mein Versagen und wendete sich ab. Niemand wußte von der Tragödie, am wenigsten der eigene Ehemann, war er doch mit der Karriere und der Existenzsicherung der wachsenden Familie voll in Anspruch genommen. Nie hätte ich gewagt, den Mann am Schreibtisch mit den eigenen Sorgen zu behelligen, – an diesem Riesenschreibtisch, hinter dem schon der eigene Vater verschwunden war: Kinder sind Frauenangelegenheiten.

Das dritte Kind wurde geboren, wieder ein Sohn – und wieder eine armselige Rechtfertigung für mein weibliches, schwaches Dasein: Christoph, der seinen Namen dem starken Riesen verdankt, der das Christkind durch das Wasser trug und unter der wachsenden Last des Gottessohnes fast zusammenbrach.

Von Emanzipation hatte ich damals, Anfang der sechziger Jahre, noch nichts gehört – ich fügte mich, wenn auch zähneknirschend, in meine »weibliche« Rolle, die indes unausweichlich zur Selbstverachtung, zur Negation meiner selbst und meines Selbst führte. Die Brutalität des Patriarchats hatte den Sieg davongetragen, weil ich eher bereit gewesen war, mich selbst aufzugeben, als seine Normen und Werte in Frage zu stellen.

II

Der Zusammenbruch kam, als ich vierunddreißig war, und diesmal war er total: Ungenügen, Schuld, Schwäche, Versagen, Fluchtversuche vor Ansprüchen, denen ich nie und nimmer genügen konnte, hatten mir alle Lebenskraft genommen. Ich hatte ein Mann sein wollen, und die Erkenntnis der Unmöglichkeit brachte mich um. Vor dem richtenden, das eigene Todesurteil sprechenden Gewissen gab es kein Entrinnen mehr – nun hatten die Psychiater das Wort. Ein weiteres und – letztes Mal geriet ich unter den Totalitätsanspruch von Männern und ihren tödlichen Verdikten. Ehemann, Ärzte, Psychiater und Psychologen machten unter sich aus, was mit mir sei und zu geschehen habe. Ich selbst war lediglich als – nicht recht ernstzunehmende – Zeugin in meinem Prozeß zugelassen. In typisch männlicher reduktionistischer Manier machte man ein ererbtes Übel verantwortlich für meine Verrücktheit, ein Übel, das mit meinem Leben, mit meinem kastrierten weiblichen Dasein und Selbstverlust nicht das Geringste zu tun hatte.

Aber nun hatte ich den Tod erlebt und das Grauen, hatte den richtenden Vatergott erlitten in seiner entsetzlichen Gerechtigkeit und – haßte ihn dafür. Zum ersten Mal brach dieser Haß in mir durch mit so elementarer Gewalt, daß ich diesen patriarchalischen Götzen in mir ermordete. Ich tat das bis dahin Undenkbare: ich trat aus der römisch-katholischen Kirche aus, jener unmenschlichen und frauenfeindlichen Männergesellschaft, deren oberster Repräsentant eben zu jener Zeit sich anmaßte, mich in meinem weiblichen Körper zum Objekt zölibatärer, theologischer Spitzfindigkeit zu machen; freilich war die »Pillenenzyklika« Pauls VI. nur der bekannte Tropfen, der mein ohnehin volles Faß zum Überlaufen brachte. Alles in dieser Kirche hatte mich zu unterdrückt-dienender Unfreiheit und Minderwertigkeit verdammt; die mir zugemutete Rolle der demütig-unterwürfigen Frau hatte, ausgerichtet am Maria-Wort des passiven »mir geschehe«, mich ebenso einseitig und krankmachend deformiert wie der verzweifelte Versuch, durch die Identifikation mit dem Mann-Gott-Vater teilzunehmen an Männerwelt und -kirche.

Damals nahm ich mein Kreuz von der Wand, das Kommunionskreuz mit dem edlen Helden daran; ich verpackte es in Watte und Plastik und trug es hinunter in den Keller.

1967/68: das war für mich die Stunde Null, Endzeit und zugleich Beginn meiner zweiten Geburt, deren Schmerzen ich nun bewußt erlebte, Zeiten und Jahre, die mich mitten durch die Hölle führten. Anfang eines neuen Lebens: alle alten Autoritäten, die mir Entfaltung und Selbstwerdung beschnitten hatten, warf ich nun nach und nach über den Haufen. So gut wie nichts blieb an seinem alten Platz; die alten mächtigen Bilder stürzten, und ein übers andere Mal hätten sie mich selbst mitgerissen und zermalmt, wäre da nicht die Schwester gewesen, eine von vieren, die mich gehalten, die mich geliebt und an mich geglaubt hat auch da, wo nur noch Hoffnungslosigkeit war. Diese Schwester, sechs Jahre älter als ich und viel früher zu selbständiger Entwicklung gelangt, wurde mir zur zweiten, geistigen Mutter: eine der gläubigsten, liebesfähigsten Frauen, die mir in meinem Leben begegnet sind.

Frauen begannen nun eine immer wichtigere Rolle für mich zu spielen, als Freundinnen, Anregerinnen, Gesprächspartnerinnen. Ich erkannte nun nach und nach den mörderischen Irrsinn des einseitig androzentrischen Weltbildes: eine Welt der Konkurrenz und des Kampfes, des Mißtrauens und des Gesicht-wahren-müssens, eine in dualistischem Denken zerrissene Welt, ein Denken in Sieg und Niederlage, ein mechanistisches Denken, das Natur und Menschen als Maschinen begreift, in die der Mann in angemaßter Gottähnlichkeit nach Belieben eingreifen darf. Ich sah die Unterdrükkung des Sanften, Zärtlichen: Mutter Erde, erniedrigt und ausgebeutet wie die Frauen. Das gegenwärtige Bild unserer Welt – milliardenverschlingende Vernichtungsapparaturen einerseits und Mord und Hunger in der Dritten Welt anderseits –: in dieser Absurdität hat die patriarchale Ordnung ihren Höhe- und Tiefpunkt erreicht.

Ich begann, mich dem Feminismus zuzuwenden, später der Ökologie- und Friedensbewegung, die ich in engstem Zusammenhang begreife. Obwohl längst keine Studentin mehr, bedeuteten die Jahre nach 1967 auch für mich eine Umwälzung, die alle Aspekte meines Lebens in ihren Strudel riß, die körperlichen und die seelischen, die politischen wie die privaten: Aus der braven Bürgerin wurde die (Denk-)Revolutionärin, aus der gottvatergläubigen Christin die ausgetretene Rebellin, aus der angepaßten Ehefrau die Berufstätige, die in ihrer neuen Aufgabe – Arbeit mit arbeitslosen, sozial schwachen Jugendlichen – ganz und gar aufging und schließlich auch den Rahmen einer patriarchalen, konventionellen Ehe sprengte.

Nie aber schwieg die Stimme in mir, oder besser: ein Rumoren, eine dauernde Beunruhigung – es fällt mir schwer, es zu benennen. Da war, vor allem, meine Schwester. Durch sie geriet ich an die Bücher Carl Gustav Jungs und Erich Neumanns; ich ließ mich – der Prozeß zog sich über Jahre – einholen von meinem »Schatten«, der schuldbeladenen, dunklen Seite meines Daseins. Aus der neuen, mich in den Grundfesten meines Lebensgefühls erschütternden Erkenntnis und Annahme meiner Schuld wuchs langsam, aber mit großer Stetigkeit und immer drängender die Sehnsucht, Hoffende unter Hoffenden zu sein, Liebende unter Liebenden – gegen eine hoffnungslose, liebeleere Welt. Nicht mehr Schuld und Schuldgefühl trieben mich, sondern das Gefühl neuen Lebens, das mich mit explosiver Kraft erfüllte.

In dieser Zeit begann eine neue, liebende Beziehung zu einem Mann, der aufgewachsen ist in einem anderen Kulturkreis, in einer anderen christlichen Erfahrung auch. Diese Beziehung ermöglicht uns beiden die Erfahrung wachsender Ganzheit, seiner und meiner. Nicht mehr die unversöhnlichen Gegensätze Mann-Frau bestimmen uns, sondern der fast spielerische Austausch der Polaritäten im lebendigen Wechsel: Sanftheit und Hartnäckigkeit, Zärtlichkeit und zupackende Konkretheit, Schwachheit und Kraft.

Nach zwölf Jahren kehrte ich in die Kirche zurück, nicht in die Dome einer männlichen ecclesia triumphans, nicht in Dogma und lehramtlich erstarrte Besserwisserei und Bevormundung – der Männerbund der institutionalisierten Kirche ist mir nach wie vor ein Greuel. Kirche ist für mich die Gemeinschaft derer, die sich nach Leben und Lebendigkeit sehnen, die Gemeinschaft der Ehrfürchtigen vor Natur und Leben. Kirche ist lebendig da, wo immer Partei ergriffen wird für das Schwache, Unterdrückte, Ausgebeutete. Leben – das wird für mich am deutlichsten in den acht Seligpreisungen der Bergpredigt, die ich ganz konkret-politisch verstehe: Leben, wie es sein könnte, menschliches Leben, wie es gemeint ist.

Im übrigen gerät mir die Lektüre der Bibel immer wieder zur Anfechtung, weil auch hier ein einseitig patriarchal-androzentrisches Weltbild erscheint. Ich muß mich wohl oder übel damit abfinden, daß auch das »Buch der Bücher« ein von Männern geschriebenes, in seinen kanonischen Teilen von Männern ausgewähltes, und vor allem in seiner Wirkungsgeschichte maskulines Werk ist, in dem ich als Frau mich nur in wenigen Passagen wiederfinden und erkennen kann.

Ich verlasse mich indes – oder sollte ich besser sagen: hoffe – darauf, daß mit dem Erstarken feministischer Theologie Frauen in die Lage versetzt werden, ihre spezifischen Erfahrungen einzubringen und zu formulieren, so daß die Bibel nicht als die ein für allemal abgeschlossene Offenbarung sich erweisen wird, sondern als fortwirkende und sich entwickelnde Mensch- und Fleischwerdung der Verheißung des Lebens.

Gottvater ist tot, und Gott für mich die – ungern so genannte – Chiffre für Leben und Sein, für Fruchtbarkeit, Schöpfungskraft und Tiefe, das Unnennbare, an dem alle Wörter und Begriffe scheitern. Die Bücher von Hanna Wolff, unter ihnen vor allem »Neuer Wein in alten Schläuchen«, die Schriften feministischer Theologinnen wie Mary Daly, Katharina Halkes und Christa Mulack haben mich beeindruckt und beeinflußt und sind dabei, neue Umwälzungen in mir zu bewirken, von denen ich nicht weiß, wohin sie mich führen werden.

»Euch ist gesagt worden – Ich aber sage Euch« – so sitzt der Sohn, der Mann Jesus, mit der Samariterin am Brunnen, verwirft alle männlichen Ordnungen, kehrt das Unterste zuoberst und verweist den Ort Gottes in uns selbst, in die Gemeinschaft der Glaubenden, Hoffenden, Liebenden.

Das Kreuz, das meine Eltern vor über vierzig Jahren für mich schnitzen ließen, hängt seit einiger Zeit über meinem Schreibtisch – Ort ständiger Auseinandersetzung mit mir selbst, mit Gott und der Welt.

Das Gespräch am Jakobsbrunnen

Jesus erfuhr, daß die Pharisäer gehört hatten, er gewinne
und taufe mehr Jünger als Johannes – [2]allerdings taufte
nicht Jesus selbst, sondern seine Jünger –; [3]daraufhin
verließ er Judäa und ging wieder nach Galiläa. [4]Er mußte
aber den Weg durch Samarien nehmen. [5]So kam er zu
einem Ort in Samarien, der Sychar hieß und nahe bei
dem Grundstück lag, das Jakob seinem Sohn Josef vermacht hatte. [6]Dort befand sich der Jakobsbrunnen. Jesus
war müde von der Reise und setzte sich daher an den
Brunnen; es war um die sechste Stunde.
[7]Da kam eine samaritische Frau, um Wasser zu schöpfen.
Jesus sagte zu ihr: Gib mir zu trinken! [8]Seine Jünger
waren nämlich in den Ort gegangen, um etwas zum Essen
zu kaufen. Wie kannst du als Jude mich, eine Samariterin, um Wasser bitten? Die Juden verkehren nämlich
nicht mit den Samaritern. [10]Jesus antwortete ihr: Wenn
du wüßtest, worin die Gabe Gottes besteht und wer es
ist, der zu dir sagt: Gib mir zu trinken!, dann hättest du
ihn gebeten, und er hätte dir lebendiges Wasser gegeben.
[11]Sie sagte zu ihm: Herr, du hast kein Schöpfgefäß, und
der Brunnen ist tief; woher hast du also das lebendige
Wasser? [12]Bist du etwa größer als unser Vater Jakob, der
uns den Brunnen gegeben und selbst daraus getrunken
hat, wie seine Söhne und seine Herden? [13]Jesus antwortete ihr: Wer von diesem Wasser trinkt, wird wieder
Durst bekommen; [14]wer aber von dem Wasser trinkt, das
ich ihm geben werde, wird niemals mehr Durst haben;
vielmehr wird das Wasser, das ich ihm gebe, in ihm zur
sprudelnden Quelle werden, deren Wasser ewiges Leben
schenkt.
[15]Da sagte die Frau zu ihm: Herr, gib mir dieses Wasser,
damit ich keinen Durst mehr habe und nicht mehr
hierher kommen muß, um Wasser zu schöpfen. [16]Er
sagte zu ihr: Geh, ruf deinen Mann, und komm wieder
her! [17]Die Frau antwortete: Ich habe keinen Mann. Jesus
sagte zu ihr: Du hast richtig gesagt: Ich habe keinen
Mann. [18]Denn fünf Männer hast du gehabt, und der,
den du jetzt hast, ist nicht dein Mann. Damit hast du
die Wahrheit gesagt.
[19]Die Frau sagte zu ihm: Herr, ich sehe, daß du ein
Prophet bist. [20]Unsere Väter haben auf diesem Berg Gott
angebetet; ihr aber sagt, in Jerusalem sei die Stätte, wo
man anbeten muß. [21]Jesus sprach zu ihr: Glaube mir,
Frau, die Stunde kommt, zu der ihr weder auf diesem
Berg noch in Jerusalem den Vater anbeten werdet. [22]Ihr
betet an, was ihr nicht kennt, wir beten an, was wir
kennen; denn das Heil kommt von den Juden. [23]Aber die
Stunde kommt, und sie ist schon da, zu der die wahren
Beter den Vater anbeten werden im Geist und in der
Wahrheit; denn so will der Vater angebetet werden.
[24]Gott ist Geist, und alle, die ihn anbeten, müssen im
Geist und in der Wahrheit anbeten. [25]Die Frau sagte zu
ihm: Ich weiß, daß der Messias kommt, das ist: der
Gesalbte (Christus). Wenn er kommt, wird er uns alles
verkünden. [26]Da sagte Jesus zu ihr: Ich bin es, ich, der
mit dir spricht.

Joh 4,1-26

3.4 Vom Jesusbild im heutigen Judentum

Ecclesia / Synagoge. Medaillons vom Elfenbeikreuz der Gunhild von Dänemark, um 1075
Kopenhagen, Nationalmuseum

Auf dem Kreuz sind Ecclesia und ewiges Leben, Synagoge und ewiger Tod auf den Kreuzesarmen einander zugeordnet. Während Ecclesia als statischer Block in das Medaillon eingebaut wurde, ist die Figur der Synagoge in auseinanderlaufenden Linien zerlegt und in ihrer Auflösung über das ganze Kreisrund verteilt. Sie ist halbnackt; wie der Hohepriester beim Verhör Christi hat sie sich das Gewand zerrissen und rauft sich das Haar.
In den Medaillons spiegelt sich eine 1000jährige spannungs- und konfliktreiche Geschichte von Christen und Juden.
Auf dem Kreuzesbalken Jesu entwickelte sich ein Kampf auf Leben und Tod zwischen Ecclesia und Synagoge. Kaum eine Diskriminierungsmöglichkeit wurde dabei ausgespart. Erst in den letzten Jahren nehmen Versuche Gestalt an, den Dialog zu suchen. Ein Papst Johannes XXIII. zugeschriebenes Gebet mag die Wende markieren:
»Wir sind heute bewußt, daß viele Jahrhunderte der Blindheit uns die Augen verhüllt haben, so daß wir die Schönheit deines auserwählten Volkes nicht mehr zu sehen und in ihren Gesichtern die Züge unserer bevorzugten Brüder nicht mehr zu erkennen vermögen.
Wir verstehen, daß uns ein Kainsmal auf die Stirn geschrieben steht. Im Laufe der Jahrhunderte hat unser Bruder Abel in dem Blut gelegen, das wir vergossen, oder er hat Tränen geweint, die wir verursacht haben, weil wir deine Liebe vergaßen.
Vergib uns den Fluch, den wir zu Unrecht an ihren Namen Jude hefteten. Vergib uns, daß wir dich in ihrem Fleisch zum zweiten Mal ans Kreuz schlugen. Denn wir wußten nicht, was wir taten ...«

Impulse für den Unterricht

- Beschreiben und vergleichen Sie die Medaillons.
- Informieren Sie sich in einem Lexikon christlicher Kunst über die Entwicklung der Bildmotive Ecclesia – Synagoge.
- Suchen Sie nach Auswegen aus der dargestellten Unheilsgeschichte.
- Welche Probleme belasten den christlich-jüdischen Dialog von beiden Seiten her?

Nur auf dem Hintergrund der 1000jährigen konfliktreichen Geschichte um Christen und Juden können die

Schüler die Bedeutung ermessen, die dcm Jesusbild im heutigen Judentum zukommt. Zwei jüdische Autoren stehen exemplarisch für die »Heimholung« Jesu ins Judentum, die mit Leo Baecks epochemachendem Werk »Das Evangelium als Urkunde der jüdischen Glaubensgeschichte« (1938) begann (vgl. Konzepte 6, Jesus Christus, Text 23).
David Flusser (M 24) und Schalom Ben-Chorin (M 25) differenzieren diesen Ansatz.

3.4.1 David Flusser: Jesus in unserer Zeit **M 24**

David Flusser (geb. 1917 in Wien), jüdischer Religionswissenschaftler und Spezialist für die Zeit des Frühjudentums und des NTs; lehrt an der hebräischen Universität Jerusalem. Sein Jesus-Buch, dem der Abschnitt entnommen ist, erschien zuerst 1968 und wurde in zahlreiche Sprachen übersetzt.

Leitfragen

1. Der Jude David Flusser zeigt eine erstaunliche Empfänglichkeit für Jesus und seine Anliegen. Zeigen Sie dies auf.
2. Diskutieren Sie die Parallelität der Zeiten damals und heute.
3. Versuchen Sie selbst eine unkirchliche Interpretation von Mt 28,20 (»Und siehe, ich bin bei euch alle Tage, bis ans Ende der Welt.«) zu verfassen.
4. Entwerfen Sie in einer Vision die Auswirkungen einer solchen nicht an eine Religion oder Konfession gebundenen Bedeutung Jesu für den interreligiösen Dialog.

3.4.2 Schalom Ben-Chorin: Er war ein Rabbi in Israel **M 25**

Schalom Ben-Chorin (geb. 1913 in München) lebt als freier Schriftsteller in Jerusalem. 1934 ist er nach Israel emigriert. Ben-Chorin war mit seinem Buch »Bruder Jesus« maßgeblich an der »Heimholung« Jesu ins Judentum beteiligt.

Leitfragen

1. Erläutern Sie, inwiefern jüdische Historiker und Theologen zu einer Neubewertung des historischen Jesus beitragen.
2. Zeigen Sie die Linie auf, die Ben-Chorin zwischen dem Kern der Botschaft Jesu und der Thora zieht.
3. Bewerten Sie die Verhaltensweisen Jesu im Rahmen des Judentums seiner Zeit.
4. Legen Sie die Motive Jesu zur Pilgerfahrt nach Jerusalem dar. Beurteilen Sie die Schlüssigkeit in der Argumentation Ben- Chorins.
5. Diskutieren Sie eine gemeinsame Perspektive von Juden und Christen durch die neue Bewertung des »Rabbi in Israel«.

David Flusser: Jesus in unserer Zeit **M 24**

Unsere Zeit scheint besonders geeignet zu sein, ihn und sein Anliegen zu verstehen. Eine tiefe Angst vor der Zukunft und vor der Gegenwart hat in uns eine neue Sensitivität erweckt. Wir sind heute empfänglich für Jesu Umwertung aller üblichen Werte, und die Fraglichkeit der normativen Moral, von der er ausgeht, ist vielen von uns zum Bewußtsein gekommen. Auch wir, wie Jesus, fühlen uns irgendwie zu den Parias der Gesellschaft, zu den Sündern hingezogen. Und wenn er meint, daß man dem *Bösen nicht widerstehen* solle, weil wir auch durch unsere Verneinung das an sich indifferente Kräftespiel in der Gesellschaft und in der großen Welt nur fördern, dann können wir das heute mindestens begreifen. Und wir können, wenn wir uns von den Fesseln der toten Vorurteile befreien, sicher seine Forderung der ungeteilten Liebe nachempfinden, nicht als eine philanthropische Schwäche, sondern als eine richtige psychologische Folgerung.

Auch die Ungeheuerlichkeit seines Lebens spricht uns heute an: von seiner Berufung bei der Taufe, von dem Zerreißen der Bindung an seine ihm fremde Familie und der Entdeckung einer neuen, erhabenen Kindschaft, herab in das Pandämonium der Kranken und Besessenen und weiter bis zu seinem Tod am Kreuze. Darum bekommen für uns die Worte, die nach Matthäus (28,20) der Auferstandene gesprochen haben soll, einen neuen, unkirchlichen Sinn: »Und siehe, ich bin mit euch alle Tage, bis an das Ende der Welt.«

Seligpreisungen und Weherufe

Er richtete seine Augen auf seine Jünger und sagte:
Selig, ihr Armen, denn euch gehört das Reich Gottes.
21 Selig, die ihr jetzt hungert, denn ihr werdet satt werden.
Selig, die ihr jetzt weint, denn ihr werdet lachen. 22 Selig
seid ihr, wenn euch die Menschen hassen und aus ihrer
Gemeinschaft ausschließen, wenn sie euch beschimpfen
und euch in Verruf bringen um des Menschenohnes wil-
len. 23 Freut euch und jauchzt an jenem Tag; euer Lohn
im Himmel wird groß sein. Denn ebenso haben es ihre
Väter mit den Propheten gemacht. 24 Aber weh euch, die
ihr reich seid; denn ihr habt keinen Trost mehr zu erwar-
ten. 25 Weh euch, die ihr jetzt satt seid; denn ihr werdet
hungern. Weh euch, die ihr jetzt lacht; denn ihr werdet
klagen und weinen. 26 Weh euch, wenn euch alle Men-
schen loben; denn ebenso haben es ihre Väter mit den
falschen Propheten gemacht.

Von der Vergeltung und von der Liebe zu den Feinden

27 Euch, die ihr mir zuhört, sage ich: Liebt eure Feinde;
tut denen Gutes, die euch hassen. 28 Segnet die, die euch
verfluchen; betet für die, die euch mißhandeln. 29 Dem,
der dich auf die eine Wange schlägt, halt auch die andere
hin, und dem, der dir den Mantel wegnimmt, laß auch
das Hemd. 30 Gib jedem, der dich bittet; und wenn dir
jemand etwas wegnimmt, verlang es nicht zurück. 31 Was
ihr von anderen erwartet, das tut ebenso auch ihnen.
32 Wenn ihr nur die liebt, die euch lieben, welchen Dank
erwartet ihr dafür? Auch die Sünder lieben die, von denen
sie geliebt werden. 33 Und wenn ihr nur denen Gutes tut,
die euch Gutes tun, welchen Dank erwartet ihr dafür?
Das tun auch die Sünder. 34 Und wenn ihr nur denen etwas
leiht, von denen ihr es zurückzubekommen hofft, wel-
chen Dank erwartet ihr dafür? Auch die Sünder leihen
Sündern in der Hoffnung, alles zurückzubekommen.
35 Ihr aber sollt eure Feinde lieben und sollt Gutes tun und
leihen, auch wo ihr nichts dafür erhoffen könnt.
Dann wird euer Lohn groß sein, und ihr werdet Söhne
des Höchsten sein; denn auch er ist gütig gegen die
Undankbaren und Bösen. 36 Seid barmherzig, wie es auch
euer Vater ist!

Vom Richten

37 Richtet nicht, dann werdet auch ihr nicht gerichtet wer-
den. Verurteilt nicht, dann werdet auch ihr nicht verurteilt
werden. Erlaßt einander die Schuld, dann wird auch euch
die Schuld erlassen werden. 38 Gebt, dann wird auch euch
gegeben werden. In reichem, vollem, gehäuftem, über-
fließenden Maß wird man euch beschenken; denn nach
dem Maß, mit dem ihr meßt und zuteilt, wird auch euch
zugeteilt werden.
39 Er gebrauchte auch einen Vergleich und sagte: Kann
ein Blinder einen Blinden führen? Werden nicht beide in
eine Grube fallen? 40 Der Jünger steht nicht über seinem
Meister; jeder aber, der alles gelernt hat, wird wie sein
Meister sein. 41 Warum siehst du den Splitter im Auge
deines Bruders, aber den Balken in deinem eigenen Auge
bemerkst du nicht? 42 Wie kannst du zu seinem Bruder
sagen: Bruder, laß mich den Splitter aus deinem Auge
herausziehen!, während du den Balken in deinem eigenen
Auge nicht siehst? Du Heuchler! Zieh zuerst den Balken
aus deinem Auge; dann kannst du versuchen, den Splitter
aus dem Auge deines Bruders herauszuziehen.

Von der wahren Frömmigkeit

43 Es gibt keinen guten Baum, der schlechte Früchte her-
vorbringt, noch einen schlechten Baum, der gute Früchte
hervorbringt. 44 Jeden Baum erkennt man an seinen
Früchten: Von den Disteln pflückt man keine Feigen, und
vom Dornstrauch erntet man keine Trauben. 45 Ein guter
Mensch bringt Gutes hervor, weil in seinem Herzen Gu-
tes ist; und ein böser Mensch bringt Böses hervor, weil
in seinem Herzen Böses ist. Wovon das Herz voll ist,
davon spricht der Mund. 46 Was sagt ihr zu mir: Herr!
Herr!, und tut nicht, was ich euch sage?

Lk 6,20-46

Schalom Ben Chorin: Er war ein Rabbi in Israel

M 25

Interview mit dem Religionsphilosophen Schalom Ben-Chorin, Jerusalem

Wolf-Rüdiger Schmidt: Herr Ben-Chorin, Jesus von Nazareth, die Gestalt, auf die sich die christliche Kirche in guten Zeiten und schlechten Tagen bezog, Jesus von Nazareth ist in diesem Jahrhundert von der jüdischen Theologie neu entdeckt worden. Sie selbst haben das Buch »Bruder Jesu« geschrieben und die neue Bewertung eine »Heimholung Jesu« genannt. Wie konnte es nach 1900 Jahren zu dieser Entwicklung kommen?
Sie sagen, daß der historische Hintergrund und die Erkenntnis des Historischen eine große, vielleicht sogar *die* herausragende Rolle bei der Neubewertung Jesu gespielt hat. Diese Sicht steht ein Stück gegen das christliche Empfinden, auch in diesem Jahrhundert. Hier hatte man zunächst kein allzu großes Vertrauen in die historischen Quellen bei der Rückfrage nach dem historischen Jesus. Kann man sagen, daß die Christen von den Juden etwas mehr Vertrauen in die Verläßlichkeit der Quellen gelernt haben?
SBC: Ich weiß nicht, ob man es so sagen kann. Aber die dogmatischen Blockierungen, die es für christliche Theologen – ich denke hier etwa an Karl Barth und seine Richtung – gab, fiel für jüdische Historiker und Theologen von Anfang an weg. Und deshalb konnten wir leichter an die historische Frage herantreten. Dabei war es allerdings klar, daß kein Autor, weder Christ noch Jude, ein »Leben Jesu« schreiben kann. Dazu fehlen in den Quellen die nötigen Materialien. Aber die Gestalt kann rekonstruiert werden, und dies vor allem im Rahmen der jüdischen Umwelt Jesu.
WRS: Und diese jüdische Umwelt erkennt man in den letzten 30, 40 Jahren sehr viel deutlicher. Der Hintergrund erhellt die Gestalt.
SBC: Man erkennt die Umwelt Jesu wirklich in den letzten 30, 40 Jahren dadurch deutlicher, daß wir zu den bisherigen Quellen eine weitere haben. Ich denke an die Schriftrollen von Qumran vom Toten Meer. Vieles in den Rollen von Qumran stammt von essenisch-monastischen Gruppen. Sie erleuchten Etliches im Leben und in der Lehre Jesu.
Wenn Jesus zum Beispiel in der Bergpredigt sagt »Ihr habt gehört, daß ihr den Nächsten lieben, aber den Feind hassen sollt«, hat man sich immer gefragt, woher kommt denn das? Nirgends in der hebräischen Bibel, im Alten Testament, wird der Feindeshaß geboten. Aber wenn man jetzt genauer hinsieht, dann fällt einem zunächst auf, daß Jesus sagt, »Ihr habt gehört«, – nicht – »Ihr habt gelesen«. Ihr habt nämlich von Qumran gehört, daß es dort in der Rolle »Der Kampf der Söhne des Lichtes gegen die Söhne der Finsternis« heißt, »Ihr sollt die Teufelssöhne der Finsternis hassen«. Da wird der Feindeshaß geboren. Oder an einer anderen Stelle in der Bergpredigt heißt es »Selig sind die Armen im Geiste, denn ihrer ist das Reich Gottes«. Wer sind denn diese Armen im Geiste? Sind denn das die geistig Minderwertigen und Debilen? Es wäre ganz falsch, dies anzunehmen. Aber aus den Rollen vom Toten Meer wissen wir jetzt, daß es dort Menschen gab, die um des Geistes willen arm geblieben sind.
Hier sehe ich ein franziskanisches Ideal, lange vor dem Christentum. Und so wissen wir durch die Rollen vom Toten Meer heute etwas mehr von der Umwelt und dem Hintergrund der Gestalt Jesu.
WRS: Sind das schon Hinweise auf Kerngedanken des Mannes Jesus? Die Feindesliebe? Die Nähe zu den geistig Armen, zu den Sanftmütigen und Friedfertigen?
SBC: Da haben wir schon ein Stück des Kerngedankens, den wir wohl ganz einfach so umschreiben können: Stern und Kern der Botschaft Jesu ist die Liebe, und zwar die Liebe zu Gott und die Liebe zum Nächsten. Und ich möchte hinzufügen: die Liebe zum Fernsten. All das hat Jesus nicht als etwas Neues in die Welt gesetzt, sondern aus der Thora, den fünf Büchern Mose, zitiert. Etwa aus dem Deuteronomium »Du sollst den Herrn, deinen Gott lieben, von ganzem Herzen, ganzer Seele und mit all deiner Kraft« und aus dem dritten Buch Mose »Liebe deinen Nächsten, er ist wie Du.« Und da hat man eingewandt, ja, aber hier steht nur der Begriff »Volksgenosse«. Das stimmt, aber sechzehn Verse weiter steht: »Du sollst den Fremdling lieben, denn ihr wart Fremdlinge im Land Ägypten«. Dieses doppelte Liebesgebot, Gott und den Menschen zu lieben, stellt Jesus von Nazareth in den Mittelpunkt seiner Verkündigung. Ich möchte sagen, er hat uns in Lehre und Leben gezeigt und vorgelebt, wie dieses doppelte Liebesgebot zu verwirklichen ist. Damit steht Jesus für mich in der großen Linie und Reihe der bedeutenden Lehrer Israels. Er ist für mich der Rabbi von Nazareth, nicht der Messias. Denn die Welt ist unerlöst geblieben nach seinem Opfergang nach Golgatha. Er ist nicht die zweite Person einer göttlichen Trinität. Gottvater, Sohn und Heiliger Geist – diese Vorstellung ist dem Judentum völlig fremd. Wir bleiben bei der monotheistischen Satzung: »Höre Israel, der Herr, unser

Gott, ist einer«, und dieser eine Gott, dieser *einzige* Gott, kann im Judentum nicht in eine Trinität umgedeutet werden.
So steht Jesus als der Bruder für mich in der großen Reihe der Lehrer Israels. In diesem Sinne möchte ich auch sagen, daß ich mich um eine Nachfolge bemühe.
WRS: Gibt es denn etwas an dieser historischen Gestalt – wir sprechen jetzt nicht über die christliche Deutung in der späteren Zeit –, was dem Judentum der damaligen Zeit fremd war oder etwas völlig Neues darstellte?
SBC: Es gibt manche Verhaltensweisen Jesu, die sicher fremd oder befremdlich gewirkt haben, aber es gibt nichts, was grundsätzlich nicht mit dem Judentum seiner Zeit vereinbar gewesen wäre. Befremdlich war für seine pharisäischen Kollegen, daß er mit Zöllnern und Sündern, mit Dirnen und asozialen Elementen in nahe Berührung trat. Aber er hat das ja so schön erklärt, wenn er sagt: »Nicht die Gesunden, die Kranken bedürfen des Arztes.« Und er wendet sich dem Erniedrigten und Beleidigten zu. Das hat sicher auf manche seiner Zeitgenossen sehr befremdlich gewirkt. Auch seine Beziehung zu Frauen zählt dazu, die weit über das hinausgeht, was wir sonst von einem Rabbi in Israel in dieser Zeit wissen. Denn es sind ja nicht nur dienende Frauen, sondern auch Jüngerinnen wie Maria Magdalena, die erste Zeugin der Auferstehung nach dem Johannes-Evangelium, die sich um diesen Lehrer in Israel scharen. So ist manches an ihm für die Zeitgenossen befremdlich gewesen. Aber nichts ist grundsätzlich mit dem Judentum unvereinbar.
WRS: Warum ist dieser Rabbi, dieser Lehrer Israels nach Jerusalem gezogen? In der Voraussicht, auch als politischer Gegner der Römer dort wirken zu können? Sah er sein Scheitern voraus? Er hätte ja auch in Galiläa bleiben können?
SBC: Er hätte in Galiläa bleiben können, aber er folgte dem Rufe des Gesetzes, indem er die Wallfahrt nach Jerusalem zum Passahfest antrat. Und ich mache Sie darauf aufmerksam, nach dem Johannes-Evangelium ist er auch zum Laubhüttenfest nach Jerusalem gekommen und zum Tempelweihefest. Also ist er ein Pilger. Die Pilgerfahrt zum Passahfest ist schon aus seinen Kindertagen bekannt. Die Erzählung vom 12jährigen Jesus im Tempel spielt sich ja auch zum Passahfest ab. Nun ist es aber deutlich, daß dieser Einzug in Jerusalem am Palmsonntag vom Volke anders interpretiert wurde. Jesus hat sich nie als Messias proklamiert. Er wurde vielmehr als der Sohn Davids freudig begrüßt. Er kommt nach Jerusalem, um hier in der Öffentlichkeit wirken zu können. Seine Jünger bestärken ihn darin und sagen, er müsse sich in Jerusalem offenbaren. Und so stellt sich uns die Frage: Siegeszug oder Opfergang? Das Schicksal will es dann, daß es Siegeszug und Opfergang ist.
WRS: Es kommt zu einer Verurteilung. Die christlichen Quellen, die Evangelien, haben offensichtlich ein Interesse daran, daß es die Juden sind, die Jesus verurteilen, nicht die Römer. Wie sehen Sie das historisch?
SBC: Das läßt sich leicht erklären. Die Evangelien sind dreißig bis neunzig Jahre nach dem Tode Jesu in ihrer endgültigen Form entstanden. Damals haben bereits die ersten christlichen Gemeinden mit steigendem Erfolg versucht, sich im römischen Reich zu integrieren. Es war nötig, die Gestalt des Pilatus, der ja eigentlich das Urteil der Kreuzigung aussprach, und die römische Soldateska, die diese Kreuzigung durchführte, in einer entsprechenden Weise zu entlasten. Wenn entlastet wird, muß auf der anderen Seite belastet werden. Wer wird belastet? Das Synedrion der Juden, der Hohe Rat. Sie werden als diejenigen dargestellt, die diesen Unruhestifter beseitigen wollen. Und dazu kommt im Matthäus-Evangelium das furchtbare Wort »Sein Blut komme über uns und unsere Kinder«. Es kommt in den vier Evangelien nur bei Matthäus vor. Wenn es überhaupt gefallen ist, dann war es der Ruf einer verhetzten Menge vor Pilatus, wahrscheinlich eines bezahlten Haufens, der den Volkszorn, wir kennen ja dieses Wort, darzustellen hatte. Aber damit das ganze Volk von Jerusalem oder von ganz Israel zu belasten, gar die Juden durch alle Jahrhunderte hindurch, ist eine furchtbare Untat. Dies gilt um so mehr, wenn man den theologischen Sinn dieses Ausspruchs versteht. Jesus sagt am Kreuz noch »Vater, vergib ihnen, denn sie wissen nicht, was sie tun.« Sie wissen nicht, was sie tun. Sie berufen das Blut, das zur Versöhnung für viele vergossen wird, auf sich herab. Und, theologisch gesehen, wird die Selbstverfluchung durch Jesu Wort eigentlich zur entsühnenden Geste. Das wurde über die Jahrhunderte hinweg übersehen, und man hat unter dem Ruf »Sein Blut komme über uns und unsere Kinder« dann in allen Jahrhunderten Pogrome inszeniert.
WRS: Insgesamt verändert die historische Arbeit auch theologische Perspektiven. Es ist etwas in Bewegung gekommen im neuen Verständnis der historischen Gestalt. Wo könnte in Zukunft die gemeinsame Perspektive von Juden und Christen in einem erweiterten Verständnis der Person des Jesus von Nazareth liegen?
SBC: Ich meine, wenn Juden und Christen gemeinsam versuchen, diese Gestalt in den Blick zu bekommen, dann wird uns klar, wie eng Judentum und Christentum von der Wurzel her zusammenhängen. Es ist nicht genug zu wissen, daß Jesus von Nazareth ein Jude war. Das wissen nun die meisten Christen, wenn auch keineswegs alle. Sondern daß er ein Rabbi in Israel war, bestimmt die neue Sicht. Daß er versucht hat, nicht eine neue Religion zu stiften, sondern eine Revolution der Herzen in Israel zu eröffnen. Durch Paulus wird dann das, was Jesus von Nazareth zur inneren Erneuerung Israels gesprochen und getan hat, als Botschaft in die Völkerwelt getragen.

3.6 Leonard Swidler: Der interreligiöse Dialog M 26

Zum interkulturellen Dialog gehört der inter-religiöse Dialog. Dieser beschränkt sich oft auf wesentliche Gemeinsamkeiten zwischen den Weltreligionen, vor allem in ethischen Fragen.
Der christliche Theologe Leonard Swidler weicht grundlegend verschiedenen theologischen Aussagen nicht aus. So versucht er sogar, die unterscheidend christliche Lehre von der (leiblichen) Auferstehung Jesu in einen Dialog zu bringen, der Assimilierung im Blick auf eine zukünftige Wandlung und ein Zusammen-Wachsen einschließt.
Swidler bringt die griechische Idee von der Unsterblichkeit der Seele, die Unterbrechung des samsarischen Kreises im Hinduismus, das Aufgehen in Nirvana im Buddhismus und die hebräisch-jüdische Tradition von der Auferstehung des Körpers in eine kreative Beziehung.
Die maßgebende Bedeutung Jesu muß dabei nicht verlorengehen: »Jesus ist der Maßstab und die Norm für das, was es heißt, christlich zu sein. Seine Anhänger, die jetzt Christen genannt werden, blicken auf diese historische Figur, die ein Jude war und in Israel vor 2000 Jahren lebte als ein Vorbild dafür, wie ein erfülltes Leben gelebt werden kann. Ein Leben, das offen ist für die ganze Wirklichkeit und die Quelle aller Wirklichkeit, Gott, sich auf die denkbar vollkommenste Weise in diesem Menschen, Jesus dem Juden, selbst offenbart hat. Wer auch immer Wirklichkeit begreifen will, kann sie nur partiell erkennen aus ihrer oder seiner Perspektive. Daher sind alle Wahrnehmungen von, alle Reaktionen auf, alle Doktrinen über Jesus zwangsläufig begrenzt. Er wird immer nur aus einer bestimmten Perspektive gesehen. Für die Aufgabe, ein noch besseres Verständnis von Jesus zu erhalten, kann es natürlich ausgesprochen hilfreich sein, Aussagen über ihn zu sammeln. Doch es ist der historische Jesus selbst, den Christen kennenlernen wollen, um dann seinem Vorbild zu folgen.
Die Lehren der Göttlichkeit Christi sind wichtige Versuche, die menschliche Begegnung mit dem Transzendenten in speziellen kulturellen Denkkategorien auszudrücken. Aber sie sind notwendigerweise in trans-empirische, metaphorische Sprache und Denkkategorien gehüllt. Sie müssen als solche verstanden und geschätzt werden, so daß sie Christen helfen können, ein das Göttliche einschließendes Leben zu führen – in der Nachfolge des Juden Jesus«. (Swidler, S. 46f.)

Leitfragen

1. Legen Sie die vier Vorstellungen von Befreiung, seliger Ruhe oder Erlösung in den verschiedenen religiösen Kulturkreisen dar.
2. Stellen Sie das gemeinsame Anliegen heraus, das die verschiedenen Religionen mit ihren jeweiligen Idealvorstellungen verfolgen. Diskutieren Sie.
3. Zeigen Sie Konsequenzen für den interreligiösen und interkulturellen Dialog auf.

3.7 Die Bergpredigt des innerreligiösen Gespräches M 27

Im Dialog der Religionen leben
Wenn Religion der Weg ist, dem der Mensch folgt, um zum Ziel seines Lebens zu gelangen, muß es spannend sein, diese Wege kennenzulernen und zu vergleichen. Drei »inter-religiöse« *Fragen* stellen sich dann:

1. Wie sieht der Mensch sich selbst, wenn er den Weg betritt? Wie findet er sich vor?
2. Wie könnte das erstrebte Ziel aussehen?
3. Finde ich Mittel und Wege, um dem Ziel nahe zu kommen?

Der innerreligiöse Dialog, der uns hilft, den anderen *in* uns selbst zu entdecken – steht nicht geschrieben, liebe deinen Nächsten wie dich selbst, wie dein »Selbst«? – trägt zur personalen Verwirklichung und zur gegenseitigen Befruchtung zwischen den Traditionen der Menschheit bei. Wir können nicht längere Zeit im Zustand der Isolation leben, getrennt von den anderen durch die Mauer gegenseitigen Mißtrauens oder im Zustand des Krieges, der mehr oder weniger »verdeckt« ist durch Nacheiferung und Wettbewerb. Sogar die friedliche Koexistenz bleibt oft nichts anderes als eine Form der politischen Strategie zum Aufrechterhalten des *status quo* – der im Vergleich mit dem Krieg selbstverständlich vorzuziehen ist.
»Wenn ihr aus zwei eins macht, das Innen wie das Außen, das Außen wie das Innen, das Höhere wie das Niedrigere ... dann werdet ihr eingehen (in das Reich)«, sagt das Thomas-Evangelium. Wenn ich in mir einen Atheisten, einen Hindu und einen Christen entdecken würde, wenn ich meinen Bruder wie ein anderes Ich-Selbst betrachten würde, und wenn »der andere« sich nicht als der Fremde in mir fühlen würde, ... dann würden wir uns dem Himmelreich nähern ...

Raimon Panikkar

Die Auferstehung

Jede Kultur entwickelt eine Anzahl von Werten und baut mit der Zeit eine Wertehierarchie auf, in der bestimmte Dinge unterschiedlich hoch eingeschätzt werden. Beispielsweise existiert in der griechisch-römischen Religionskultur die Neigung zu einem Körper-Seele-Dualismus, in dem der Körper negativ und der Geist positiv beurteilt wird. Daher war für Plato die Welt der Ideen die reale, und die Welt der Materie und der Sinne die im Schatten liegende.

Für den größten Teil der griechisch-römischen Kultur galt der Körper als ein Gefängnis, das die Seele zeitweise einkerkerte. Als Konsequenz daraus entwickelten die Griechen die Idee von Unsterblichkeit, nicht des Körpers, aber der Seele. Daher war das Beste, was sich über eine hoch anerkannte Person sagen ließ, daß sein/ihr *Geist* weiterlebte, oder er/sie unsterblich geworden oder sogar »vergöttlicht« sei wie einige römische Kaiser.

In der indischen Religionskultur wurde etwas Ähnliches, und doch Anderes, am höchsten bewertet. Der individuelle Geist, das Selbst, *atman*, wurde also vom großen Weltgeist, *Atman* oder *Brahman*, kommend interpretiert. Aber jedes *atman* war gefangen in einem endlosen Kreislauf von Tod und Wiedergeburt, dem *samsara*. Angestrebtes Ziel ist die Unterbrechung des *samsarischen* Kreises, so daß das individuelle atman befreit wird (moksha), um sich mit *Atman* erneut zu vereinigen.

Die indisch-buddhistische Version war, daß der *samsarische* Kreis mit dem *nirvana* durchbrochen werden konnte. Damit setzte das »Erlöschen« des falschen Selbst, des falschen atman ein, während der wahre Geist, wahre Selbst, des *anatman* befreien konnte. So hatte Gautama Buddha *nirvana* oder *anatman*, den Zustand völliger, seliger Ruhe, erlangt.

In der jüdischen Religionskultur hatte sich in diesem Zusammenhang ein ganz anderes Menschenbild entwickelt. Für sie war der Mensch nicht dualistisch, sondern eher monistisch: Der Mensch bestand nicht aus zwei Teilen, also Materie und Geist, Körper und Seele, die radikal voneinander getrennt waren. Vielmehr war der Mensch als ganzer integriert, ein Körper-Geist, ein beseelter Körper, ein verkörperter Geist. Daher wurde schließlich in der hebräisch-jüdischen Tradition von den Pharisäern die Idee der Auferstehung des Körpers entwickelt, d.h. die Wieder-Beseelung, die Wieder-Belebung des Körpers. Erwartet wurde, daß alle Menschen am Ende der Tage wieder auferstehen, körperlich wieder-beseelt würden.

Die wohl spektakulärste Aktion, die Jesus durchführte, war, jemanden von den Toten aufzuerwecken. Es liegt nahe, daß das Beste, was von Jesus im Kontext der judäisch-religiösen Kultur behauptet werden konnte, seine körperliche Auferweckung von den Toten sein mußte.

Kein Hindu hätte jemals daran gedacht, einer ihrer heiligen Männer oder eine ihrer heiligen Frauen sei körperlich von den Toten auferstanden. Auch ein Buddhist denkt nicht daran, Gautama Buddha sei körperlich von den Toten auferstanden oder sollte das tun. Die körperliche Auferstehung zu fordern hieße, die Besten zurückzuverdammen in den *samsarischen* Kreis. Ebenso hätte kein Grieche daran gedacht, von Sokrates oder Plato zu behaupten, daß sie von den Toten auferstanden seien, es tun sollten oder hoffentlich werden. Dies hätte bedeutet, Sokrates oder Plato das Schlimmste, nicht das Beste zu wünschen. Ihre unsterblichen Seelen hätten zurück gemußt in ihre korrupten materiellen Körper, zurück in das Gefängnis, aus dem sie entflohen waren. Aber genau dies ist es, was die Juden am höchsten priesen: »Die Trompete soll erschallen, und die Toten sollen auferstehen!« Daher war es also genau das, was einige Juden von Jesus behaupteten: Er war körperlich von den Toten auferstanden.

Erinnert sei jedoch an die ungläubige, verächtliche Reaktion der Griechen von Athen, als sie Paulus von Jesu Auferstehung sprechen hörten. Zunächst sagten sie: »Wir würden gerne diese neue Lehre, über die du sprichst, kennenlernen.« Sie hörten geduldig zu, bis Paulus zu der Stelle kam, an der er sagte: »Er (Gott) hat dies allen bewiesen durch die Erweckung dieses Mannes (Jesu) von den Toten!« Als sie Paulus von der Auferstehung sprechen hörten, machten einige von ihnen sich über ihn lustig (Apg 17,31f.).

Diese vier verschiedenen religiösen Kulturkreise sagen alle das Beste über ihre Besten. Was das jeweils Beste ist, hängt von jedem einzelnen Religionskulturkreis ab. Diese Tatsache besagt, daß die fundamentale Botschaft in den verschiedenen Fällen nicht in erster Linie Unsterblichkeit, *moksha, nirvana* oder Auferstehung ist. Vielmehr ist die hervorstechendste Botschaft, daß diese Personen das Beste erreicht haben, das Höchste in ihrer Religionskultur und ihnen daher das Beste zugeschrieben wurde. Ob der Geist des Sokrates Unsterblichkeit erlangt hat oder Gautama das *nirvana*, ob Jesus körperlich von den Toten auferweckt wurde, ist nicht der wichtigste Punkt dieser Ansprüche. Schließlich kann keiner dieser Ansprüche »bewiesen« werden, sondern nur akzeptiert als eine Art Glaube oder Vertrauen. Gleichwohl können sie natürlich eine vernünftige, wenn auch nicht unumstößlich überzeugende, Basis haben. Im Zentrum sämtlicher Aussagen steht vor allem eins: Alle Personen werden als Beispiele hervorragend gelebter Modelle geschätzt, die dem Menschen zeigen, wie ein authentisches, ein erfülltes menschliches und heil(ig)es Leben gelebt werden sollte. Und dies wird »belohnt« und bezeugt mit ihrem krönenden Abschluß: ob Unsterblichkeit und *moksha, nirvana* oder Auferstehung.

Leonard Swidler

Vision: Die Auferweckung Israels

Die Hand des Herrn legte sich auf mich, und der Herr brachte mich im Geist hinaus und versetzte mich mitten
in die Ebene, die voll von Gebeinen war. [2]Er führte mich ringsum an ihnen vorüber, und ich sah sehr viele
über die Ebene verstreut liegen; sie waren ganz ausgetrocknet. [3]Er fragte mich: Meinst du, Mensch, daß diese
Gebeine wieder lebendig werden? Ich antwortete: Herr und Gott, das weißt nur du. [4]Da sagte er zu mir: Sprich
als Prophet über diese Gebeine und sag zu ihnen: Ihr trockenen Gebeine, hört das Wort des Herrn! [5]So spricht
Gott, der Herr, zu diesen Gebeinen: Ich selbst hauche euch Atem ein, damit ihr lebendig werdet. [6]Ich spanne
Sehnen über euch und umgebe euch mit Fleisch; ich überziehe euch mit Haut und hauche euch Atem ein, damit
ihr lebendig werdet. Dann werdet ihr erkennen, daß ich der Herr bin. [7]Da sprach ich als Prophet, wie mir
befohlen war; und noch während ich redete, hörte ich auf einmal ein Geräusch: Die Gebeine rückten zusammen,
Bein an Bein. [8]Und als ich hinsah, waren plötzlich Sehnen auf ihnen, und Fleisch umgab sie, und Haut überzog
sie. Aber es war noch kein Atem in ihnen. [9]Da sagte er zu mir: Rede als Prophet zum Geist, rede, Mensch,
sag zum Geist: So spricht Gott, der Herr: Geist, komm herbei von den vier Winden! Hauch diese Toten an,
damit sie lebendig werden. [10]Da sprach ich als Prophet, wie er mir befohlen hatte, und es kam Atem in sie.
Sie wurden lebendig und standen auf – ein großes, gewaltiges Heer.
[11]Er sagte zu mir: Mensch, diese Gebeine sind das ganze Haus Israel. Jetzt sagt Israel: Ausgetrocknet sind
unsere Gebeine, unsere Hoffnung ist untergegangen, wir sind verloren. [12]Deshalb tritt als Prophet auf und sag
zu ihnen: So spricht Gott, der Herr: Ich öffne eure Gräber und hole euch, mein Volk, aus euren Gräbern herauf.
Ich bringe euch zurück in das Land Israel. [13]Wenn ich eure Gräber öffne und euch, mein Volk, aus euren
Gräbern heraufhole, dann werdet ihr erkennen, daß ich der Herr bin. [14]Ich hauche euch meinen Geist ein, damit
ihr lebendig werdet, und bringe euch wieder in euer Land. Dann werdet ihr erkennen, daß ich der Herr bin.
Ich habe gesprochen, und ich führe es aus – Wort des Herrn.

Ezechiel 37,1-14

Die Bergpredigt des innerreligiösen Gesprächs

M 27

Wenn ihr ein innerreligiöses Gespräch führt, *denkt* nicht darüber nach, was und wie ihr zu glauben habt.

Wenn ihr für eure Überzeugung *einsteht*, verteidigt nicht euch selbst oder eure wohlerworbenen Rechte, so heilig sie euch auch erscheinen mögen. Macht es wie die Vögel des Himmels: sie singen und fliegen, aber sie verteidigen weder ihren Gesang noch die Anmut ihres Fluges.

Wenn ihr mit jemandem ein Gespräch führt, seht in eurem Gesprächspartner, was ihr in den Lilien des Feldes sehen würdet – und solltet: eine echte Offenbarung.

Wenn ihr euch im innerreligiösen Gespräch engagiert, bemüht euch zuerst, den Balken aus eurem eigenen Auge zu entfernen, bevor ihr versucht, den Splitter im Auge eures Nachbarn zu ziehen.

Selig seid ihr, wenn ihr während des Gespräches nicht in Selbstzufriedenheit schwelgt.

Selig seid ihr, wenn ihr dem anderen vertraut, weil ihr ihm vertraut.

Selig seid ihr, wenn ihr in eurer eigenen Glaubensgemeinschaft oder in der des anderen auf Unverständnis stoßt, weil ihr der Wahrheit treu geblieben seid.

Selig seid ihr, wenn ihr zu euren Überzeugungen steht und sie doch nicht absolut setzt.

Weh euch, ihr Theologen und Akademiker, wenn ihr ablehnt, was andere sagen, weil es euch nicht in den Kram paßt oder weil es euch zu wenig durchdacht erscheint.

Weh euch, ihr praktizierenden Gläubigen, wenn ihr auf die Schreie der Kleinen nicht hört.

Weh euch, ihr religiösen Autoritäten, denn ihr verhindert Wandel und Umkehr.

Weh euch, ihr Frommen, denn ihr erhebt einen Alleinvertretungsanspruch in Sachen Religion: ihr erstickt den Geist, der weht, wo und wie er will.

Raimon Panikkar

Anhang

Literaturverzeichnis

Barnavi, E. (Hg.), Universalgeschichte der Juden. Von den Ursprüngen bis zur Gegenwart. Ein historischer Atlas. Deutsche Ausgabe: Verlag Christian Brandstätter, Wien 1933

Ben-Chorin, Schalom, Bruder Jesus. Der Nazarener in jüdischer Sicht. Paul List Verlag, München [7]1984

Bibel und Kirche 1/1993 (Qumran)

Blank, J., Jesus von Nazareth. Geschichte und Relevanz. Verlag Herder, Freiburg – Basel – Wien 1972

Bornkamm, G., Jesus von Nazareth. Stuttgart [13]1983

Bösen, W., Galiläa als Lebensraum und Wirkungsfeld Jesu. Eine zeitgeschichtliche und theologische Untersuchung. Verlag Herder, Freiburg – Basel – Wien 1985

Bösen, W., Der letzte Tag des Jesus von Nazaret. Was wirklich geschah. Verlag Herder, Freiburg – Basel – Wien [2]1994

Bubolz, G., Wege zu Jesus (Arbeitshefte Religion – Sekundarstufe II), Frankfurt 1986

Flieger, F. / Neumüller, G., Konzepte 6: Jesus Christus (Lehrerkommentar), Frankfurt/München 1981

Flusser, D., Entdeckung im Neuen Testament, Bd. 2: Jesus – Qumran – Urchristentum. Neukirchen-Vluyn 1994

Fohrer, G., Geschichte Israels, UTB 708, Stuttgart [3]1982

Harnisch, W., Die Gleichniserzählungen Jesu. UTB 1343, Göttingen 1985

Hengel, M., Die Zeloten. Untersuchungen zur jüdischen Freiheitsbewegung in der Zeit von Herodes I. bis 70 n.Chr., Leiden/Köln 1961

Hengel, M., Judentum und Hellenismus. Verlag J.C.B. Mohr, Tübingen [2]1973

Jeremias, J., Jerusalem zur Zeit Jesu. Eine kulturgeschichtliche Untersuchung zur neutestamentlichen Zeitgeschichte. Verlag Vandenhoeck & Ruprecht, Göttingen [3]1969

Josephus, Flavius, Geschichte des Jüdischen Krieges. Fourier Verlag, Wiesbaden [10]1993

Klausner, J., Jesus von Nazareth. Seine Zeit, sein Leben und seine Lehre. Jersualem [3]1952

Lähnemann, J. / Hahlbohm, U., Jesus Christus. Frankfurt 1981

Lohrbächer, A. (Hg.), Was Christen vom Judentum lernen können. Modelle und Materialien für den Unterricht, Verlag Herder, Freiburg – Basel – Wien 1994

Maier, J., Das Judentum. Von der biblischen Zeit bis zur Moderne. Gondrom Verlag, Bindlach 1988

Maier, J., Jesus von Nazaret und sein Verhältnis zum Judentum. Aus der Sicht eines Judaisten. In: Eckert, W.P./H.H. Henrix, Jesu Jude-Sein als Zugang zum Judentum. Eine Handreichung für Religionsunterricht und Erwachsenenbildung. Einhard Verlag, Aachen 1976

Mennekes, F. / Röhrig, J., Crucifixus. Das Kreuz in der Kunst unserer Zeit. Verlag Herder, Freiburg – Basel – Wien 1994

Mennekes, F., Beuys zu Christus. Eine Position im Gespräch. Verlag KBW, Stuttgart 1989

Mussner, F., Traktat über die Juden. Kösel-Verlag, 2., überarbeitete Auflage 1988

Panikkar, R., Der neue religiöse Weg. Im Dialog mit Religionen leben. Kösel-Verlag, München 1990

Pfammatter, J. / Furger, F. (Hg.), Methoden der Evangelien-Exegese. (Theologische Berichte XIII) Benziger Verlag, Zürich – Einsiedeln – Köln 1985

Pixner, B., Wege des Messias und Stätten der Urkirche. Hg. Rainer Riesner. Brunnen Verlag, Gießen 1991

Rombold, G. / Schwebel, H., Christus in der Kunst des 20. Jahrhunderts. Eine Dokumentation mit 33 Farbbildern und 70 Schwarzweiß-Abbildungen. Verlag Herder, Freiburg – Basel – Wien 1983

Safrai, S., Das jüdische Volk im Zeitalter des Zweiten Tempels. Neukirchen-Vluyn 1980

Schmidt, W.-R., Der Mann aus Galiläa. Suche nach einem Unbekannten. GTB 1426, Gütersloher Verlagshaus, Gütersloh 1990

Schottroff, W. / Stegemann, W. (Hg.), Traditionen der Befreiung, 2 Bde. Chr. Kaiser/Burckhardthaus-Laetare Verlag, München/Gelnhausen 1980

Schottroff, L. / Stegemann, W., Jesus von Nazareth – Hoffnung der Armen. Urban-TB 639, Kohlhammer Verlag, Stuttgart 1978

Schottroff, W. / Stegemann, W., Der Gott der kleinen Leute. Sozialgeschichtliche Auslegungen. Bd. 2: Neues Testament. Chr. Kaiser Verlag/Burckhardthaus-Laetare Verlag, München/Gelnhausen 1979

Schüssler-Fiorenza, E., Zu ihrem Gedächtnis. Eine feministisch-theologische Rekonstruktion der christlichen Ursprünge. München 1988

Stegemann, H., Die Essener, Qumran, Johannes der Täufer und Jesus. Herder Spektrum Bd. 4128, Verlag Herder, Freiburg 1993

Theißen, G., Der Schatten des Galiläers. Historische Jesusforschung in erzählender Form. Chr. Kaiser Verlag, München 1986

Theißen, G., Studien zur Soziologie des Urchristentums. Tübingen [2]1983

Theißen, G., Soziologie der Jesusbewegung. Chr. Kaiser Verlag, München [2]1978

Thoma, C., Das Messias-Projekt. Theologie jüdisch-christlicher Begegnung. Pattloch Verlag, Augsburg 1994

Weder, H., Die Gleichnisse Jesu als Metaphern. Verlag Vandenhoeck & Ruprecht, Göttingen [3]1984

Winnekes, K. (Hg.), Christus in der bildenden Kunst. Von den Anfängen bis zur Gegenwart. Eine Einführung. Kösel-Verlag, München 1989

S. 15: 1.2.3 © Pater W. Gahlen MSC, Gymnasium Johanneum, 66424 Homburg

S. 21: 1.2.5 © Rüdiger Kaldewey (unveröffentlichtes Mskr.)

S. 24: **M 2** Filmprotokoll nach: Entwurf 2/92, hg. von der Fachgemeinschaft ev. Religionslehrerinnen und Religionslehrer in Württemberg e.V. und vom Fachverband ev. Religionslehrerinnen und Religionslehrer in Baden e.V., Stuttgart 1992, S. 44-46

S. 28: Inhaltsübersicht nach: Dieter Petri/Jörg Thierfelder, Begleitheft zum Film. Calwer Verlag/Matthias-Film, Stuttgart 1993, S. 5-8, 11-17

S. 30ff.: **M 3** Interview aus: Wolf-Rüdiger Schmidt, Der Mann aus Galiläa. Suche nach einem Unbekannten. (GTB 1426) © Gütersloher Verlagshaus, Gütersloh [2]1990, S. 130-136 in Auszügen

S. 33: **M 4** Karte: Ilse Eckart, Berlin. (Aus: G. Theißen, Der Schatten des Galiläers. © Chr. Kaiser/Gütersloher Verlagshaus, Gütersloh, S. 271)

S. 38: **M 5** aus: Flavius Josephus, Die Geschichte des Jüdischen Krieges, I, 1-3.Übersetzt von H. Clemente. Fourier Verlag, Wiesbaden [10]1993

S. 40: **ZM 2** Quelle wie oben zu Seite 28f., a.a.O., Seite 20-23

S. 41f.: **ZM 3** aus: W.P. Eckert/H.H. Henrix (Hg.), Jesu Jude-Sein als Zugang zum Judentum. Einhard Verlag, Aachen 1986, S. 81-85

S. 46: **M 7** aus: W. Bösen, Galiläa als Lebensraum und Wirkungsfeld Jesu. Eine zeitgeschichtliche und theologische Untersuchung. Verlag Herder, Freiburg – Basel – Wien 1985, S. 181-191

S. 47: **M 8** L. Schottroff, Die Güte Gottes und die Solidarität von Menschen. Das Gleichnis von den Arbeitern im Weinberg. In: L. Schottroff/W. Stegemann (Hg.), Der Gott der kleinen Leute, Bd. 2: Neues Testament. © Chr. Kaiser/Burckhardthaus-Laetare, München/Gelnhausen – Berlin – Stein 1979, S. 79-81, S. 91f. (in Auszügen)

S. 48: **ZM 4** aus: J. Blank, Das Gleichnis von den Arbeitern im Weinberg oder vom gütigen Hausherrn. Mt 20,1-15 als Beitrag zum GottesverständnisJesu. In: M. Langer/A. Bilgri (Hg.), Weite des Herzens. Festschrift für Abt Odilo Lechner. Verlag Pustet, Regensburg 1989, S. 567-573

S. 49: **ZM 5** aus: L. Schottroff/W. Stegemann, Jesus von Nazareth – Hoffnung der Armen. Urban-TB 639, Kohlhammer Verlag, Stuttgart – Berlin – Köln – Mainz 1978, S. 56

S. 49: **ZM 6** Zeitungsnotiz aus: Religionspädagogische Hefte 1/1988: Gleichnisse, hg. von der Evangelischen Kirche der Pfalz, Speyer 1988, S. 60

S. 53: **M 9** Pharisäer, aus: Dieter Petri/Jörg Thierfelder, Begleitheft zum Film: Jesus von Nazareth. Auf der Suche nach einem Unbekannten. Calwer Verlag/Matthias-Film, Stuttgart 1993, S. 24- 27 (gekürzt und bearbeitet)

S. 54: **M 10** Essener, aus: Hartmut Stegemann, Die Essener, Qumran, Johannes der Täufer und Jesus. Herder/Spektrum, Verlag Herder, Freiburg [4]1994, S. 78-82, 227-229, 352f. (gekürzt und überarbeitet); 368 (Lageskizze)

S. 61f.: **M 12** aus: G. Theißen, Soziologie der Jesusbewegung. Ein Beitrag zur Entstehungsgeschichte des Urchristentums. © Chr. Kaiser/Gütersloher Verlagshaus, Gütersloh, S. 14, 16-20

S. 64f.: **ZM 8** aus: Große Frauen der Bibel in Bild und Text. Mit Beiträgen von H. Haag, J.H. Kirchberger und D. Sölle. Verlag Herder, Freiburg – Basel – Wien 1993, S. 272f. (gekürzt) © EMB-Verlags-Service, Luzern

S. 66f.: **ZM 9** aus: Willibald Bösen, Der letzte Tag des Jesus von Nazaret. Was wirklich geschah. Verlag Herder, Freiburg 1994, S. 314-319 (gekürzt)

S. 68f.: 2.6.1 Sachinformationen aus: Religionspädagogische Hefte 5/1989: Frieden machen, hg. von der Evangelischen Kirche der Pfalz, Speyer 1989, S. 37f.

S. 69: 2.6.2 nach H.-D. Wendland, Ethik des NT, (NTD-Erg. 4). Verlag Vandenhoeck & Ruprecht, Göttingen 1970, S. 17-22

S. 69: 2.6.3 aus: J. Blank, Die Seligpreisungen. In: Volker Hochgrebe (Hg.), Provokation Bergpredigt. Kreuz-Verlag, Stuttgart 1982, S. 25f.

S. 71: **M 13** aus: Stationen 8: Frieden machen, Ev. Presseverlag, Speyer 1989, S. 14

S. 72f.: 2.7.1 (Exegese) aus: Religionspädagogische Hefte 3/1989: Okkultismus, hg. von der Ev. Kirche der Pfalz, Speyer 1989, S. 26f.

S. 74f.: **M 14** aus: Eugen Drewermann, Tiefenpsychologie und Exegese, Band 2. © Walter-Verlag AG, Olten/Freiburg 1985, S. 247-277 (stark gekürzt und mit Zwischenüberschriften versehen)

S. 80: **M 15** aus: Willibald Bösen, Der letzte Tag des Jesus von Nazaret. Was wirklich geschah. Verlag Herder, Freiburg – Basel – Wien 1994, S. 180f.

S. 83: **M 17** aus: Flavius Josephus, Geschichte des Jüdischen Krieges. Verlag Fourier, Wiesbaden [10]1993 (6, 300-305)

S. 84: **M 18** aus: W.-R. Schmidt, Der Mann aus Galiläa. © Gütersloher Verlagshaus (GTB 1426). Gütersloh [2]1990, S. 136-141 (Auszüge)

S. 85: **M 19** aus: G. Theißen, Der Schatten des Galiläers. Historische Jesusforschung in erzählender Form. © Chr. Kaiser/Gütersloher Verlagshaus. Gütersloh, S. 235f.

S. 86f.: **M 20** aus: G. Theißen, a.a.O., S. 236-240

S. 88: **ZM 10** aus: Franz Berger/Christiane Holler, Jesus-Recherchen. Verlag Herder, Wien/Basel/Freiburg 1981, S. 160-162

S. 89f.: 3.1.1 aus: Religionspädagogische Hefte 1/1985: Tod – Sterben – Auferstehung, hg. von der Ev. Kirche der Pfalz, Speyer 1985, S. 2f.

S. 91ff.: **M 21** aus: G. Theißen, Die offene Tür. Biblische Variationen zu Bibeltexten. © Chr. Kaiser/Gütersloher Verlagshaus, Gütersloh, S. 125-132 (Auszüge)

S. 95ff.: **M 22** aus: Friedhelm Mennekes, Beuys zu Christus. Eine Position im Gespräch. Verlag KBW, Stuttgart 1989, S. 26-32, 54-60. © VG Bild-Kunst, Bonn 1994

S. 99: 3.3.1 aus: Uwe Gerber, Die feministische Eroberung der Theologie. C.H. Beck Verlag (Beck'sche Reihe 335), München 1987, S. 17f.

S. 99f.: 3.3.2 aus: Religionspädagogische Hefte 3/1992: Feministische Theologie – Biblische Frauengestalten, hg. von der Ev. Kirche der Pfalz, Speyer 1992, S. 43f.

S. 101ff.: **M 23** Marion Miller, Dieser Mann am Kreuz. In: Marianne Dirks (Hg.), Glauben Frauen anders? Erfahrungen. Verlag Herder, Freiburg/Basel/Wien 1993, S. 71-81

S. 107: **M 24** aus: David Flusser, Jesus in Selbstzeugnissen und Bilddokumenten. rororo monographie 140, Rowohlt Taschenbuchverlag, Hamburg 1968, S. 13

S. 108f.: **M 25** aus: W.-R. Schmidt, Der Mann aus Galiläa. (GTB 1426) © Gütersloher Verlagshaus, Gütersloh ^{2}1990, S. 152-158 (Auszüge)

S. 110: 3.6 aus: Raimon Panikkar, Der neue religiöse Weg. Im Dialog mit Religionen leben. Kösel-Verlag, München 1990, S. 13f.

S. 111f.: **M 26** aus: Leonard Swidler, Der umstrittene Jesus. Chr. Kaiser-TB 130, Chr. Kaiser/Gütersloher Verlagshaus, Gütersloh 1993, S. 43-47. © Quell-Verlag, Stuttgart

S. 113: **M 27** aus: Raimon Panikkar, Der neue religiöse Weg. Im Dialog mit Religionen leben. Kösel-Verlag, München 1990, S. 175f.

Den Urheberrechtsträgern und Verlagen sei für die freundlich erteilten Abdrucksgenehmigungen vielmals gedankt.

Bildnachweis

M 1

Abb. 1: Lovis Corinth: Der rote Christus, 1922, Öl auf Holz, 129 x 108 cm. München, Staatsgalerie moderner Kunst. © VG Bild-Kunst, Bonn 1994. Foto: Artothek, Penzberg

Abb. 2: Don Salvador Dali: Der Christus des heiligen Johannes vom Kreuz, 1950, Öl auf Leinwand, 205 x 116 cm. Glasgow, The Glasgow Art Gallery. © VG Bild-Kunst, Bonn 1994/Demart pro arte B.

Abb. 3: Christus am Hakenkreuz. Schülerarbeit der Klasse 13 (1994). Homburg/Saar, Johanneum. Foto: Volker Scheiblich

Abb. 4: Pablo Picasso: Kreuzigung, 1930, Öl auf Leinwand, 65,5 x 50 cm, Paris, Museé Picasso. © VG Bild-Kunst, Bonn 1994

Abb. 5: Sieger Köder: Das Gastmahl der Sünder, 1973, ca. 200 x 400 cm, Palestrina/Latium, Villa San Pastore. Rechteverwaltung: Schwabenverlag, Ostfildern. Foto: Paul-Kurt Baur, Aalen

Abb. 6: Emil Nolde: Der ungläubige Thomas, 1912, Öl auf Leinwand, 125 x 81 cm. Aus dem neunteiligen Altar »Leben Christi«. © Stiftung Seebüll Ada und Emil Nolde

Abb. 7: Alexej von Jawlensky: Große Meditation Karfreitag, 1937, Öl auf Malpapier, 29 x 22 cm. Schweiz, Privatsammlung. © VG Bild- Kunst, Bonn 1994

Abb. 8: Heiliges Mandylion. Russische Ikone, Nowgorod, 12. Jhdt., Tempera auf Holz, 71 x 77 cm. Moskau, Staatliche Galerie Tretjakow

S. 71: Otto Pankok (1893-1966): Christus zerbricht das Gewehr, Holzschnitt 1950. Pankok-Museum, Haus Esselt, Hünxe-Drevenack. Mit Genehmigung von Eva Pankok

S. 96/97: Mit freundlicher Genehmigung von Eva Beuys. © VG Bild-Kunst, Bonn 1994

Fotonachweis

H. Jochum, Neunkirchen: 105. – Kösel-Archiv: 36, 39, 45, 71. – Foto Marburg: 65. – G. Neumüller, St. Ingbert: 30, 31, 32, 38, 42, 56.

Die Autorin dieses Kurs-Buches, Herausgeber und Verlag sind im Interesse der Sache dankbar, wenn nach Durchführung des Kurses ein feedback erfolgt mit möglichst konkreten Hinweisen, die der inhaltlichen und didaktischen Optimierung des Kurses dienen. Zuschriften sind unmittelbar an den Herausgeber zu richten:

Herrn Pfarrer Gebhard Neumüller · Amt für Religionsunterricht · Josefstaler Straße 22 · D-66386 St. Ingbert